中国传媒大学青年学者译丛

媒介与传播系列 段鹏 主编

罗青 副主编

移动和社交媒体新闻

实践手册

[美]安东尼·阿多尔纳托
（Anthony Adornato） 著

赵如涵 译

Mobile and
Social Media Journalism

A Practical Guide

中国传媒大学出版社

·北京·

中国传媒大学青年学者译丛

总 序

从广播电视到互联网、移动互联网，传媒让这个世界变得绚丽多姿、神奇诡秘。传媒正在急速地改变这个世界，通过新闻传播，人类分享现实中的信息资讯，通过艺术，人类分享脑海中的想象力。基于传播科技百年激荡的新闻传播和艺术学，推动着历史发展，也影响着历史发展。

中国传媒大学是中国传媒人才的摇篮，建校六十多年来，为信息传播领域输送了大批高层次人才。从培养高层次、复合型创新人才的社会责任出发，中国的传媒事业亟须高校培养出一批谙熟新闻传播规律和艺术传播规律并具有创新意识和创作才能的新闻人才和艺术人才。

在全国众多高校中，中国传媒大学以在信息传播领域“小综合”的学科特色而闻名，2017年入选首批“世界一流学科建设高校”，新闻传播学、戏剧与影视学入选教育部“双一流”建设学科名单。同年12月，在教育部学位与研究生教育发展中心公布的全国第四轮学科评估结果中，新闻传播学、戏剧与影视学这两个一级学科均拿到了A+名次。从“双一流”学科建设的教育使命出发，中国的传媒事业亟须高校在媒体融合发展的顶层设计下，推进理论体系、教学理念、教学内容、方法手段、体制机制等全方位的创新研究，成为国家传媒事业发展强有力的理论支持和智力支持力量。

因此，在整个世界传统媒体与新兴媒体融合发展的时代大背景下，我校文科科研处于2015年着手组织翻译出版一套“中国传媒大学青年学者译丛”，借此整理西学前沿著作，以期对当代中国新闻传播和艺术学在理论建设和成果创新方面提供借鉴，帮助广大传媒学者和媒体一线从业者寻找解决问题的途径。

此套丛书的译介工作由中国传媒大学与新闻传播领域的国际权威出版机构SAGE国际出版集团合作，遴选了两批共计18册由SAGE出版并经过教学与实践严格检验的优秀书目，力求全面、系统地反映出当下新闻传播和艺术学在理论研究、方法研究以及实务研究等方面所进行的最新探索。译丛是我校与SAGE国际出版集团继合作出版《全球媒体与中国》（*Global Media and China*）英文期刊之后，又一个重要的合作项目，前后筹备四载有余，最终完稿、付梓，倾注了新闻传播学和艺术学领域的知名教授和青年学者的大量心血，力争为每一本书做出“信、达、雅”的翻译。

自“五四”以来，译丛便是中国知识分子和青年学生获取西方最先进理论知识的重要桥梁之一。中国传媒大学在20世纪80年代就已开始译介、学习和研究国外新闻传播学、艺术学的方法和成果，建立与世界新闻传播学、艺术学界对话的共同经验范围。毋庸置疑，我们的工作是卓有成效的。

正如习近平总书记在哲学社会科学工作座谈会上所强调的，“不忘本来，吸收外来，面向未来”。借船出海、借梯登高，主动接轨，优势互补，共同发展，为尽快赶上国际先进水平，尽早实现“双一流”学科建设争创世界一流的伟大目标，我们应该虚心学习和推介国外前沿的新闻传播理论与优秀的实务指导教材，以培养出更多国际化的新闻传播人才和艺术人才。译丛带来的新鲜理论和鲜活实务，也有助于我校在“双一流”学科建设中，进一步优化学科结构，凝练学科发展方向，突出学科建设重点，增强学校在国际上的竞争力。

但值得注意的是，我们应当以批判的态度保持与西方新闻传播和艺术学对话的姿态，在借鉴西方优秀教材和经典专著时不妨思考，有哪些是缘木求鱼，有哪些是举一反三，想想本土社会中产生的经验与问题在哪里。我们应该明确，我们的目标是制定具有中国特色的新闻传播和艺术学学科标准，积极建设和探索新闻传播学、艺术学本土化发展的道路。

所以，在译丛工作完成之后，我们还要推进“西方理论—中国问题”向“中国实践—中国理论”的转型，立足本土，跨越东西，高效地将科研成果结合当代中国传媒行业发展诉求，转化为服务社会发展的实在生产力，最终实现“中国特色，世界一流”。

最后，希望本译丛还可以成为一个促进思想交流、激发智慧灵感的载体，增进东西方在新闻传播和艺术学领域的深度学术交流，接收来自全世界新闻传播和艺术学领域多元化的声音，促进新闻传播和艺术学研究在媒体融合时代更大的繁荣，让新闻传播和艺术学成为改变世界的最大正能量。

丛书主编

序 言

新闻将死?

每当人们知道我讲授新闻课程时，我经常被问及这个问题。作为一名新闻学教师或学生，你可能遇到过同样的问题。我的答案呢？ 新闻业依然生机勃勃。事实上，讲授、学习和实践新闻是最令人兴奋的时刻。我认为自己很幸运，能够参与新闻业的发展。我希望你也有同感。

在如此短的时间内，新技术使新闻记者能够与受众联系起来，并以如此新颖的方式讲述故事，这是前所未有的。与此同时，现在比以往任何时候都更需要专业记者来理解社交媒体上的信息冲击，并为其提供相关背景。

推特（Twitter）、脸书（Facebook）、照片墙（Instagram）、色拉布（Snapchat），这些只是改变新闻记者的工作方式和人们消费新闻方式的社交媒体平台和应用程序中的一小部分。今天，如果不关注移动设备和社交媒体的巨大影响，就无法讨论新闻。这两者正在极大地改变新闻记者的职责，以及新闻机构制作和发布内容的方式。

关于本书

这就是这本书的意义所在。《移动和社交媒体新闻：实践手册》为新手记者准备了作为专业记者使用移动和社交媒体的三种主要方式:新闻收集、传播内容和与受众互动。他们将学习到那些新闻机构期望当下记者掌握的基本技能。

这本书同时讨论了移动和社交媒体的主题。你不能只讨论一个而不讨论另一个。受众越来越多地通过移动设备和社交媒体获取新闻，这直接影响了记者发布新闻的方式和地点。数字优先的方式意味着，如今的记者在实地报道时使用移动设备在社交媒体平台上分享信息。该领域需要移动设备来简化收集、制作和发布内容到多个平台的过程。你可以看到，手机和社交是密不可分的。

在深入研究移动设备和社交媒体的报道之前，本书首先探讨了有关技术对新闻业的影响的宏观概念和策略。为了充分把握今天正在发生的变化，了解我们所处的位置并设想新闻业的发展方向是很重要的。我希望当你阅读本书后，你会对不断变化的新闻业图景有一个更好的理解。

《移动和社交媒体新闻：实践手册》的一个重要部分是，它强调将新闻的核心价值观（如核实和客观性）应用于新兴媒体平台和战略。在保持较高的新闻标准的同时，与技术共同发展是关键。传统的新闻价值不能被抛弃。因为在海量信息与错误信息于社交媒体平台上即时传播的当下，这些新闻价值比以往任何时候都重要。

本书中最重要的概念如下：

- 受众在新闻生产过程中的积极作用及其对新闻的影响
- 新闻机构中移动与社交媒体的策略和政策
- 在社交媒体平台上打造专业新闻品牌
- 数字优先的故事推销：制订一个计划，在报道故事时使用移动设备和社交媒体
- 利用移动设备和社交媒体收集、制作和分发新闻内容
- 从社交媒体中查找可信的用户生成内容，以加强报道，同时识别误导性和不平衡的内容
- 在社交媒体平台上确定来源和故事创意
- 为社交媒体和移动新闻消费撰写文章
- 社交媒体优化在新闻报道中的日益增长
- 使用分析平台来监测和分析记者和新闻机构的社交媒体活动的有效性

《移动媒体和社交媒体新闻：实践手册》的一个优势是，它提供了一个专门针对该主题的课程结构，指导教师如何讲授社交媒体和移动媒体报道技巧。本书也可以作为其他多媒体新闻课程的指南。我在写作时每一章都建立在前一章的基础上，但是你也可以按照你选择的任何顺序阅读章节，以便随时学习特定的技能。

没有实践，你不可能掌握新闻报道技巧。任何记者都会告诉你，磨练报道技巧来自多年的实践。我在构思这本书的时候就考虑到了这一问题。因此，每一章都包括一份备忘录——指导学生立即实践他们所学的东西以获得实际经验。我让我的学生使用这些备忘录建立他们自己的专业社交媒体品牌，并使用社交媒体和移动设备制作故事作品集。

在整本书中，你还会听到专业记者的意见。每一章都有一个“来自新闻编辑部”的专题，记者们在其中分享他们的观点。

背景故事

2014年，在伊萨卡学院（Ithaca College）开设移动和社交媒体新闻课程后，我被迫写了这本书。因为在开发课程的过程中，我找不到合适的教材。这本书的结构、概念和备忘录已经被证明是有效的，因为它们已经在我的课堂上进行了检验。学生们带着对当今新闻行业的深刻理解和能够轻松找到工作的技能离开了学校。事实上，在本书后面（第八章），当我们探讨社交媒体在求职和职业生涯中的重要性时，你会遇到其中的几个学生。

这本书的写作让我想起了自己在新闻编辑部的职业生涯以及我亲眼所见的变化。我从中学起就开始在新闻编辑部工作，已经超过25年了。尝试用新技术来讲述故事是至关重要的。但无论采用何种技术，我始终认为自己是在为公众的利益而工作。正如你将在本书中看到的，社交媒体和移动设备可以加强记者和受众之间的联系。我相信这最终将使记者更好地为公众服务。

这并不是说有时候未来看起来有点不确定。你在这个行业的未来将要求你不断发展和尝试新的方式来收集新闻，并在受众活跃的平台上讲述故事。发展、尝试，这正是本书的核心所在。

让我们联络吧!

除了本书之外，我们还有很多方法可以联络！社交媒体页面和配套网站提供了与移动和社交媒体新闻相关的最新内容。

社交媒体：Twitter feed（@MobileJourn）和Facebook页面（fb.com/Mobileand Social Media Journalism）可以帮助我们就本书和新闻业的主题进行对话。我提供最新的行业趋势和与我自己的教学相关的最新情况。我也想听听你的意见！我特别感兴趣的是了解学生如何使用他们在这本书中所学到的内容。

网站：配套网站（Mobileand Social Media Journalism.com）提供资源，包括来自专业记者的例子、视频教程、行业相关新闻和作业样本。

课程材料：因为这本书是以我开发的一门课程为基础的，所以配套网站提供了一个教学大纲样例和PowerPoint幻灯片。

我很想知道你如何回答这个问题：新闻业正在消亡吗?请随时在@MobileJourn或@Anthony Adornato上给我发推特。你也可以用传统的方式给我写信：发邮件到anthonyadornato@gmail.com。

期待你的来信!

Acknowledgments

致 谢

写一本书并非易事，不仅需要对手头题材心怀热忱，也需要有他人的持续指导。在我著书的念头刚刚萌生时，就有许多人向我提出建议，并抱以鼓励。感谢记者们、教职员工们、我的学生们，以及SAGE出版公司的编辑团队为我提供的宝贵建议，正因为有他们的反馈，此书才有幸问世，为人所阅。

我要特别感谢我曾经的学生凯尔·斯图尔特(Kyle Stewart)及以下教授，他们帮我审阅文稿，为我提出深远的建议：

吉娜·巴莱里亚(Gina Baleria)，旧金山州立大学(San Francisco State University)

杰克·巴特塞尔(Jake Batsell)，南卫理公会大学(Southern Methodist University)

吉·德布拉西奥(G. DeBlasio)，北肯塔基州大学(,Northern Kentucky University)

梅丽莎·多德(Melissa Dodd)，中佛罗里达大学(University of Central Florida)

迈尔斯·伊桑·拉西蒂(Myles Ethan Lascity)，栗树山学院(Chestnut Hill College)

但丁·莫齐(Dante Mozie)，南卡罗来纳州立大学(South Carolina State University)

萨拉·贝克·内茨里（Sara Baker Netzley），布拉德利大学（Bradley University）

莱斯利·简·桑顿（Leslie-Jean Thornton），亚利桑那州立大学（Arizona State University）

梅塞德斯·维贡（Mercedes Vigon），佛罗里达国际大学（Florida International University）

包含业内人士的深刻见解，是本书的一大重要特色。我很感激以下诸位为本书分享的观点：

戴维·缪尔（David Muir），美国广播公司新闻（ABC News）

哈莉·杰克逊（Hallie Jackson），美国全国广播公司新闻（NBC News）

特里西·拉蒙特（Trish LaMonte），锡拉丘兹媒体集团（Syracuse Media Group）

尼尔·奥根斯坦（Neal Augenstei），美国WTOP广播电台频道（WTOP-FM）

贾斯汀·奥切罗（Justin Auciello），泽西海岸飓风新闻（Jersey Shore Hurricane News）

布莱尔·希克曼（Blair Hickman），原ProPublica

布赖恩·福斯特（Brian Foster），KMBC电视台（KMBC-TV）

凯伦·马格努森（Karen Magnuson），罗切斯特《民主党人与纪事报》（Rochester *Democrat & Chronicle*）

安贝·史密斯（Amber Smith），格雷电视台（Gray Television）

同时，也非常感谢SAGE出版公司团队，是他们推动了这个项目：特里·阿科马索（Terri Accomazzo）、埃里克·赫尔顿（Erik Helton）、凯利·德罗莎（Kelly DeRosa）、凯特·胡伊斯曼（Cate Huisman）、劳伦斯·贝克（Lawrence Baker），以及莫莉·霍尔（Molly Hall）。

最后，我要诚挚感谢我的伙伴安德鲁·霍斯福尔（Andrew Horsfall），感谢他一直给予我支持，也感谢他反复审阅我的文稿。

目　　录

第一章

把关的力量：积极的受众

在这一章节，你将：

- 明确移动设备、社交媒体与以往技术（如电视、纸质媒体）之间的根本区别。
- 对比以往大众传播的单向传播模式，探究移动设备及社交媒体怎样实现了受众与记者之间的双向对话。
- 了解社交媒体如何引导公众在新闻生产的过程中扮演积极的角色，以及如何改变了受众消费信息的方式。
- 要明白，尽管记者们对“新闻”的内容保持着自由裁量权，但“积极的”受众仍发挥着重要作用。
- 从新闻采集、新闻分发、受众参与三个方面，探究移动及社交媒体对新闻工作的影响。

当美国全国广播公司新闻频道（NBC News）的记者哈莉·杰克逊（Hallie Jackson）报道2016年美国总统大选时，对这场白宫竞选的报道的狂热已经远超为电视网的新闻广播生产新闻的节奏。杰克逊带着移动设备，带着她社交媒体的一众粉丝，开始了持续半年多的大选追踪报道。

在现场拍摄、文案写作及追逐政客的过程中，她在Facebook上发布了推文（@HallieJackson），在Snapchat上发布了快拍故事（hallienbc），在Instagram上分享了照片（hallie_gram）。她在社交媒体上发布的帖子不仅为大选提供了最新的新闻报道，也让粉丝们从幕后了解了她制作新闻报道的过程与一些轻松时刻。

杰克逊说："移动与社交媒体是公开报道流程并让更多人参与其中的一种方式。这是我报道新闻的一个自然组成部分，因为在这个时代，我不能等到下一个现场再获取相关信息。"

图1-1 来自杰克逊（@HallieJackson）的Twitter发帖（2010年5月）

只要手机在手，NBC News的记者杰克逊就能在新闻报道的现场与受众保持联系。在报道2016年美国总统大选时，她的制作人甚至用一部苹果手机和一个自拍杆就完成了现场拍摄。

"如今，我们和受众的相互作用已经发生了变化，和2006年我刚工作时相比变化很大。你经常在网上与受众持续对话。"

有时，杰克逊的制作人会使用自拍杆、苹果手机、牛皮胶布，再加上一个直播流媒体应用程序来制作她的直播报道，并分享在Twitter和Snapchat上。这在几年前还是人们闻所未闻的。

杰克逊甚至曾在一辆行驶的汽车中拍摄了许多现场镜头。那时候，她跟随大选的大巴车，赶赴一场又一场活动。观众在电视机上看到的那些巡回直播报道，现在仅仅用一部手机就可以轻松实现，并不再需要昂贵的设备或是传统的摄像机了。

欢迎来到今天的新闻业。这一行的诀窍正掌握在我们的手中。只需一部手机，新闻记者就可以在社交媒体、移动设备、网站和电视等不同的平台制作和分享内容。

但这不仅仅是新闻记者在多平台“推送”内容。

新闻记者被期待与受众互动——在他们花费越来越多的时间消耗和生产信息的空间里与公众见面。无论是在突发新闻现场发布照片，还是发推文向记者讲述他们的故事，或是在社交媒体上自己的圈子里分享一则新闻媒体上的故事——受众在社交媒体平台和移动设备上积极参与新闻。

图1–2　来自索普（@Frank Thorp V）的Twitter发帖（2016年3月13日）

在新技术的推动下，这些互动正在重塑新闻记者与新闻消费者之间的关系，以及新闻生产的流程。

回顾：互联网究竟是什么？

这是1994年。NBC《今日》（Today）节目主持人凯蒂·库里克（Katie Couric）、布莱恩特·冈贝尔（Bryant Gumbel）、伊丽莎白·瓦格斯（Elizabeth Vargas），他们带着些许困惑，一同讨论着被称为“互联网”的新“玩意儿”。

冈贝尔问：“互联网究竟是什么？”他的搭档抢着回答：“那是个庞大的计算机网络，而且越来越庞大。”

当看到屏幕上的电子邮件地址栏，主持人们还因为它上面显示的@符号而困惑不已。“我没想好……怎么翻译这个被圆圈包着的a。”冈贝尔说道。

“读作at，”瓦格斯说。

“你看我说过的吧，”冈贝尔回答说，“凯蒂还说她觉得念‘about’呢。”

数年后，这段有趣的对话被发布到网络上，而且如你所料，迅速爆红。第一堂课上我就给同学们播放了这段视频，因为它展现了在如此短暂的时间里，网络媒体就已经从人们闻所未闻迅速发展成为新闻记者几乎完成所有工作的场所。而且，互联网也触发了下一个新生事物——社交媒体诞生了。

观看视频请访问：bitly.com/Internet Flash back

❖ 技术与新闻业

在深入具体的移动及社交媒体技能、策略、工具之前，弄清楚新闻业如何走到这一交叉路口至关重要。反思过去为我们提供了一个重要的视角，让我们明确新闻业当前的定位，也有助于探寻其未来的走向。

从印刷机到计算机，技术一直在影响着新闻记者的工作方式和公众获取新闻的渠道。印刷机成就了报纸的繁荣，也使书写形式的新闻得以大量传播。早先，将新闻从现场转变为印刷品的过程缓慢而烦琐，而当人们拿到新闻时，可能已经过了数天，甚至数周之久。电报则加速了这一进程，它让记者传播新闻，这样人们在新闻发生的当天就能获取信息。

广播与电视为新闻报道带来更多的即时性，也带来了讲述故事的全新方式。从那时起，新闻记者就能够通过音频、视频、直播报道，带领观众身临其境般地感受新闻现场了。

无论是对新闻业还是对受众而言，互联网都打开了一扇通向未知世界的大门。20世纪90年代后期，大部分新闻媒体网站都还只是一个简单的静态界面。纸质媒体记者仍专注于报纸，而广播电视媒体记者则专注于通过广播或电视报道新闻。随着越来越多的受众转向网络获取信息，新闻媒体网站变得更加富有活力，新闻记者们也迎来了新的任务。

新闻记者的职责，不只是为纸质媒体或电视讲述故事了，而是生产能发布在多媒体平台上的故事，集照片、视频、音频于一体，这成为他们工作的常态。你们可以看到，每一项新技术都会影响人们获取新闻的方式和途径，也影响着新闻记者的工作方式。

快进到今天。作为最新技术的社交媒体和移动设备正塑造着这一领域，它们曾在极短的时间内达到了今天的地位。回想一下，第一台苹果手机在2007年刚刚上市，Twitter在2006年刚刚投入使用。在这么短的时间内，一项新技术能够对传播的各个方面产生如此巨大的影响，这在历史上是绝无仅有的。

社交媒体诞生之前：单向传播

这背后的原因与当今的技术和社交媒体诞生之前的技术（如印刷术和电视）之间的根本差异有关。传统的纸质新闻和广播新闻是基于单向传播的大众传播模式。

传统大众传播的特点如下：

- 从一个实体、个人或群体，到大量受众
- 单向传播
- 被动的受众

信息的生产者，例如新闻记者，告知公众他们需要知晓什么，而几乎不和受众互动，这就是单向的信息流动。这就好比有人跟你说话，虽然说了一些有趣的、重要的信息，但不允许你做出回应。一个声音对许多人说话，这种对话是不够的。

这一模式里有权力的集中。新闻消费者被认为是被动的，因为早先的技术并没有激发他们直接参与新闻内容或新闻记者的工作。新闻消费者获取新闻，但较少与新闻互动。给编辑写信，或是拨打新闻编辑部热线，已经是最大限度的反馈了。

我将这一模式称为"上帝之音"——由于移动设备和社交媒体的诞生，这一模式已经被彻底颠覆。如今，几乎人人都可以生产和分享内容。受众也从被动状态变为积极状态。

社交媒体诞生之后：作为对话的新闻

受众是社交媒体的核心。他们掌握着主动权。美国作家、纽约大学新闻学教授杰伊·罗森（Jay Rosen，@jayrosen_nyu）形容当下的受众就像是坐在你的大船上的乘客，但他们每个人都有小船。[1]他们可以彼此沟通，可以与新闻记者紧密联系，也有途径向世界发声。

因此，移动设备和社交媒体的特点可概括为：

- 易接近性：几乎每个人都能使用这些工具
- 积极的受众：受众能生产、发布内容
- 互动性：即时传递信息与反馈

这些特点挑战着传统意义上的大众传播。由于移动设备和社交媒体的广泛使用，生产、发布内容的自由大门已经向公众敞开。这与传统大众传媒的封闭模式形成了鲜明对比。

受众可以跑到Twitter上抱怨一件产品，也可以拍摄抗议活动的照片并立即在Instagram上分享，还可以利用Facebook来引起人们对某一事件的关注。如今，这些积极受众能做到的事，数也数不清。

此外，互动促进了双向对话。举例来说，当某人给一家公司或一位记者发推文时，他会期望网络另一端的对方几乎能够立即做出回应。正如对话一般。

这对新闻业来说意味着什么呢？新闻从单向传播转变为双向交流，这重新定义着新闻记者该如何报道新闻、如何与受众互动。新闻更像是一场对话，而不再是一场演讲。新闻媒体不能忽视移动设备和社交媒体上的积极受众。在新闻记者与受众关系的转变下，作为对话的新闻是两者的共同行为。

对话式的新闻推动了受众与新闻记者之间的互动，催生了非正式的语气，以及新闻记者对受众反馈的开放态度。正如我们将在本章后面讨论的那样，这种参与能够建立起受众的信任。移动设备和社交媒体加强了新闻记者与公众的联系，最终更好地为公众服务。

正如NBC新闻频道的通讯员杰克逊的例子一样，新闻记者不应该只是等着在传统新闻广播、报纸或者网络报道中分享信息。这是一种古老的思维模式。随着现场事件的展开，新闻记者应当转向社交媒体分享最新信息，持续跟进有关新闻报道的在线讨论，并对试图沟通的人们做出回应。

这些仅仅是本书所探讨的新闻记者的职责变化的一小部分。在当今的新闻编辑部，你们所需要的远远不止一个或是两个平台的技能。

让我们深入了解一下移动设备和社交媒体是如何影响受众和新闻记者的。我们先从受众的角度开始，因为受众角色与习惯的转变，直接影响着新闻记者的工作方式。

❖ 受众角色的转变

2009年1月，一架美国航空公司的飞机紧急降落在纽约市哈德逊河。詹尼斯·克鲁姆斯（Janis Krums）乘坐附近的渡轮回家时，拍下了一张乘客挤在机翼上的照片。

克鲁姆斯（@jkrums）在Twitter上发布的照片是所谓“哈德逊河奇迹”的最早公之于众的照片之一。“哈德逊河上有一架飞机，我正坐渡轮去接人，这太疯狂了。”克鲁姆斯在推特上说。后来，这段话传向了全世界。

在新闻记者到达突发新闻现场前，克鲁姆斯就已经分享了这张极具轰动效应的照片。不到半小时，这条推文就像野火一样蔓延开来，传播范围远远超过了克鲁姆斯的170名推特粉丝。世界各地的新闻媒体都在展示这张照片，克鲁姆斯也受到了电视新闻网的现场采访。

图 1-3　来自詹尼斯·克鲁姆斯的 Twitter 发帖（2009 年 1 月 15 日）

哈德逊河奇迹：2009 年，全美航空公司的一架飞机在哈德逊河紧急降落后，克鲁姆斯在推特上发布了这张照片。在克鲁姆斯分享这张照片的几分钟内，世界各地的新闻媒体都把它纳入新闻报道的一部分。

在飞机紧急迫降的当天，《洛杉矶时报》（Los Angeles Times）评论道：“这大概是迄今为止公民即时报道最引人注目的案例之一了。”[2]

的确，“哈德逊河奇迹”是一个转折点，一个令人大开眼界的时刻——展现了社交媒体对新闻业的影响力。这也使新闻记者们第一次意识到，在移动和社交媒体的世界，受众是有力量的。

Twitter、Facebook以及其他社交网站，不仅仅是人们与亲朋好友联络的工具，也是能让普通民众和专业新闻记者一同分享具有新闻价值的内容的新闻平台。

这一点在波士顿马拉松爆炸案及其余波期间更为明显，这些重大新闻事件凸显了受众角色的变化。从最初在终点线发生的爆炸，到追捕两名嫌疑犯，这场混乱在社交媒体上直播。爆炸发生后，许多人的第一反应就是立刻拿起手机，然后在社交媒体平台上分享。

图 1–4 来自安德鲁·凯森伯格的 Twitter 发帖（2013 年 4 月 19 日）

安德鲁·凯森伯格在马萨诸塞州沃特敦的家中抓拍到了波士顿马拉松爆炸案的嫌疑人之一与警方之间的枪战。子弹飞进了他的公寓，全世界都在他的 Twitter 上实时关注着这一切。

数小时后，安德鲁·凯森伯格（Andrew Kitzenberg）通过账户@Akitz，让全世界都看到了警方和嫌疑人之间的枪战。凯森伯格在马萨诸塞州沃特敦（Watertown）的家中听到了爆炸声，他急忙向窗外望去，发现有枪声。

他抓起他的苹果手机，开始在Twitter上发帖：“沃特敦，劳雷尔街62号，我家外面有人开枪。#麻省理工#波士顿#枪击。”他在Twitter上分享的另一张照片是，一枚子弹飞进他家，打穿了墙壁，落在他的办公椅上。

通过他的文字和照片，社交媒体用户和新闻记者们实时感受着这场疯狂的事件。凯森伯格在接受美国消费者新闻与商业频道（CNBC）纪录片《推特革命》（*Twitter Revolution*）采访时表示，他甚至从未想过给电视台或报社打电话。

“除了Twitter，别的我从没想过。”[3]

随着新闻记者和人们通过社交媒体了解了新闻事件，形势发生了逆转。

现在谁是把关人？

“把关”（gatekeeping）这一隐喻被用来解释对进入新闻网站、报纸或广播等媒体的内容进行选择的过程。把关人拥有通过这道关口的钥匙。他们决定哪些内容是最相关的，目标受众是谁，以及信息如何被传播。

在社交媒体出现之前，编辑、新闻总监、制作人和记者都是新闻的把关人。他们对信息进行把关，掌控着什么样的信息才能传递给受众。

在编辑部会议中，他们会在没有多少受众参与的情况下，决定报道哪些新闻，以及花多长时间、占用多大版面来报道这些新闻。传统上，这意味着记者依赖于可预测的新闻采集渠道，而这些渠道主要由官方消息来源、新闻发布会、新闻稿、政府事务组成。[4]

波士顿马拉松爆炸案和哈德逊河奇迹都引发了一个问题：现在，谁是把关人？

如今“把关”有了新的力量：积极受众。传统的把关概念被颠覆了。编辑、新闻总监、制片人和记者都不再独享对内容的把关权。他们虽能对发布于网站、广播、报纸的内容作出最终决定，但受众对这一过程的影响是毋庸置疑的。

移动设备和社交媒体是当今编辑讨论的核心。当受众开始自己生产内容，他们就已经成为新闻事件的消息来源。受众也能够一同讨论他们感兴趣的故事和话题，而这将进一步影响新闻媒体判断某一事件的新闻价值，以及哪些事件能最终成为“新闻”。

我在全国范围内对管理广播电视新闻编辑部的新闻总监进行了调查，探讨了积极受众对新闻编辑部把关过程的影响。[5]在参与调查研究的126名新闻总监中，几乎所有人都表示他们的新闻编辑部会经常从社交媒体用户那里获取新闻的灵感或内容，并最终在新闻广播中播出。毫无疑问，这种做法是常态，而且表明了各种类型的新闻机构都会这么做。

研究结果也表明，社交媒体上广为讨论的内容或“话题”，是影响新闻选择的重要因素。假如这些新闻在社交媒体上并不那么被关注，新闻编辑部还会报道它们吗？80%的电视新闻总监表示，如果不是因为这些新闻在社交媒体上的受欢迎程度，他们很少或几乎不会报道它们。

正如我采访过的一位记者所说，关于这些变化，“过去，我们总是告诉他们（受众）当下发生了何事，但如今，因为社交媒体，他们试图告诉我们……十年前，是谁在网上告诉我们，我们的新闻头条会是什么？”[6]

因此，曾经被动的受众，如今不仅是新闻消费者，也是有力的内容生产者。消费者与生产者的习惯的转变，正是这一领域变革的核心。

内容的生产者：积极受众的力量

“用户生成内容”（User-Generated Content）这一术语反映了受众作为生产者的力量。用户生成内容是指由非专业记者捕获并共享到社交媒体平台的照片、视频及其他信息。

美国有线电视新闻网的iReport栏目（CNN iReport）是最早的用户生成内容的例子之一。公众变成了流动的记者，对于有新闻价值的事件，他们随手拍摄视频和照片，并传送给美国有线电视新闻网，以便在线和直播发布。

2006年，当CNN推出了iReport这一栏目时，“社交媒体”这个词甚至不在我们的日常词汇中。大多数人仅仅是听说过一个叫Facebook的新“网站”。第一代苹果手机甚至还没有上市。

在随后的几年里，移动设备和社交媒体平台的主导地位创造了大量用户生成内容。皮尤研究中心（Pew Research Center）的数据显示，将近70%的智能手机用户使用手机拍摄和分享社区中发生的事件，例如发布照片、录制视频或进行评论。其中，有35%的人表示，他们“经常”这么做。[7]

现在，受众手中有了可以轻松创建内容的工具（移动设备），也有可以即时与他人分享内容的新平台（社交媒体）。这改变了过去iReport栏目时代受众的习惯。如今，许多人甚至不考虑联系新闻媒体发布内容，而是在Twitter、Facebook、Instagram或Snapchat上，轻轻一点就可以了。

哥伦比亚新闻学院数字新闻塔尔中心前任主任克莱尔·沃德尔（Claire Wardle，@cward1e）说：“当人们上传内容时，他们不是将其发给哪个新闻编辑部，而是将其分享给自己的朋友们。”[8]

分享内容的人可能无意让新闻记者采用。但是，碰巧的是，这些内容可能就是新闻本身，或者成为新闻报道的关键部分。在波士顿马拉松爆炸案和哈德逊河奇迹这两个事件的新闻报道中，我们已经发现了这一点。

新闻记者依赖社交媒体上的内容，尤其是在突发新闻的情况下，他们得在其他记者赶来之前把事件现场的信息迅速传递给受众。当新闻事件发生在偏远地区时，用户生成内容也非常有用。

例如，当一艘嘉年华邮轮在墨西哥湾搁浅时，新闻媒体可以从Twitter、Instagram或Facebook上获取邮轮乘客发布的照片、视频及其他信息。

搜索关键词“嘉年华”和“凯旋号”，就能获取船上的第一手资料——照片显示，船上的卫生条件差，污水倒灌，人们正睡在室外泳池甲板上。由于新闻媒体无法让自己的工作人员抵达墨西哥湾参与这一新闻事件，他们依靠乘客发在社交媒体上的帖子来描绘正在发生的事件。

有时候，受众是在不知不觉中分享新闻的，就像苏哈比·阿萨（Sohaib Athar）的例子一样。阿萨尚未意识到他发在Twitter上的内容正是我们这个时代重大的历史事件之一——杀死奥萨马·本·拉登（Osama bin Laden）的突袭行动。阿萨家在巴基斯坦，阿伯塔巴德市（Abbottabad），那天他发现直升机在他家附近盘旋，随后听见了爆炸声。阿萨在Twitter上直播了美国海豹突击队搜查本·拉登藏身之所的过程。

后来，阿萨才意识到他在Twitter上直播的竟是此事。在他发布第一条推文的七小时后，美国总统奥巴马正式宣布本·拉登死亡。阿萨发推文说，“天哪，我竟然在一无所知的情况下直播了本·拉登袭击案。”[9]

当新闻记者们争相寻找有关这次袭击的信息时，他们无意间发现了阿萨的推文。阿萨收到了超过200个采访请求。

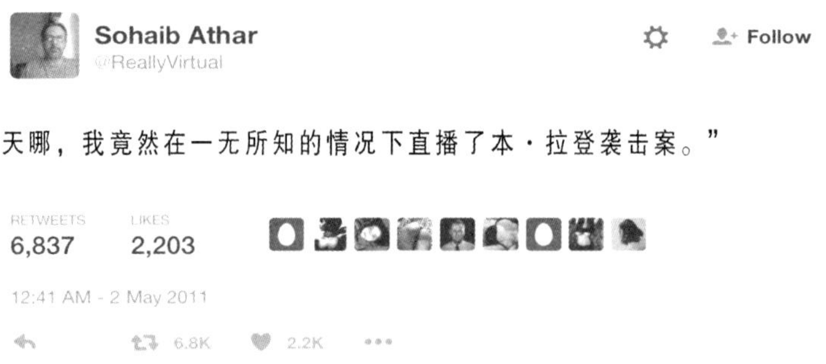

图1-5 来自苏哈比·阿萨的Twitter发帖（2011年5月2日）

阿萨通过Twitter直播了2011年发生在巴基斯坦的本·拉登袭击案。阿萨的住处离本·拉登的藏身之所很近，他后来才得知，他所在社区的所有活动都是袭击案的一部分。

虽然这类用户生成内容极具吸引力，也能够助力报道，但它们依然存在一些陷阱。下面是新闻记者必须注意的一些重要事项，在接下来的章节里我们会进一步讨论。

- 首先，新闻记者必须确定内容是否具有新闻价值。请注意“用户生成内容”这一术语中，使用的是“内容”而非“新闻”。这一区别十分重要，因为，并非所有用户生成的内容都是新闻。在社交媒体的信息海洋中，一些内容具有新闻价值，大多数内容则没有。
- 在决定在报道中使用有新闻价值的社交媒体内容之前，新闻记者必须对信息保持怀疑态度。在社交媒体上，内容传播迅速，用户生成内容数量庞大，虚假新闻不断增多。因此，事实核查在当下显得尤为重要。社交媒体上的信息也应当遵循传统的新闻准则。新闻记者必须核实信息的准确性和可信度。新闻编辑部对社交媒体内容的依赖增加了新闻编辑部传播错误信息的可能性。在我对新闻总监的全国性调查研究中，三分之一的受访者表示，他们的电视台曾采用并报道来自社交媒体用户的信息，后来发现其中不乏虚假的、不准确的信息。[10]
- 新闻记者应考虑的另一个问题则是，在使用用户生成内容前，是否应当获取社交媒体上素材发布者的许可。既然内容发布在公共平台上，在没有获得许可的情况下擅自使用内容是否公平？

- 新闻媒体不可过度依赖社交媒体作为新闻报道的来源。过度关注社交媒体上的话题，可能导致公众以为这些议题比通过传统方式揭露的议题更重要。例如，社交媒体并不能代替新闻记者去参加学校董事会会议，在市政大厅里走访，更不能代替记者调查县城预算。放下手机，走上街头寻找新闻，仍然至关重要。

社交媒体就像狂野的西部——令人兴奋，但也充满混乱，常常缺乏秩序。训练有素的新闻记者，应能理解积极受众传达的信息，理解其中的噪音。

这个重任落在了新闻编辑部每个人的肩上。社交媒体内容已是当今新闻不可或缺的一部分，许多新闻编辑部招聘记者时，对记者的唯一要求就是管理受众参与和用户生成的内容。

弗格斯·贝尔（Fergus Bell, @fergb）是美联社（Associated Press）首位国际社交媒体编辑和用户生成内容编辑。他协助研发了用于验证用户生成内容及与社交媒体用户合作的一套标准。

“用户知道他们可以为新闻报道作出贡献，所以我们得找到一种方式与他们合作，给予他们应得的荣誉”，弗格斯·贝尔说，“（他们）不应当是我们与之对抗的人。我们需要进入一同工作、共同努力的阶段。”[11]

新闻消费：移动化与社交化

受众作为内容生产者，已经成为不断变化的新闻领域的一部分。今天，他们如何获取新闻、如何利用新闻，都会对新闻业产生巨大的影响。

公众的新闻消费习惯正在发生根本性的转变：移动化与社交化。

手指一划，移动设备成了获取新闻的首选。手机、平板电脑，都是新闻消费的主要平台。[12]它们十分便携，可按需使用，让人们可以随时随地访问。

回想一下你自己的习惯——你通常是如何得知重大新闻的？这可能是一个当地的故事，比如一场车祸导致你家乡的一条高速公路瘫痪；也可能是国内国际的重要新闻，例如2016年奥兰多一家夜总会发生的致命枪击案。

你很可能是首先通过移动设备的突发新闻提醒，或是社交媒体的帖子，获知了这类新闻的。随即，这些信息会吸引你转向新闻媒体网站获取更多详情，这些都可以通过移动设备完成。或许你还会参与互动，比如在社交媒体上转发内容，或发表评论。

人们不仅越来越多地在移动设备上读新闻、看新闻，他们还在社交媒体平台上了解新闻，并在新闻发生时实时参与其中。这让我们想到了新闻是一种“社交化”的东西。

这一趋势并没有放缓的迹象。奈特基金会（Knight Foundation）的一项调查显示，美国近90%的移动设备用户通过智能手机获取新闻和信息。[13]

积极的受众这一观点切中要害。从这一角度来看，他们接触新闻并不是被动的。受众参与新闻，因此成为话题或访谈的对话的一部分。至少有一半的社交网站用户会分享新闻媒体故事、图片或视频。几乎同样多的人在社交媒体上讨论新闻议题或事件。[14]

❖ 关于新闻消费的重要观点

- 新闻是移动化的。移动设备正在成为新闻消费的主要平台，越来越多的人使用移动设备访问新闻网站。“移动化主体”，让新闻媒体重新思考网站的设计以及如何为手机用户提供新闻报道。“更多的人通过手机访问我们的内容，而非桌面，”纽约州罗切斯特市《民主党人与纪事报》（*Democrat & Chronicle*）的新闻编辑兼副总裁凯伦·马格努森说道。“当务之急是测试我们的内容在移动设备上看起来是否合适，因为这很可能就成为人们消费新闻的方式。”
- 新闻是社交化的。人们并非直接输入网址，而是受社交媒体的引导进入新闻网站。在Facebook、Twitter等社交网络上共享的社交推荐链接是网站流量的一个重要来源。此外，目前的趋势是，人们首先从社交媒体获知新闻，然后再通过分享或评论参与内容。

看看人们是如何访问新闻网站的，也令人大开眼界。“你不能再想当然地认为人们会来找你，你必须出去找他们。”嗡嗡喂（BuzzFeed）的新闻总监丽萨·托齐（Lisa Tozzi, @lisatozzi）说道。[15]

打开浏览器，输入新闻网站网址，这一行为已经越来越不常见了。取而代之的是，越来越多的人通过在社交媒体上点击其感兴趣的链接来浏览新闻网站。[16]

社交媒体上的积极受众是新闻网站流量的关键驱动因素。这意味着记者必须在社交媒体平台上提供足够吸引人的内容。本书的大部分内容，尤其是第六章，都侧重于讲解这一重要技能。

当今，从新闻记者到受众的信息流与过去大不相同了，人们不再依赖晨报或晚报来获知新闻头条。移动化、社交化的新闻理念对于新闻记者具有重要意义。记者必须应对这一新局面，明确受众把大量时间花费在哪里，以及他们如何通过移动设备和社交媒体参与新闻互动。这意味着新闻的生产与分发的方式以及地点都发生了转变。

“随着新闻越来越依赖这些新的传播平台来寻找受众，新闻出版商不得不审视他们未来的商业模式和发展战略。”数字新闻塔尔中心主任、英国《卫报》（*Guardian News*）前数字内容总监埃米莉·贝尔（Emily Bell, @emilybell）说。[17]

一个成功的策略必须以新闻媒体的目标受众把时间花在了哪里为中心。对于年轻一代来说，主要是移动和社交空间。而对于老一辈人来说，往往融合了传统媒体与数字媒体。

我们所要做的，就是看一看在2016年美国总统大选时，人们都是如何获取相关新闻的。皮尤研究中心的数据显示，对于18至29岁的年轻人来说，社交媒体是了解大选情况的最有效渠道。[18]

社交媒体在美国老年人中逐渐淡出。50岁以上的人认为有线电视新闻最有帮助。但这并不意味着移动和社交媒体对他们来说不重要。电视（78%）是美国成年人了解大选的最常用渠道；由新闻网站、应用程序、社交网站组成的数字空间（65%）紧随其后；广播（44%）和报纸（36%）相对占比较低。

尽管这只能让我们一窥这一时期的特点，但这些发现与新闻消费的研究是一致的，它们都充分说明了新闻业的未来发展方向。随着年轻一代的年龄增长，在10年、20年、30年之后，我们会看到什么呢？那些天生就掌握着新技术的数字原住民（学生，就是你），不太可能改变他们的习惯。

老一辈人从小就习惯了传统的印刷与广播，所以与年轻人相比，他们更依赖从这些渠道获取新闻。但随着年轻一代变成熟，他们很可能会继续依赖他们熟悉的移动和社交空间。这是新闻业未来发展的关键点。

这充分说明了新闻机构需要同受众一起发展，因为所有的迹象都表明，人们在移动设备和社交媒体上的新闻消费只会增加，并终将超过电视、广播、印刷等传统媒体的新闻消费。这并不意味着这些传统媒体不再是信息的来源，而是说这些媒体必须将移动化和社交化作为发布新闻、与增进受众互动的首要任务。

好消息是，许多新闻编辑部已经采取移动优先思维模式（见第二章）了。例如，在“移动化主体”的推动下，让网站变得更易使用、更支持移动设备，已经成为当务之急。

我们需要认识到，新闻网站的大部分流量来自移动设备用户，而非台式电脑用户。如图1–6所示，在新闻业的各个领域，移动化的通信流量持续超过电脑端通信流量。[19]

例如，英国广播公司新闻（BBC News）称，如今其网站三分之二的流量都由智能手机和平板电脑产生。事实上，大多数的谷歌（Google）搜索也是通过移动设备完成的。

为了响应“移动化主体”，新闻媒体正在制定新的策略，以便更好地为受众服务。比如，其中一种方式是推出自适应式网站。自适应式网站是行业标准。一个好的自适应式网站可根据用户的移动设备、平板电脑或台式机为用户提供最佳体验。

自适应式网站能够根据用户正在使用的设备进行调整，以便为其提供最佳的浏览效果以及内容交互。如果通过移动设备发起搜索，Google甚至提高了支持移动设备的网站排序。

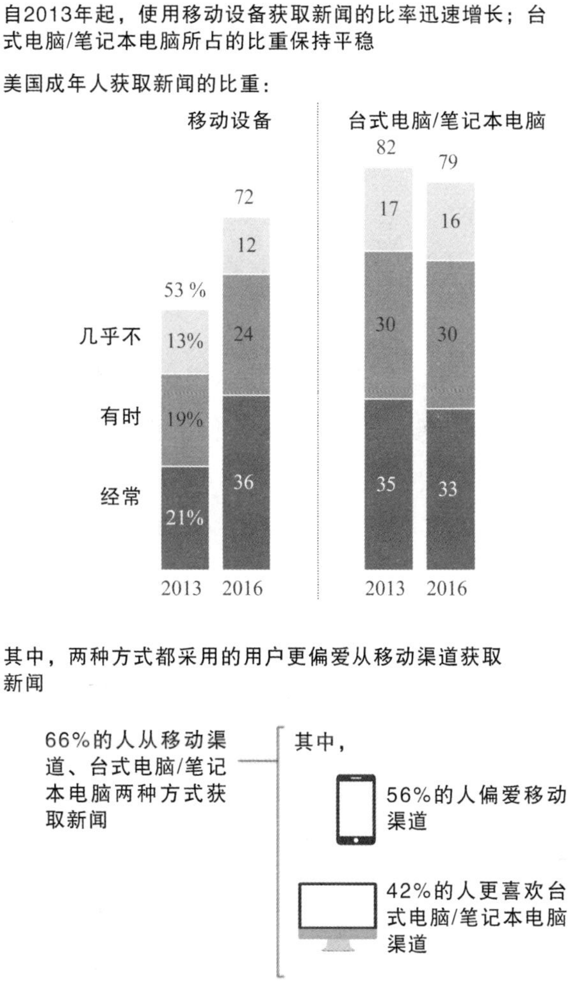

图1-6　美国成年人通过移动设备获取新闻的比率迅速增长

来源：调查进行于2016年1月12日至2月8日，“现代新闻消费者”，皮尤研究中心，华盛顿（2016年6月）http://www.journalism/2016-07-07/pathway9-to-news/

新闻报道也需要适应移动设备（在第六章我们会进行讨论）。新闻记者应当注意报道的布局和写作方式，以便用户在移动设备上能够轻松浏览。你必须让小屏幕上的内容易于理解，同时保持“大多数移动用户”的注意力。否则，用户可能就一“划”而过了。

❖ 对新闻工作者的影响

新闻工作者在工作中必须以受众为中心。想要在当今的新闻编辑部里取得成就，这一点至关重要。

作为诸多平台上的生产者和积极的新闻消费者，受众显然影响着当今新闻工作者的必备技能。让人们在小屏幕上更易于阅读新闻故事，这仅仅是其中一项。

初涉这一领域的新闻工作者，或那些试图在当前工作中与新闻保持相关性的记者，必须能够承担起一系列的职责，才能更好地在他们获取信息的领域内为受众服务。

你所要做的就是看看记者的职位空缺。除了传统平台的报道技能外，无论是应届毕业生，还是经验丰富的记者，都需要掌握移动和社交媒体技能。

当MLive传媒集团在密歇根州卡拉玛祖市（Kalamazoo）招聘记者时，“了解印刷、移动和互联网等多种平台的必要性”被列为首要要求。这家媒体隶属于先进出版公司（Advance Publications），希望招聘到有使用社交媒体获取资源与推广内容经验的人。这一职位需要“精通社交媒体和数字互动”，并且能做到在一天内频繁发帖、跟进发布内容。

位于新罕布什尔州曼彻斯特WMUR-TV在描述记者的一般任务时，也强调了跨平台报道能力的重要性。根据岗位说明，这一职位的人“将全天持续向数字平台（如社交媒体平台）上传图片、视频和文字”。

新闻编辑部的另一些职位专门负责移动和社交媒体，我们将在第八章中进行介绍。例如，《波士顿环球报》（*The Boston Globe*）的Facebook编辑、《纽约时报》（*The New York Times*）移动新闻编辑部的开发人员、美国哥伦比亚广播公司的社交媒体制作人，等等。在不远的将来，你也许会发现，自己也是在这一领域中工作的一员。

来自新闻编辑部

大卫·缪尔（David Muir，@DavidMuir），主持人兼执行编辑

我是大卫·缪尔，今晚为您播报《美国广播公司今晚世界新闻》（ABC World News Tonight）

您从事电视新闻工作20多年了，当时的媒体环境看起来和现在完全不同。您刚从事新闻编辑工作时，新媒体对新闻业的影响如何？

我清楚地记得在地方新闻工作时，电视台网站的主要目的就是简单地发布新闻广播已经播出过的片段。记者或主持人经常会说："想要了解详细信息，请访问我们的网站。"

在当今的环境中，社交媒体让我们有机会跟受众进行全天候即时、生动的对话。我认为，要让受众对网络内容感兴趣，标准要高得多。他们不想再看一遍在电视上看过的报道。我们想为受众提供一些他们没看过的东西，或具有附加价值的东西，我们也理当如此。因此，我们有机会带着受众一同踏上旅程。我们在前往叙利亚边境报道儿童难民问题时，以及与教皇方济各（Pope Francis）的历史性对话中，都采用了这样的方式。

您一直通过社交媒体尤其是Twitter与受众联系，您认为这些平台怎样改变了您与受众的关系？

受众被赋予发声的机会，这在几年前是不可想象的事。在Twitter、Facebook上，我们能够即时获悉受众在总统初选辩论期间想要问的问题，也能立即了解到一些工厂希望我们在"美国制造"系列节目里介绍他们。我喜欢这样的方式。受众推动着双方对话。

我是看着彼得·詹宁斯（Peter Jennings）的节目长大的，我之前就觉得，在每晚的节目中，他能很好地和美国受众对话，但现在，这种对话真的变成双向的了。受众可以在新闻播出之前、之后，甚至播出期间，随时与我交流，他们也确实做到了。

请描述一下您每天都是如何使用社交媒体的（这是在广告休息时段通过账户@DavidMuir发的推文，对吧？）

我在广告时段发推文，但我并不一定要在Instagram上发帖来吸引人们看电视。我活跃于社交媒体，因为整个美国都活跃于社交媒体之上。我相信，我们的广播电视应该反映人们的生活方式。人们正在以我们无法想象的方式记录自己的生活。公民记者队伍由此诞生了，他们用自己的手机捕捉每个瞬间，当与适当的环境相结合时，或许就能让我们耳目一新。

那么，作为一名记者，我们该如何理解人们对记者的期望呢？万事开头难。你在利用移动设备和社交媒体，但并非以新闻实践的方式——至少现在还不是。你可能会想，作为一名记者，我的推文该发点什么？我该如何利用社交媒体找到可靠的资料？我能用Snapchat做新闻吗？……

本书将为你答疑解惑。我们会在接下来的章节详细讨论，作为一名新闻记者该如何使用这些工具。为了从广义的角度增进理解，在本节中，我们首先需要了解移动设备和社交媒体如何影响新闻记者的日常工作。

有三个方面需要考虑:新闻收集、新闻分发和受众参与。

根据我的经验，从三个方面来认识报道职责，能让学生及新闻记者明确人们通过移动和社交媒体平台想要看到什么。这一方法能引导我们明确受众的习惯是如何直接影响新闻记者的工作方式的。请记住，仅仅关心你该为一个网络故事或新闻广播做些什么，这种工作方法早已是过去式了。

新闻业的底线是，雇主希望记者利用移动设备和社交媒体采集新闻、分发新闻，并增进受众参与（当然，前提是遵守新闻准则）。

本书将为您分享这三个方面的实践经验。为了实现数字优先的报道，在第五章我们将介绍一系列实用工具。数字优先的报道须由一系列计划实现：使用移动设备和社交媒体进行新闻采集、分发，以及增进受众参与。每报道一则新闻，就要列出一份备忘录，做好一个计划，这样报道才能有条不紊。

现在简要介绍一下这三个关键方面，在接下来的章节中我们会对此加以讨论。

新闻采集

新闻记者在新闻采集过程中以多种方式使用移动及社交媒体：

- 提示线索：寻找新闻灵感
- 消息来源：为报道寻找消息来源
- 内容：为报道寻找信息，通常包括用户生成内容或众包信息新闻记者们在参加编辑会议之前，通常会浏览社交媒体平台，了解所在地区正在发生的事件。例如，他们可能会在Twitter上搜索“达拉斯”（Dallas）。记者的日常工作与几年前大不相同，那时的记者每天都会拨打警察局的电话，通过电话核查其他官方消息来源，再筛选新闻稿就行了。

社交媒体作为一种现代技巧，它已经成为在社区中寻找新闻的强大工具。监测社交媒体平台是一种倾听公众声音的方式，也能让我们对公众所谈论的话题有深入了解。

如今，在新闻采集过程中，新闻记者能够即时搜集大量新材料，捕捉多种新声音。举一个我最喜欢的案例，让我们感受社交媒体平台（通常又称为“社会聆听”）如何造就了轰动的故事。

我经常出入新闻编辑部。有一天，我正在纽约州锡拉丘兹市（Syracuse）的一家新闻编辑部进行访问，一名记者在Twitter上发现一则推文，有人抱怨工人在粉刷完新的交通线之后，马路上的油漆滴脏了整条街。在几天前的一次公开会议上，市长讨论了该市计划如何通过购买一种不同于以往使用的油漆来节省资金。社交媒体上的投诉让这名记者发现了一个值得注意的题材。她调查了这种新油漆是否真的如市政府所想象的那样。

除了寻找新闻灵感外，记者们还在社交媒体上寻找他们正在撰写的新闻的来源。假设你被分配了一个关于学习用品成本的报道。与家长们沟通是写出令人信服的报道的关键。你该如何利用社交媒体找到要采访的人呢？

这是纽约州锡拉丘兹广播电视频道的记者塔米·帕尔默（Tammy Palmer，@TammyNC9）的案例。他通过其Facebook账户完成了这一任务。

“我就在Facebook上发帖，‘嗨，有哪个小朋友的妈妈想逛逛街吗？’就这样，我跟一位母亲取得了联系。”帕尔默说。“过去，你可能得走上街头，尴尬地求偶遇；现在，上网找就行了。而且我有了更多选择权，当时有很多孩子的妈妈都回复了我。我找到三位母亲，她们的情况各不相同。这就给我带来极大的灵活性。”[21]

利用受众生成的内容也已成为常见的手段。前文中，我们讨论了新闻记者把用户生成内容纳入其报道，而另一种收集受众内容的方式则是众包。

图1-7　利用群体的力量：《纽约时报》向社交媒体用户征集暴风雪的照片。其中一些照片被刊登在报纸头版。凯蒂·霍金斯-加尔（Katie Hawkins Garr）供图

众包（Crowdsourcing），即新闻媒体公开收集一系列内容，包括照片、数据，以及关于某一议题的评论。新闻记者往往通过社交媒体向受众提出特定的内容要求。不同于搜索已经创建的用户生成内容，众包是一种行动的号召，是邀请人们参与报道过程的行为。

美国东北部暴风雪期间，《纽约时报》采用了众包方式。《纽约时报》呼吁人们在Instagram上分享他们的暴风雪照片，并加上#NYsnow的标签。其中9张照片被刊登在了《纽约时报》印刷版头版（顺便说一句，该报纸从未告知用户他们的照片有发布的可能，也没有在众包请求中提到这一点。你对此有何看法？第七章将介绍用户生成内容相关的最佳实践）。

图1-8　来自纽约市消防局（@FDNY）的Twitter发帖

传统的新闻来源，如今正越来越多地绕过新闻机构，直接将信息传递给公众。通过使用社交媒体，他们现在可以与公众直接分享最新的消息。例如，2016年，一座历史悠久的教堂起火，纽约市消防局与这场大火作斗争，其信息发布正体现了这一转变。

得益于移动设备和社交媒体，新闻记者在新闻采集过程中，搜集传统信息内容及互动的方式也在不断地演变。以警察部门为例，作为传统的信息来源，如今他们往往会绕过新闻记者发布信息。

在联系新闻媒体之前，或者不联系新闻媒体，直接把信息发布在社交媒体页面上，已渐成趋势。新闻记者必须定期监控社交媒体页面上的信息资源，在突发新闻期间，更要注意这一点。

当纽约市一座拥有160年历史的教堂被大火吞没，新闻记者依靠纽约市消防局的Twitter页面了解了最新的细节。大火肆虐之际，纽约市消防局账户@FDNY分享了消防员与大火搏斗的视频，公开了诸多细节，如现场消防员人数等。

在波士顿马拉松爆炸案发生期间，波士顿警察局也通过Twitter而不是新闻媒体分享了这一紧急信息。这再次印证了新闻记者是新闻的唯一把关人这一观念已经被颠覆了。

"过去，警察是在媒体的摆布下讲述故事的。现在我们可以讲述自己的故事了，我们可以直接把信息发在Twitter上。"爆炸案发生时，波士顿警察局发言人谢丽尔·费安达卡（Cheryl Fiandaca）说。[22]费安达卡是一名资深记者，现已重返调查性报道领域。

波士顿警察局甚至在Twitter上第一个发布了嫌疑人的照片。在账户@bostonpolice发布推文的几秒钟内，新闻记者们就拿着手机直播了这条推文。

新闻分发

毫无疑问，新闻报道是一个持续不断、永无止境的过程。

在我们的移动和社交媒体世界中，记者需要做到：

- 在现场报道时，应做到多平台发布。
- 及时提供报道的更新内容。
- 使用移动设备捕获、制作、发布内容。

新闻记者想要提供最新的报道，不能依赖新闻广播、晨报或网络故事。受众希望获得实时的、跨平台的信息，因此新闻记者在现场报道时必须分享多方面的信息内容。

"新闻编辑部用美联社（Associated Press）警报来发布突发新闻，我们的运作方式也差不多。现在人人都期待这种类型的信息提醒，尤其是突发新闻的此类提醒。"一位记者告诉我，"用户根本不想等着看新闻，他们会根据自己的时间阅读新闻。因此，得迅速发布新闻，服务受众。”[23]

这意味着，报道应采用数字优先的方式。现场报道需考虑什么样的内容应发布在社交媒体平台上，也应确保使用移动设备的人可以轻松查看所有内容。记者必须同时活跃在Twitter、Facebook、网站和其他移动应用程序上，为不同平台的受众提供信息。根据工作平台的不同，记者为电视、广播或纸质媒体写不同的报道，让报道活跃在移动平台、社交平台乃至传统平台之上。

在这一点上，新闻分发的过程可能看上去有些混乱（这也非常有趣，相信我！）。在收集现场信息的同时，瞬间分享某个故事的最新发展，这将成为你的第二天性。

任何一位记者都会告诉你，磨炼这些技能来自于不断的练习——重复，重复，再重复。本书旨在尽快带你走进新闻领域，这样你就可以将诸多策略与技巧付诸实践。每个章节都附有一份备忘录，帮助你计划和厘清任务的主次。

智能手机或平板电脑将是你的首选工具。只要移动设备在手，新闻记者就可以进行现场直播；抓拍照片，录制视频、音频，即时分享于社交媒体；在突发新闻现场，新闻记者可以发布实时推文。移动设备和应用程序让新闻记者轻松实现跨平台实时发布内容。

举个例子，用传统相机拍照再分享到社交媒体上，这一过程十分繁琐。首先，你得把图片导出到电脑或移动设备上，然后才能分享。在当今的新闻环境中，这一工作流程太耗费时间了。

如今，从小型日报到大型新闻机构，新闻记者的工作都离不开移动设备。甘尼特公司（The Gannett Company）是最早为新闻记者配备移动设备的媒体之一，它在全国拥有包括《今日美国》（*USA Today*）在内的数十家日报。2011年，甘尼特公司购买了数千部苹果手机、苹果平板电脑和便携式无线热点，供记者在现场使用。

新闻记者利用手中的设备，不仅仅是为新的移动和社交媒体平台生产内容，甘尼特以及其他许多报纸的记者们，利用移动设备拍摄的照片、视频，也被用于传统网站和纸质媒体。换句话说，分布在多平台上的所有多媒体元素，都可以通过一台设备生成。

在电视台，这一过程可能会略有不同。电视新闻节目中播出的大多数新闻仍然是用传统摄像机拍摄的。这主要是因为移动设备录制视频的质量欠佳，往往不是高清电视的首选，尽管我认为两者已经非常接近了。

我和我的一些学生在为NBC新闻报道2016年南卡罗来纳州共和党初选时，亲身体验到了这一点。我们带着苹果手机、苹果平板电脑、传统相机在全州各地报道大选活动。学生们为NBC晚间新闻的两位记者拍摄了视频。虽然这段视频是用传统相机拍摄的，但同时我们也使用了移动设备采集、编辑、发布视频和照片，将内容发布在该电视新闻网的社交媒体平台上。借助我的苹果手机，我们甚至在初选当天接管了NBC新闻的Snapchat账户。本书将在后文详细介绍这种协作方式。

尽快在多个平台上发布新闻充满了挑战。其中最值得关注的问题是：如何在保持传统新闻价值观的同时，以目前记者所期望的速度共享信息。你不可能始终做到又快又准。时效性与准确性相互竞争，核实也需要时间。遇到疑问时，应舍时效性而取准确性。可惜，太多新闻机构没能遵守这一基本的新闻准则。

其次，无论什么平台，都离不开写作。清晰、简洁、准确的写作一直是优秀新闻作品的标志。当今，记者们应比任何时候都更加注重自己的写作。发布在Twitter上的内容可能不适用于网络文章的标题；Snapchat上发帖的语气（很）可能跟在Facebook上发帖的语气大不相同。能够根据你发布的平台调整写作风格和语气是一项重要技能。

想要在社交媒体上实现发帖简洁，还需要一种新的思维方式：分享什么信息？多久发帖一次？如何构建信息框架？例如，发布推文最多可输入140个字符，字数限制不允许你说得太详细。对于发布碎片化的新闻，你得格外谨慎，以免受众错误解读。关键在于提供上下文，信息流也要保持一致。不要让你的受众心一直悬在那里。

受众参与

我们已经讨论过新闻采集与新闻分发。现在，让我们把受众参与也纳入报道之中。新闻采集、新闻分发与受众参与，这三者常常同时发生且相互协调。不可将三者割裂开来。

通过前文，我们认识了NBC新闻频道的通讯员哈莉·杰克逊，让我们来看看她的一天。杰克逊的一场旅行报道可持续数周，她曾报道过2016年美国总统大选。

从候选人集会到投票中心，杰克逊奔赴现场采集新闻。同时，她密切关注社交媒体上网民们对大选活动的评论。杰克逊与她的推特粉丝进行实时互动，分享大选新闻。

在Snapchat上，她采取了一种悠闲的方式。她在Snapchat上分享她的幕后生活，有时则充满了诙谐与幽默：好像她一直提着行李箱，永远在路上，喝超多的咖啡！（甚至有时，她在加油站的洗手间里也仍在打字。）

杰克逊还邀请公众，与他们这群报道选举的记者一起“出来玩”。他们被称为“公路勇士”（The Road Warriors）。在微软全国有限广播公司（MSNBC）的Facebook、Twitter的即时聊天页面上，这群“公路勇士”经常回答粉丝们的问题。

“作为我的‘公路勇士’之旅的一部分，我在思考我能在社交媒体上为受众提供什么，这将不同于其他大选报道的内容，不同于其他记者所提供的。”杰克逊说，“我从我的旅行中挖掘趣味元素，发掘闪光一刻，并把它们带给我的受众。”

她的电视报道也一样。杰克逊还要两者兼顾，既要为MSNBC做现场报道，也要为NBC晚间新闻做准备。

科技不仅让人们更接近她报道的新闻，也让人们深入了解她作为一名记者的身份。他们开始了解她是一个“真实的”人，几乎可以随时与她取得联系。杰克逊说，她的成长得益于受众的参与。

那么，“受众参与”这一术语意味着什么呢？协作性——带受众走进报道过程，这是受众参与的核心。

实现受众的有效参与，要求：

- 一致地、真实地互动
- 语气无须正式，但要专业
- 对待受众反馈，应采取开放态度，积极响应

这应当是关于新闻的一场对话而非一场讲座，在遍布受众的平台上与他们结识，回答社交媒体上的粉丝的问题。这应当是一种倾听，而非灌输信息或一味地讲述自己的故事。所有这些方式都将带领受众走近记者，走近你的工作，乃至参与其中。

这种双向对话有助于更好地了解人们关心的议题，并促进新闻工作的发展。持续的互动也能够建立起受众的信任，增进媒体的信誉。有些记者仅仅通过社交媒体发布新闻而很少互动；相比之下，更喜欢与粉丝互动的记者，往往被认为可信度更高，得到的评价也更好。[24]

如今，记者们正利用社交媒体开启报道进程。就像杰克逊所做的那样，为粉丝提供内部视角，让他们与记者建立起更紧密的联系。这比简单地在Twitter上发布新闻标题和故事链接更可信。

图1-9　来自哈莉·杰克逊的Twitter发帖（2017年5月6日和2016年9月22日）

NBC新闻记者哈莉·杰克逊直接与受众联系，为受众提供与她一起“出来玩”的机会。

在这种形式的参与下，报道过程的神秘面纱被揭开，新闻记者也帮助受众认识到新闻远远不止推送信息。

你可能已经听说过“人人皆记者”。而这一观点完全是错误的。的确，几乎

任何人都可以“发布”内容，但这并不意味着他们就是记者。新闻记者需要具备将信息置于背景之中，进行检验与事实核查的技能。

现在比以往任何时候都更需要新闻记者的技能来帮助受众在“噪音”中辨别方向，在泛滥的（错误）信息中寻找意义所在。社交媒体是让人们了解新闻报道过程的途径。

我们希望通过真实的互动，能够让积极的受众认识到新闻记者的价值，也希望受众在体验平台的便利时，进一步参与互动。

❖ 备忘录

欢迎你，这是你的第一份备忘录！每一章节至少包含一份备忘录，帮助你学以致用。为了帮助你密切关注最新的移动和社交媒体新闻，第一份备忘录为你提供了额外资源：

☆主动超越书本。让我们开拓视野，把对话拓展到书本、课堂之外。你们可以通过Facebook（fb.com/MobileandSocialMediaJournalism）和Twitter（@MobileJourn）与我取得联系，我将分享这个行业的最新情况和我的教学经验，我也想听听你们的意见。阅读至此，你是否仍有一些疑问？或是想到了一则新闻记者运用移动与社交媒体的极佳案例？或是在本书启发下做了一些很酷的事？欢迎给我留言！我们可以互相学习。

> 请先通过Twitter给我发一条信息，讲讲在这一章中你最感兴趣的事，并告诉我为什么。（当然，我希望你觉得这本书里的一切都很有趣！）

☆创建班级话题。以班级为整体，创建一个Twitter话题，在整个学期都可使用这一话题。我在伊萨卡学院帕克传播学院（#ICParkSM）的移动和社交媒体新闻课堂上，就有一个这样的话题。通过班级话题，可以讨论课程内容，也可以分享演讲嘉宾的观点，分享对课堂的启发，这是一个良好的交流渠道。围绕移动和社交媒体新闻，你也可以和同学们分享有趣的项目。在Twitter上分享内容时，带上班级话题即可。在接下来的备忘录中，我们会就班级话题的使用进一步讨论。

☆ 时刻保持关注。在推特上，有许多贸易组织通过电子快讯分发有关内容和研究，你可以在Twitter上关注他们。订阅他们的电子快讯并在Twitter上关注他们，能够为你的“教学时刻”带来新点子，这是你在第五章备忘录中需完成的一项任务。以下是我常用的资料来源，其推特账户及链接已列出，便于订阅其电子快讯：

> MediaShift每日必读: @MediaShiftOrg 和 bitly.com/MediaShiftNewsletter
> 波因特: @Poynter 和 bitly.com/PoynterNewsletter
> 皮尤研究中心: @pewjournalism 和 bitly.com/PewResearchNewsletter
> 尼曼新闻实验室: @NiemanLab 和 bitly.com/NiemanNewsletter
> 奈特数字媒体中心: @KDMC 和 bitly.com/KnightNewsletter

☆ 积极进行讨论。以班级为整体，思考以下内容：

> 这个时代，几乎任何人都可以创建、发布内容。这会带来哪些积极影响和消极影响?
> “积极的”受众意味着什么? 新闻消费者的习惯是如何被改变的?
> 描述当今新闻记者和受众的关系。
> 在移动和社交媒体世界，新闻记者需要具备哪些技能?

第二章

管理变革：移动优先新闻编辑部

在这一章节，你将：

- 深入了解新闻业不断发展的商业模式。
- 明确移动优先意味着什么，并探究移动优先如何改变了商业模式及编辑策略。
- 探究移动优先的三个核心因素：受众体验、作为多平台内容中心的编辑室、不断发展的商业模式。
- 培养移动优先意识，以便于规划新闻报道，更好地服务于当今受众。

“想象一下，假如一个早晨，你坐下来喝着咖啡，打开家用电脑阅读当天的新闻。”[1]时间回到1981年，旧金山的一位电视主持人就是这样介绍该市两家报纸尝试使用互联网的。当时，下载一篇文章要花费两个小时。

几十年后，这个网络新闻萌芽的故事浮出水面，也出现在社交媒体网站上。这个视频不容错过，它展示了我们消费新闻、分发新闻的方式发生的巨大转变，趣味十足，令人捧腹。

这个故事当中还有一丝讽刺意味。报道继续说：“我们不是为了赚钱。我们可能不会损失太多，但也赚不了多少钱。”报道还说：“电子报纸并不会对20美分的街头版构成太大的竞争。”

如今，我们见证了这些曾经被认为是很牵强的事。网络媒体为人们提供了数不尽的信息消费渠道，对报纸和广播业带来巨大影响。随着人们越来越多地转向网络资源，印刷报纸的读者数量急剧下降，电视新闻的观众人数也在逐步减少。

而且，出于生存需求，广告商也在追随着受众。人们在网络空间中花费大量时间，公司也把大部分营销工作从传统平台转向网络。而一些媒体仍在依赖印刷和广播广告，以传统手段获取利润。对于这些媒体来说，这种变化无疑是个麻烦。

21世纪末的经济衰退进一步侵蚀着传统平台上的广告收入，加剧了其艰难局面。人们的支出减少，许多企业的利润受到损害。包括汽车经销商、家具店等大型广告商在内的企业纷纷削减了广告预算。

广告费的损失重创了新闻媒体，印刷媒体更是遭到沉重打击。仅在2007年至2010年间，印刷报纸的广告收入就减少了将近一半，从420亿美元骤降至220亿美元。[2]这种下降趋势仍在持续。与此同时，数字广告的收入却迎来稳步发展，但其速度不足以弥补印刷广告方面的严重亏损。

这场风暴完美地进行着：人们不断地在网络上获取新闻，同时，传统广告收入不断亏损。

记者们感受到了风暴的冲击。在2007年开始的经济大萧条及其余波期间，新闻业经历了新闻编辑部的裁员和许多新闻机构的倒闭。其中，报业尤甚。

因此，新闻媒体不得不改变其商业模式，以便在当今的市场中保持竞争力。他们的“商业理论”——包括客户、竞争对手、价值观和行为，以及技术——如果跟不上日新月异的市场进行自我革新，那么企业就会面临倒闭。[3]

为了保持竞争力，新闻编辑部正在以新的方式吸引受众。起初是通过传统网站，现在则越来越多地通过移动设备和社交媒体。从受众的角度来看，如今，新闻编辑部必须满足新闻消费者的需求，而在移动设备和社交媒体上，新闻消费者正蜂拥而至。

一种移动优先的文化，正在全国各地的新闻编辑部中形成。

移动优先如何改变了新闻编辑部的商业模式及文化？本章将对这一问题进行概述，以便更好地理解当今新闻业，以及新闻业与新闻编辑部编辑策略的关系。毕竟，不论你在新闻编辑部中担任何职，你的职责都与这些变化紧密联系在一起。

的确，没人能预知未来。但是，展望未来是教学、研究与实践中令人兴奋的一部分。我坚信，我们正在见证新闻业的重生；而你正亲眼目睹，你正身处其中。

> “这句话已经成为陈词滥调了：当今媒体行业，唯一不变的就是变革。然而，现实也确实如此。”[4]

皮尤研究中心新闻研究主任艾米·米切尔（Amy Mitchell，@asmitch）说，“这个行业里已经很久没有出现活力感了。”[5]

自从十几年前互联网扰乱了新闻业，这一行业在许多方面都出现了反弹。用兴奋的方式讲述故事，与公众建立联系，这在以前是不可能的。

总体而言，就业岗位流失，尤其是印刷行业的裁员，已经大幅放缓。传统印刷和无线电广播的新闻编辑部开始把移动和社交媒体摆在优先地位，并聘用员工对这些平台进行专门管理。此外，纯数字媒体也开始建立，这都是新商业模式的一部分。这也为该行业创造了新的就业机会，尽管和前几年的裁员相比，仍是盈不补虚。

如今，无论是费城的比利·佩恩（Billy Penn）这种规模较小的初创企业，还是《赫芬顿邮报》（*The Huffington Post*）等规模较大的网站，都有成千上万的新闻记者在纯数字新闻媒体工作，还有许多退伍军人也工作于此。皮尤研究中心的数据显示，数字新闻领域为世界创造了近5000个全职工作岗位。其中，近3000个工作岗位是由30家纯数字新闻媒体提供的。[6]

面对这些变化，新闻记者必须积极应对才能谋求生存与不断发展。旧金山电视台（San Francisco TV）对“电子报纸”的报道中，最令我震惊的是，两家报纸早于大多数新闻编辑部十余年就表示愿意尝试互联网了。

在这一紧要关头，新闻编辑部的远见卓识和创新精神至关重要。因为，移动设备和社交媒体的出现，扰乱了“一切照旧”的工作模式。

“我们已经存在了50年、75年、100年，所以选择我们吧。”这么说不够好。积极的受众已有了很多其他的选择，更便捷地获取新闻。

传统的经营方式将使新闻媒体固步自封。

❖ 移动优先思维

正如互联网的诞生为新闻编辑部敲响了警钟一样，如今的移动设备和社交媒体也是如此。新闻编辑部吸取了十年前的教训，在这个关头奋勇争先。其中有些人行动更快。

在新闻编辑部，“数字优先”（Digital-first）是个常用术语。互联网兴起后，“数字优先”意味着首先在网站上发布新闻——在网上，人们总是蜂拥而至，紧追热点。

后来移动设备和社交媒体出现了。今天，数字优先意味着移动优先。这一次，也是跟随着受众的脚步。

“移动优先”意味着优先提供高质量内容，同时这些内容应便于移动设备和社交媒体用户进行访问。正如我们在第一章中所讨论的，许多情况下，“移动优先”要求记者赶在网络报道或广播报道之前先把信息分享到移动和社交媒体平台。

新闻网站及其他传统平台正日益成为信息发布的第二场所。因为Facebook、Twitter等平台是受众进入新闻世界的门户，也是人们了解新闻记者的工作与新闻媒体品牌的途径。

我们还必须比以往任何时候都要更多地考虑用户体验。内容必须被优化和包装以适应阅读（第五章及第六章将对此进行探讨）。美国国家公共广播电台（National Public Radio）的布瑞恩•博耶（Brian Boyer）说：移动优先的关键在于思考“你的用户是谁？他们都需要什么？”[7]

❖ 移动优先思维的关键

- 受众体验。受众穿梭于设备、平台之间，新闻记者须重新构思以何种方式报道新闻、在何种空间传播新闻，才能便于受众的访问。其中，优质的内容和积极的用户体验是关健。参与，与受众进行双向对话，也是受众体验的一部分。
- 多平台内容中心。新闻机构不能仅打着报纸、电视台或广播电台的旗号了，新闻记者也是如此。报纸记者所做的不仅仅是印刷，电视记者所做的远远不止播送，广播电台记者所做的也不仅仅是播报而已。把每个新闻编辑部看作一个内容中心，通过多平台向受众传递信息，每个故事都必须被跨平台讲述。通常，这意味着根据不同的传播途径，采用不同的方法。在本章节的后文及后续章节我们将对此进行讨论。
- 不断发展的商业模式。如今，许多利用移动受众和数字广告创造新收入的商业模式不断涌现。坚实的新闻业仍需资金支持。情况一直如此。改变的只是获取资金的方式。

“我们不是为了满足自己而做新闻。”博耶（@brianboyer）补充道，“如果人们因为坐公共汽车而无法看到你的新闻，那你就做得不好。”

移动优先思维与新闻业的商业问题直接相关。用户能否无缝体验内容，大大影响其是否会再次来访。

移动优先催生了不断发展的商业模式。新闻媒体正通过这些平台创造新的收入来源。他们正不断尝试把小屏幕上的新闻产品变成利润，并利用数字广告市场创造收益。

以下是一些有关“移动优先的方法是如何在新闻媒体上形成的”案例。在这些案例当中，关注的是受众体验、新闻编辑部作为多平台内容中心的思想、不断发展的商业模式，分别是如何发挥作用的。

《纽约时报》

今天，《纽约时报》内部的故事推介会与前几年截然不同。2015年，《泰晤士报》执行主编迪安·巴奎特（Dean Baquet）宣布，编辑室将放弃纸质版头版的宣传体系。巴奎特在一份员工备忘录中写道：选择头版故事的过程不再那么重要了。在新的系统下，编辑们现在要对故事进行评选，将“最适合放在所有数字平台（网络、移动和社交平台）上”的故事列出清单，以适应网页、移动与社交平台。[8]

巴奎特指出，该系统针对使用移动设备和社交媒体的用户，能为报纸提供更大的灵活性。“这些变化旨在极大地减少印刷截止日期对我们数字平台的限制。”

媒体文化与头版紧密相连，这一改变也是策略上的重大转变。对于许多记者来说，登上《纽约时报》的头版是梦寐以求的愿望，也是他们职业生涯的目标。《纽约时报》的一份内部创新报告指出，编辑会议的革新是朝着移动优先策略迈出的重要一步。

报告承认，“一直以来，我们的主页是为读者提供新闻的重要工具，但它的影响力正在减弱。仅有三分之一的读者访问过我们的主页。”[9]“读者们正以全新的方式寻找新闻、参与我们的新闻工作。更多读者希望我们能通过Twitter、Facebook、电子邮件或手机提醒他们以取得联系。”

锡拉丘兹传媒集团

对于地方媒体来说，传统的经营方式遭到了摒弃。在纽约州的锡拉丘兹，《旗帜邮报》（*Post-Standard*）及其网站Syracuse.com的两个不同的新闻编辑部都被关闭了。事实上，这两个新闻编辑部甚至都不在同一栋大楼里。印刷业务和数字业务分别位于这座城市的两端。

2013年，这种竖井式管理方法（silo approach）发生了改变。拥有印刷部门与数字部门的先进出版公司（Advance Publications）实施了一项以数字为中心的策略，全面改革了新闻运作与商业模式。

印刷与数字之间的屏障消失了。《旗帜邮报》及其网站Syracuse.com合并成一个综合运营机构，名为锡拉丘兹媒体集团。现在，新闻工作人员在新的总部工作，这里没有固定的办公桌，而是一个协作办公区。在这里，所有记者都是移动新闻从业者。他们背着背包，里面装着移动设备和笔记本电脑，从现场直接报道新闻、发布新闻；如今，每位记者都需要思考，如何让报道穿梭于移动、社交、网络和印刷各个平台之上。

新变化也伴随着裁员。转向移动优先策略后，一些长期存在的新闻编辑部的职位被取消了，同时，以数字为重点的新岗位也涌现出来。《纽约时报》解雇了全职及兼职员工115名，几乎占员工总数的三分之一。锡拉丘兹传媒集团随后又雇佣了大约60名员工，专注于创造数字新闻内容。[10]

在加强数字化的同时，该新闻机构也更改了印刷版的送报时间，从每周七天减少到了三天。

先进出版公司是最早实施这种自上而下的移动优先文化的媒体公司之一，它试图在变革中领先。这种文化不仅限于锡拉丘兹。该公司在全美各地拥有报纸和相关新闻网站。它在其他媒体机构也实施了类似的策略，包括路易斯安那州新奥尔良的《皮卡尤恩时报》（*Times-Picayune*）和俄亥俄州克利夫兰的《诚实商人报》（*Plain Dealer*）。

美国有线电视新闻网（CNN）

如今，有线电视网络不再仅限于电视领域。“我们不只是电视新闻网。”CNN的社交媒体主管萨曼莎·巴里（Samantha Barry，@Samanthabarty）说，“我们是一个24小时全球多平台网络。”[11]

1980年，美国有线电视新闻网是第一个提供24小时电视新闻报道的频道。相比之下，如今已发生了巨大转变。该网络已投入2000万美元用于移动领域的数字扩张。2016年，美国有线电视新闻网宣布，计划招聘200多名新员工，包括记者、移动和社交媒体视频制作人员、受众分析发展专家，以及移动产品研发人员。[12]

在这场革新中，约有50名CNN员工失去了工作，其中包括CNN传统桌面网站的工作人员（他们受到公司邀请申请了新岗位）。

CNN还组建了专门团队，负责在Facebook和Snapchat等平台上生产、发布内容。这也是其移动优先策略的一部分。

美国国家公共广播电台（NPR）

NPR的传统受众不断老龄化，令这家媒体重新思考新时代下该如何与受众同行。随着核心受众群体的年龄不断增长，NPR正在制定策略以吸引年轻受众。为了生存，他们必须如此。

这家公共广播电台推出了NPR收听应用程序（NPR One），使得没收听地面广播的受众也能通过这一应用程序收听公共广播。它为听众提供个性化的移动内容流，从全国性节目、当地新闻广播及其他播客中获取新闻。与NPR的传统广播听众相比，该应用程序的用户更为年轻，40%的用户年龄在35岁以下。[13]

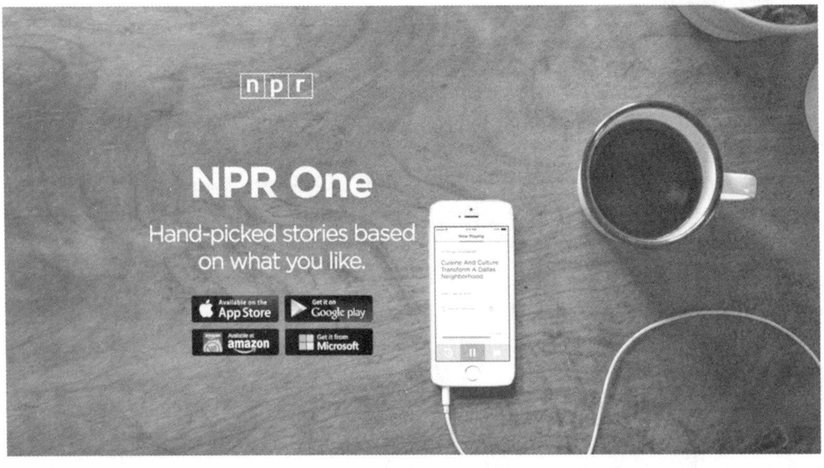

图2-1　NPR供图

NPR推出了应用程序NPR　One，作为向新一代听众（移动设备用户）提供内容的一种方式。该应用程序提供可定制的用户体验。

该应用程序还为NPR的隶属电台创造了新的盈利机遇。例如，该应用程序能够从旧金山的一个所属站向全国受众推送播客，而不再局限于当地受众。如果当地电台的受众够多，便可以开始拉赞助了。[14]

❖ 适应移动受众：不断发展的商业模式

首先，让我们简单了解一下新闻业的四个主要领域（报纸、电视、无线电广播、纯数字新闻媒体）不断发展的商业模式。我并不喜欢将事物进行割裂式思考，但现在我将它们分割来看，是因为每种类型的媒体都采用了不同的方法。

来自新闻编辑部

特里什·拉蒙特（Trish LaMonte，@TrishLaMonte）
锡拉丘兹传媒集团数字运营总监
锡拉丘兹，纽约州
拉蒙特管理的团队包括网络和移动制作人、社区参与专家、图像设计师、社交媒体专家、摄影师、作家，以及锡拉丘兹媒体集团（包括Syracuse.com及先进出版公司附属下的《旗帜邮报》）的搜索引擎优化专家。

在您的新闻编辑部里，数字优先是什么样子的？

数字优先意味着记者在撰写新闻报道时不再考虑印刷品。没有人关心需要填补的新闻漏洞有多大，或者他们的报道应该占据多大版面。记者要在事实准确的情况下，尽快将内容发布到网上。我们实时发布新闻，以发布公告作为开始，它可以是简单的标题和句子，并在我们得到信息时填充更多的细节——这在过去的报纸时代是永远不会做的。你能想象一个记者还没弄清每一个细节就开始报道吗？

我们从2013年起真正关注数字优先，现在这一理念已经根深蒂固，我们甚至开始考虑移动优先。随着越来越多的流量来自手机和其他设备，我们现在相信，如果它不能在移动设备上运行，那么它就不能正常运行。你可以创建最酷的图形，但如果它不会加载在我们的应用程序上或无法在手机上阅读，那么它不值得做。

锡拉丘兹传媒集团的商业模式是如何演变的？

商业模式在不断演变，以适应印刷业不可避免的衰落。锡拉丘兹传媒集团现在正在为报纸的消亡做准备，这意味着要集中精力寻找新客户，销售多样的数字产品，而不再仅仅局限于广告。团队需要共同努力，所以我认为了解彼此的工作方式十分重要，无论是做销售、市场，还是内容。每个月我们都会召开一次员工大会，讨论公司的经营情况。员工可以分享趣事，通常是一些成功案例，帮助大家更好地了解周围发生的事情，进而更好地展开合作。

基于这种新的倾向，您希望您聘用的记者具备什么样的技能？

当然，除了与生俱来的好奇心外，良好的写作能力仍是记者所需具备的最基本的技能。但这仅仅是开始，光有这些是远远不够的。如今的现实情况是，大多数新闻编辑部里的文字编辑人数较少，因此，记者需要批判性地审视自己的工作，随时做出修正和调整，准确、快速地完成工作。如今，截稿期限也不再是2小时后，而是现在，甚至是5分钟前。记者还须乐于互动，吸引受众参与评论，参与社交媒体互动。同时，技能也是必不可少的。面对照片、视频、音频，记者们得学会把这些素材添加到他们的报道之中，不能对此一无所知，没人会替他们完成这些任务。当今最成功的记者也会自己拍照片、录视频。这就是多媒体记者，而不仅仅是作者。

您提到了受众参与，您是如何让受众参与到报道中来的？

我知道网上的评论引来了诸多担忧，但说实话，我们从评论里获得了许多很棒的信息。特别是在犯罪新闻方面，我们的记者会通过人们留下的评论而找到新的角度和谈话对象。当一个朋友或亲人发表评论时，我们通常会追随他们，以获取信息或进行采访。有很多很棒的新闻都来自评论，当我们为需要帮助的人撰写文章之后，能够通过评论环节，将想要提供帮助的人们与他们联结在一起。我们也经常使用社交媒体联系受众，询问其意见，鼓励其分享内容，征集故事想法，并找到有趣的人把故事写出来。

在您的新闻编辑部里，专注于移动及社交媒体的新职位有多少？

我们的制作人员把大部分时间都花在社交上，包括社交媒体负责人。他们的任务是分析和优化我们在各种平台上的最佳内容，包括Facebook、Twitter、Instagram、Snapchat以及新出现的各种平台。他们帮助培训新闻编辑部的工作人员，并围绕着最适合我们受众的方式开展实际工作。他们不断尝试新的社交帖子和工具，比如Facebook直播视频，弄清楚社交用户想要什么，以及这与我们网站的用户有何不同。管理主页和网站其他部分的制作人员会不断检查我们的移动网站及应用程序，以确保所有内容都呈现出最佳状态。

报　纸

我从报业谈起，是因为报业是新闻业中受新技术影响最大的部分，这一点毫无疑问。为了应对印刷品读者大幅减少、广告收入急剧下降，报业正在尝试一系列现代方法来创造收入。其中，最值得我们关注的是付费墙、订阅与数字广告。

美国新闻学会（American Press Institute）的一项研究[15]显示，在发行量超过5万份的98家美国报纸当中，近80%的报纸对其在线报道收费，他们大多数是通过计量制付费墙来实现的。总体来说，这种方式是积极有效的，但其长期效益还有待观察。

带有付费墙的新闻网站向其读者收取在线浏览费用。计量制付费墙允许读者免费浏览一定数量的文章，超过限额后，读者须购买订阅以阅览更多内容。

例如，《达拉斯晨报》（*Dallas Morning News*）就设置了计量制付费墙，限制非订阅读者每月只能浏览10篇文章。读者可以购买每月的数字订阅，否则，他们得等待一个月才能再浏览10篇免费文章。该报还尝试了其他几种方法，但都不太奏效，其中一种模式是将一部分文章设置为对所有读者免费，而诸如调查版块及其他内容则只对订阅用户开放。

捆绑销售也很常见。带有付费墙的报纸通常会向其印刷版订购用户开放在线访问权限。在某些地区，每周投递给订阅用户的印刷版报纸越来越少，例如隶属于先进出版公司的一些报纸，已经减少了出版印刷版的天数。印刷版订购用户数量急剧减少是一个主要因素。而这种策略不仅节约了成本，同时又能将受众的注意力转向数字空间。

数字策略，不仅包括付费墙，也不仅包括付费墙背后支持移动设备的网站，它还需要一个移动应用程序。一些报纸也向移动应用程序用户收取内容阅览费用。应用程序的访问通常与数字订阅捆绑在一起。例如，甘尼特公司几乎在每个州都分设媒体，读者若想获得该公司某一报纸应用程序的完全访问权限，则必须完成订阅。

少数报纸正在尝试其他方法，小额制付费墙就是其中一例。小额制付费计划允许人们按文章篇数付费。与其他策略一样，吸引用户购买数字订阅服务也是这项策略的目标之一。

然而，问题依然存在：长久以来，人们早已习惯于免费获得新闻，如今，怎样才能迫使他们为在线新闻付费呢？20世纪90年代末，当新闻机构首次推出网站时，很少有新闻机构对读者阅览在线文章进行收费。许多年后，再要求读者进行付费就成了一个挑战。受众是否愿意掏腰包，与新闻媒体提供给受众的价值是挂钩的：一贯的高质量新闻、积极的体验以及跨平台的真实参与。我们将对此展开讨论。

吸引更多的回头客非常重要，吸引广告客户也是如此。借助网站流量、移动应用程序下载量和用户人口统计（以及许多其他指标），各类媒体机构的销售团队正在与专注于数字广告的公司接洽。考虑到目前报纸的广告收入还不及十年前的一半，报纸正试图在数字平台上与营销人员展开广告合作。[16]

这是一场战争。数字广告不断发展，但新闻业的每个领域却只能分得一小杯羹。[17]Facebook和Google等科技公司从中获益最大，至少占据数字广告支出总额的一半。

如今，企业能够轻松地通过新闻媒体的移动应用程序和网站之外的平台锁定潜在客户。这也是尽管报纸数字广告收入增长却未能弥补印刷方面收入欠佳的一个原因。

电　视

对于电视媒体而言，这些变化显得有些不同。电视新闻继续保持着良好的收视率水平，尽管与几年前相比有所下降。但印刷业所经历的巨大颠覆，很有可能也在电视身上上演。

将近一半的美国人表示自己仍然会定期收看地方电视新闻。然而，观察年轻群体的人口统计就会发现不同的情况。皮尤研究中心的数据显示，仅从2006年到2012年，经常收看地方电视新闻的30岁以下成年人的比例就从42%下降到了28%。[18]这个数字仍呈下降趋势。

年轻一代习惯于通过移动设备和社交媒体获取新闻，这一习惯不太可能随着他们年龄的增长而改变。这可能会给传统电视新闻带来挑战。

正如前文提到过的，这一变化充分说明了一点——新闻编辑部作为多平台的内容中心，只关注一个平台，哪怕两个平台，都是不够的。新闻编辑部必须在电视以外的平台上增进年轻受众的参与，将其吸引为忠诚客户，最好是终身客户。这种方式一定程度上决定了新闻媒体的财务状况。

电视新闻编辑部也加大了在移动和社交媒体上的投入。其中一种方法就是让他们的直播新闻更具“社交性”。大多数电视台都将社交媒体整合到传统的新闻节目之中，很多电视台还会重复播放包含社交媒体的部分。[19]例如，让粉丝在Facebook上对一篇报道发表评论，然后新闻主持人会在直播中将其读出来。还可以转换一下思路，节目主持人可以让新闻节目的观众通过Facebook对其报道发表意见，或者给电视台发Twitter，对其报道进行评论。

一些电视台甚至尝试只在社交媒体上播放新闻。密苏里州哥伦比亚市的KOMU-TV①首次测试了互动式新闻广播，该节目的社交媒体驱动结构和内容与传统地方电视台的新闻模式大不相同。正如其新闻节目的名称“U_News”所暗示的，观众在其中扮演了积极的角色。多达10人通过谷歌环聊（Google Plus Hangouts）及其他社交媒体平台在“网络沙发”（cyber couch）上加入主播行列；屏幕上，Twitter、Facebook的评论不断闪现，直播时评论又能被读出来。

因此，你可能好奇，一家电视台或者任何一家媒体，是如何通过社交媒体活动获得利润的？其目标是加强与受众的联系，最终驱使受众观看电视台的新闻广播、访问其网站、下载其应用程序，进而赚取利益。这些平台吸引的目光越多，媒体对广告商的吸引力就越强。

电视台还推出了移动应用程序和支持移动设备的网站。电视媒体从这些平台中获利的方式不同于报纸行业，他们在这些数字空间中出售广告，但很少有电视机构对其应用程序或网站收费。广播电视数字新闻协会（the Radio Television Digital News Association）和霍夫斯特拉大学（Hofstra University）的一项研究表明，只有四家电视台有网站付费墙。该研究还发现，大多数的地方电视新闻应用程序都是免费的。

由于电视广告收入较高，绝大多数的电视台尚未感受到压力，因此并未设立付费墙。电视新闻的大部分收入仍然来自商业广告。

网站和移动平台上也出现了新的广告流。尤其是移动领域的广告收入正在不断增长。

事实上，在俄亥俄州哥伦布市的当地新闻频道WCMH-TV，移动广告的

① 译者注：KOMU-TV为密苏里大学哥伦比亚大学创办的闭路电视系统。

销售额高于其他数字产品的销售额。该电视台的数字销售经理加里·沃格尔（Gary Vogel）表示，“与其他形式的营销相比，本地企业似乎对移动营销活动更感兴趣。随着移动潮流的兴起，人们对其兴趣不断增长，预计在不久的将来会有更多的需求不断涌现。”[21]

电视台总是利用新闻节目观众的数据来吸引广告商。现在，这些数据远远不够了。正如其他类型媒体机构所做的那样，与电视台相关的数字受众指标都被用来吸引广告商，其中甚至包括Facebook、Twitter等平台上的粉丝数量和人口统计数据。有了这些数据，电视台的销售部门就可以出售定制的广告套餐——覆盖网络、移动设备、社交媒体和电视的多种广告。

不过，所有迹象都表明电视新闻收视率在持续下降，因此电视台可能得想出更具有创造性的方法赚取利润。电视新闻业务仍在盈利，在其他方面遭遇滑坡之前，现在是时候尝试新的业务模式了。

有趣的是，一些媒体公司将电视及报纸业务拆分为两家独立的公司，这一策略旨在保护其广播业务的稳定性，便其免受报纸财务困境所带来的不良影响。

广播

尽管听众的收听习惯正在发生巨大改变，但是地方性广播电台的适应速度却一直较慢。众所周知，调至AM/FM无线电频道收听广播已经是过去式了。网站或应用程序逐渐成为受众收听流式广播的首选之地。

在过去的一个月里，美国12岁及以上收听在线广播的人数比2010年同期增长了一倍之多。[22]其中，大多数人通过智能手机收听广播，而非通过台式电脑。

地方性广播电台已加强了在线网站建设，为受众提供流式的本地新闻及其他节目。然而，在移动应用程序方面，广播电台落后于报纸和电视行业。虽然受众习惯发生了变化，但在2015年，只有一半的地方广播电台拥有手机应用程序。[23]三分之二的广播新闻总监及总经理表示，他们在那一年没有在移动应用方面做任何创新。

“插播”广告——在广播中播出的广告——仍然是广播电台的主要收入

来源。但与其他新闻行业一样，这种传统的盈利方式也在走下坡路。与此同时，数字广告和“离线广播”业务的收入出现增长。

离线广播是无线电广播收入当中增长最快的一类。其中，由电台主办的社区活动为此提供赞助。报纸、电视台和数字媒体也在尝试这些非传统的方式，创造新的收入。例如，《纽约时报》每年都会在纽约市举办旅游节目。纯数字媒体比利·佩恩（Billy Penn）80%的收入都来源于这一活动。除了经济利益外，这些活动也有利于将社区与媒体品牌联系起来。

播客（Podcasting）是一个可以为地方性广播电台带来收入潜力，同时也能为音频新闻注入新活力的领域。播客发展势头良好，在过去十年里，收听播客的人数增加了一倍之多。根据NPR报道，仅在2014年，其播客的下载量就增长了41%。[24]

许多地方广播电台面临的挑战是资源欠缺。这是他们没有在移动平台上采取更积极行动的原因之一，同样的问题也阻碍了地方电台开发播客产品。

为了搭建起沟通移动用户的桥梁，一些广播媒体将其电台置于应用程序TuneIn等流媒体服务之上。TuneIn的用户能够收听来自世界各地的电台及播客。但它有一个缺点：大多数情况下，广播电台并不会从这些服务创造的广告费、订阅费中获利。

纯数字新闻媒体

纯数字新闻媒体——这位新的竞争者，已经踏入新闻领域。

纯数字新闻机构为记者提供了一个独特的机会，让他们可以通过移动设备及社交媒体讲述故事并与受众互动。与报纸、电视、广播不同，纯数字新闻媒体完全依靠新媒体传播内容。大多数纯数字企业都在初创阶段，且正在尝试不同的融资方式。

纯数字媒体包括*Vice*杂志及《赫芬顿邮报》这类大型媒体，也包括超本地化的媒体，例如非盈利新闻网站“夏洛维茨尔明日”（Charlottesville Tomorrow），以及美国新闻网站“乡村绿地”（The Village Green）。

正如前文所提到的，已有成千上万的新闻岗位随之诞生。也有许多来自主要新闻媒体的知名记者在这些新企业里工作。这些新闻编辑部也为年轻记者提供了机会。年轻记者们拥有移动和社交媒体技能，而这些技能对于媒体的纯数字策略而言是至关重要的。

各大媒体正在填补新闻编辑部裁员留下的报道岗位空白，并致力于制作能够获奖的新闻作品。以普利策奖得主面向公众（ProPublica）公司为例：

这种高质量的新闻报道需要资金资助，而纯数字媒体正在试图寻找一个协调的模式。可喜的是，这些媒体在很大程度上不需要传统新闻媒体的企业管理经费，廉价的数字工具就可以满足生产、分享数字内容的要求。然而，新闻媒体必须让新闻消费者认识到其工作的价值，这是他们所面临的挑战。尽管这些媒体的招聘人数激增，但只有建立起可持续发展的商业模式，才能留住这些记者。

资金的来源是多样的。科技巨头们已对纯数字业务进行投资。易趣网（eBay）创始人皮埃尔·奥米迪亚（Pierre Omidyar）向美国新闻机构“初见传媒”（First Look Media）投资2.5亿元。“初见传媒”是由一群知名调查记者创办的新闻机构。而此前，亚马逊创始人杰夫·贝佐斯（Jeff Bezos）已经收购了《华盛顿邮报》。其他纯数字新闻编辑部，包括*Vice*杂志、沃克斯媒体集团（Vox Media）、BuzzFeed、《商业内幕》（*Business Insider*）等也获得了巨头们的大笔投资。

但是，仅仅依靠这类资金远不足以维持数百家纯数字新闻媒体业务的运营。规模较小的媒体资源有限，其中一些非营利性媒体更是资源紧缺，甚至要依靠兼职员工和志愿者生产内容。[25]

纯数字媒体正在利用数字广告、赞助、活动和其他用户支持模式（付费墙及订阅）。

位于美国俄克拉荷马州塔尔萨的新闻调查网站“前沿”（The Frontier）是一家初创公司，正寄希望于订阅用户来维持其财务稳定。“前沿”有一支由资深记者组成的队伍，《塔尔萨世界报》（*Tulsa World*）的几名记者和编辑加入了这个新项目，其中包括两名普利策奖入围者。

图 2-2　由“前沿”供图

纯数字新闻媒体“前沿”代表了一种新的新闻模式。在保持财务平稳运行方面，“前沿”没有依赖传统广告，而是提供每月会员资格，并且欢迎个人及企业赞助商提供财务支持。

“前沿”设有付费墙，其大部分内容都需付费才能阅览。读者每月需支付30美元购买会员资格，或者可以单篇付费进行阅览。该媒体还与当地一家电视台进行合作，分享一些调查性报道，以此对“前沿”加以宣传，为其数字内容吸引流量。“前沿”有企业赞助商，但没有广告商——至少现在没有。

该公司的创始人罗伯特·洛顿（Robert Lorton）在接受《哥伦比亚新闻评论》（*Columbia Journalism Review*）采访时表示，“我们试图售卖的是在你社区有人充当着看门狗的价值。”[26]

“乡村绿地”，一家位于新泽西州的超本地化媒体，也希望社区能够重视其新闻工作的价值并为其提供资金支持。“乡村绿地”的报道深入挖掘了传统新闻媒体通常不会报道的社区问题。

在免费提供新闻一段时间之后，这家媒体最终不得不设立付费墙。在其致读者的一封信中，“乡村绿地”的创始人对此进行了解释：

> 新闻采集是要花钱的。我们每天在“乡村绿地”上提供的内容，诸位读到的本地故事，都是记者通过大量提问、出席会议、了解社区问题采集

得来的。我们还需不断跟进读者建议，倾听读者评论。这些都需要花费大量时间，采用诸多技巧，抱着积极的心态，才能解决关乎人性和公平的难题。我们不只是将其他媒体的报道进行简单汇总，更不是顺路看看热闹就不知所踪了。我们日复一日、昼夜不分地报道这座城镇的故事。在这里，我们打的是持久战。

付费墙带来的收入能够保证"乡村绿地"在未来几年的可持续发展，也能扩大我们报道的覆盖面，为读者提供更多的本地新闻，让读者能够领略更多摄影师的署名作品、更多作家的优秀文章。[27]

重启新闻编辑部：罗切斯特《民主党人与纪事报》

2016年5月，位于美国纽约州罗切斯特市的《民主党人与纪事报》从一座古老的洞穴式建筑（有些地方无法连接Wi-Fi）搬到了一个配有先进数字设备的临街工作室。

"这和过去的《民主党人与纪事报》大不相同了。1999年我加入《华尔街日报》（Wall Street Journal）担任执行主编时，迎接我的是以印刷为中心的文化，那才是主流。工作流程是为晨报服务的，那栋大楼也是按照1928年的需求而建。"现任报社编辑兼新闻副总裁的凯伦·马格努森（@kmagnuson）表示，"离开那栋美丽的建筑是一件苦乐参半的事，但拥有一个不同的环境，对于我们新闻编辑部未来的转型是十分必要的。"

马格努森正带领该新闻机构"重启新闻编辑部"。她说，"这座新建筑是《民主党人与纪事报》一系列巨大的变化之一。"

"我们推出了包括手机及平板电脑在内的新产品，并从根本上改变了我们的商业模式。"马格努森还表示，"我们重新定义了每一项工作描述。我们给记者及摄影师配备苹果手机等新工具，还重新制订了计划和沟通流程，对读者和用户行为的内容分发程序进行重新编程。我们的改变不止这些，还有很多。"

图 2-3　斯科特·诺里斯（Scott Norris）供图

《民主党人与纪事报》的新大楼，一楼设有创新实验室

图 2-4 蒂娜·麦金泰尔－叶（Tina MacIntyre-Yee）供图

作为业内资深人士，马格努森说，她自己也经历了转变。“在我的编辑工具箱里，得有更多工具。”因此，她攻读了创新管理硕士学位。

“它使我的思考更具批判性和创造性。同时它也为我提供了一个机会，让我能在研究消费者和媒体消费总体演变的同时，向着移动和社交媒体转型。”

欲了解更多关于《民主党人与纪事报》数字化转型的信息，并听取新闻编辑部其他主要成员的意见，请访问*bitly.com/DemocratandChronicle*。

❖ 新闻编辑部的移动及社交媒体编辑策略

到目前为止，我们应该清晰地了解到，新闻的商业方面与新闻编辑方面是紧密相连的。新闻编辑部必须吸引受众到他们的工作中来，吸引读者为内容付费，或为销售部门带来广告收入；反过来，这笔钱也能让记者继续追踪新闻报道，这就成了循环。

这就是新闻编辑部的编辑策略发挥作用的地方。

我们已经讨论过移动优先不断发展的商业模式，那么本章的其余部分将对成功的新闻编辑部进行探讨，探索其移动和社交媒体编辑策略的关键部分。

无论你在新闻编辑部担任何职，你都参与着编辑策略的执行，乃至编辑策略的塑造。在这一过程中，你所担任的角色首先是要了解移动优先的业务及编辑方面。

无论你是已经在新闻编辑部里工作，还是在求职面试期间，你都要能够提出重要问题并作出明智的决策。

为了让人们能够通过移动设备轻松浏览，我们难道不该以不同的方式构建故事吗？新闻编辑部核查用户生成内容的政策是什么？新闻编辑部使用哪种移动应用程序制作视频？哪种内容发布在Snapchat上的效果比在Facebook上更有效？

这些仅仅是记者们需要考虑的几个重要问题。后续章节中我们将对这些细节及技巧展开深入讨论。现在，让我们来放眼全局。对编辑策略的理解将使你能更好地为受众服务。

吸引回头客

新闻编辑部及记者们该如何吸引回头客呢？信任是关键。

媒体洞察项目（Media Insight Project）①的一项研究表明，赢得信任的新闻机构更具有盈利的优势，也更易于吸引更多受众。[28]信任新闻机构的人更有可能为新闻付费，下载其应用程序，以及与朋友分享新闻。

新闻记者是如何取信于受众的？通过跨平台的优质内容，积极的受众体验和真实的参与，为公众提供价值，可以赢得公众的信任。这正凸显了我们前文所提到过的一个观点——移动优先。新闻编辑部要想成功，就必须成为多平台的内容中心，一心一意服务受众。

我们需要满足受众不断增长的需求，应做到令其满意。只有当人们在新闻产品中找到契合的价值观时，他们才会愿意在新闻产品上花费时间和金钱。这样，最终就会建立起受众对记者及新媒体的信任。

---

① 一项由美国新闻研究所和美国联合通讯社全国民意研究中心（AP-NORC）公共事务研究中心发起的倡议。

这一切都与受众紧密相关，而一段有意义的关系之中，信任更是基础。

内容质量

由于人们重视高质量的内容，因此新闻记者必须对其所生产新闻的质量保持高度关注，否则很可能会辜负受众的信任。媒体洞察项目发现，对于新闻消费者来说，无论是何种平台，信息的准确性和新闻事件最新细节的获取都是重要的信任因素。

85%的美国人认为新闻机构能否弄清楚事实极其重要，人们对这一项的重视程度远高于其他原则。第二个最受重视的信任因素则与时效性有关。在这个数字时代，大多数人认为新闻报道是否包含最新的细节也很重要。人们已经习惯于通过指尖轻点获取最新的事件信息。那么，记者的诀窍就是在快速分享最新信息与花时间确保信息准确之间找到适当的平衡。

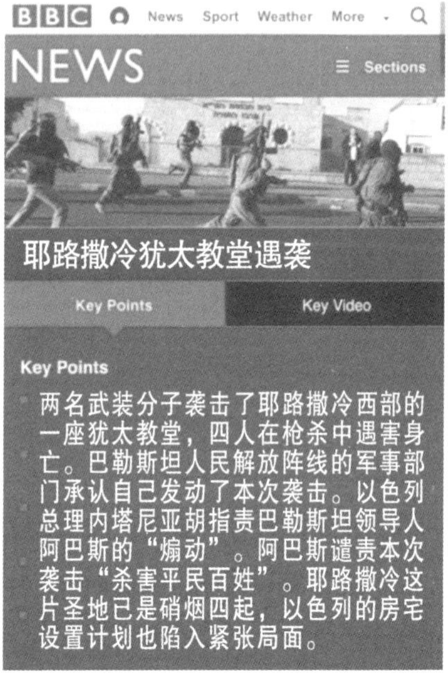

图2-5　耶路撒冷犹太教堂：巴勒斯坦人杀害以色列教徒（英国广播公司，2014年11月18日）

BBC新闻频道有一条规则，读者应当能够在文章前四段之中找到故事的关键点。在前几段内容中找不到信息的读者可能会感到不快，“一划而过”了。BBC的许多报道都突出重点，从关键细节切入。

不幸的是，一些媒体忽视了为移动设备和社交媒体平台用户提供一致的高质量内容。例如，“标题党”的使用会降低内容质量。我们将在第六章对“标题党”进行讨论，它指的是在社交媒体网站上分享耸人听闻的内容，旨在为网站吸引流量，增加社交媒体的分享及点赞量。其内容往往是噱头，缺乏新闻价值。受众很聪明，他们被“标题党”吸引时，自己心知肚明。因此，这一手段往往能轻松摧毁信任。保持新闻诚信非常重要，否则公众将会以不信任的态度回应，最终破坏新闻行业，也使媒体更难吸引受众。

为受众提供有价值的内容，建立受众的信任，关键在于了解你的受众。新闻媒体拥有大量关于受众习惯及人口统计的数据，这些能够为编辑策略提供指导。例如，NPR利用这些数据，在其收听应用程序NPR One上，建立受众对内容的亲和力。该应用程序强调高质量的本地内容，因为这些正来自受众的诉求。

"本地新闻节目的出现，是人们纷纷回归NPR的一个重要原因。如果你听到了本地新闻节目，你会更常来听的。"NPR的常务董事莎拉·萨拉索（Sara Sarasohn，@SaraKeiko）表示，"不仅仅是我们认为贴近本地十分重要——我们关注我们的受众，关注他们的行为，受众'告诉'我们贴近本地很重要。当人们听不到本地的消息时，他们会说，'我的本地电台在哪里？'"[29]

当然，我们希望受众能够充分重视这些内容，也希望受众能为此慷慨解囊，支持一下他们当地的NPR。

积极的受众体验

仅凭高质量的内容还不足以吸引更多受众。内容的好坏取决于用户在不同平台上的体验。想要营造积极的受众体验，应当实现受众能够轻松地跨设备、跨平台访问内容。

越来越多的人通过移动和社交媒体获取新闻，人们也对各种平台上的新闻来源进行评估。如表2-1所示，大多数数字新闻消费者认为，新闻呈现、新闻分发的相关因素影响他们对新闻来源的信任程度。例如浏览新闻受广告干扰、网站或应用程序加载速度缓慢，以及网站在移动设备上无法正常运行，都可能会让受众感到不快。

表2-1
媒体洞察项目表明，新闻消费者重视无缝体验及便于访问的内容。

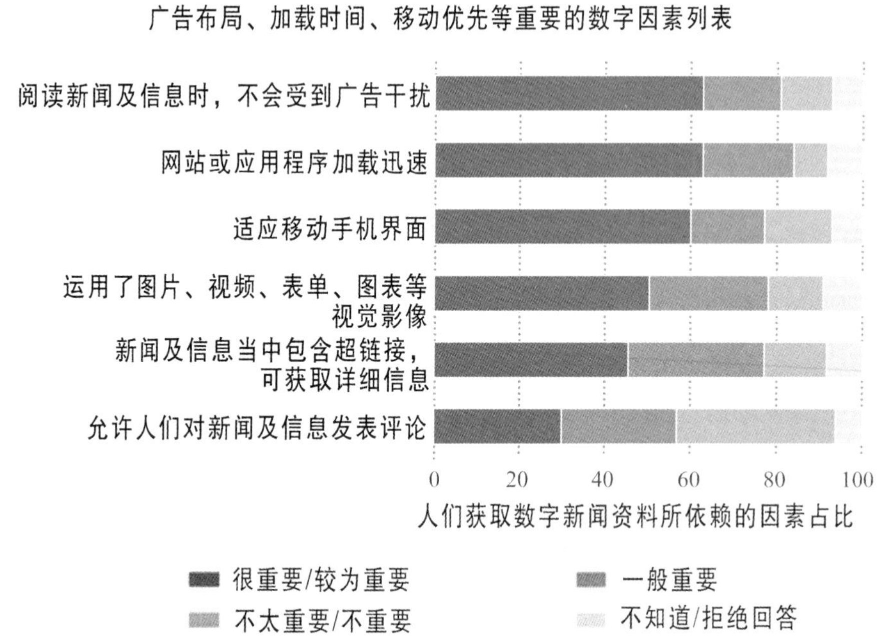

来源：媒体洞察项目

这些绊脚石让人们质疑新闻媒体的价值。你有可能永远失去他们。

“如果一个新闻来源或者一个网站没有移动版，我不知道为什么，但我就是不想看。” 参与了媒体洞察项目的塔努什里（Tanushree）说。[30]“我感觉要是没有移动版本，这个网站就跟不上时代。这样的话我就不想访问这个网站了。这让我产生了质疑。”

故事的布局对于完善受众体验十分重要，同时也可以防止他人剽窃你的作品。在故事中融入视觉影像能够增强体验感，比如插入列表或图像。这些元素穿插于文本之中，有助于分解故事文化，也增添了视觉吸引力，便于小屏阅览。第六章包括针对移动设备用户优化写作和故事布局的技巧。

个性化是媒体营造积极体验的另一种方式。在这种体验之中，人们对其所获取的内容“爱不释手”。很多新闻应用程序允许用户选择其感兴趣的故事类型及其希望接受的新闻提醒，进而个性化定制受众体验。此外，一些媒体正在使用技术来监控人们阅读的内容，从而自动对网站或应用程序上显示的文章进行个性化设置。

跨平台销售“体验”是渠道策略的重要组成部分。让我们看看《芝加哥论坛报》（*Chicago Tribune*）是如何推出其数字订阅的。该报通过强化受众体验突出了自身价值。

> 订阅内容包括电子报纸（eNewspaper），每天早上以数字形式发送给您的《芝加哥论坛报》副本；还包括《芝加哥论坛报》应用程序（Chicago Tribune App），为您的智能手机及平板电脑带来更好的移动体验。此外，您还将享受特殊优惠，获得订阅会员的专属权限及独家折扣。[31]

真实的互动

移动及社交媒体策略的另一个重要部分是真实参与。与受众真诚接触可以建立信任。新闻记者可以通过倾听与回应，成为受众心中值得信任的消息来源。因此，社交媒体网站对于新闻记者来说是一个至关重要的平台。在这里，新闻记者可以与公众进行真实的互动。

社交媒体提供了一些传统平台和新闻编辑部以前缺少的东西，在第一章我们已经对此进行了讨论。新闻不再是一场“讲座”了，人们希望成为对话的一方，也重视被倾听。正如建立一段值得信赖的关系那样，“听”与“说”同样重要。

真实的参与包括所谓的“社会聆听”。社会聆听是指新闻记者不仅要宣传自己的工作和分享信息，还要倾听并回应人们在社交媒体上的想法。回应受众反馈、提出问题、众包报道，以及展开在线问答环节，这些方式都能让受众感觉到你在乎他们。

这种互动的伙伴关系，为新闻业的发展提供了机遇。新闻记者可以更好地理解受众的需求；反过来，让受众参与到新闻的进程中来，也能令他们感受到你重视他们的意见，进而也能使受众更好地融入你的新闻工作之中。

但是，真实的参与不仅指提供有形的“产品”。在我曾经进行的一项关于电视新闻编辑部使用社交媒体的研究中，一位经理强调了这一点：“社交媒体让人们能够与我们的新闻广播和电视台建立起个人的、情感上的联系。”[32]

这种联系在今天看来十分重要，在竞争时甚至可以帮助你脱颖而出。请记住：对于新闻，人们是有很多选择的。

受众参与十分重要，如今新闻编辑部设置了全职工作人员，专门负责这项工作。他们的职责众多，例如，需要制定策略，以适应不同社交平台的最佳内容类型，并对用户的反馈进行监测分析。不仅他们肩负着责任，社交媒体的参与需要整个新闻编辑部一同全力以赴。

培养和管理这种交流是记者日常工作的一部分。正如下一章所述，社交媒体网站已经为个别记者创造了机遇，让他们能够根据自己为在线网络创造的价值来发展自己的品牌。

你在网上社区建立的信任会让你成为信息的主要来源。这是因为，社交媒体上充斥着信息过载和信息误报，人们仍然依赖于可信的新闻来源。媒体洞察项目发现，社交媒体上的新闻消费者会寻找线索，以消除他们在社交媒体上对看到的内容的怀疑，且新闻消费者自己决定点击什么内容。人们通过信息的最初来源、分享者的可信度来判断社交媒体上新闻的有效性。

记者乔什·斯特恩斯（Josh Stearns，@jcstearns）表示，“正因为如此，他们决定相信当下任何一则新闻，实际上是因为他们与分享或发布这则新闻的人或品牌建立了一种长期的关系。”[33]这对于投入大量时间和精力与受众进行持续互动的记者来说是个好兆头。

关于真实参与的最后一点：真实互动有助于培养社群。新闻编辑部正在利用社交媒体的潜力，围绕共同兴趣和激情创建社群。以锡拉丘兹网站（Syracuse.com）及《旗帜邮报》联合推出的纽约市中部怀旧站（Central New York Nostalgia site）为例（顺便说一句，我之前在移动和社交媒体新闻课堂上的一名学生负责这一项目），为了吸引现代受众，纽约市中部怀旧站深入挖掘报纸档案。该网站着重展示了一些老照片、旧时代的记忆，比如“那一天，贝比·鲁斯（Babe Ruth）曾令锡拉丘兹交通瘫痪”。

纽约市中心怀旧站营造了一种情感体验，也与受众建立了联系。这个网站富有人情味，又极具怀旧意味。在该网站及社交媒体平台的评论区，人们一同分享自己的照片、故事及伤感的思绪。纽约市中心怀旧站团队带着对这些内容感兴趣的受众走向了社交媒体圈，其中包括Facebook上的“怀旧锡拉丘兹”小组。这有利于保证对话持续进行，也鼓励了人们在自己的朋友圈中分享这类内容。社群的力量是强大的。

归根结底，真实的参与、积极的受众体验、高质量的内容，是编辑策略的关键支柱，不仅不断地培养着“回头客”，也能维系着新闻业长期发展。

社交媒体提供商的力量

“我从社交媒体上获取新闻。”

你肯定听人这么说过。但这句话的含义可能远比乍看上去要深刻得多。谁提供了新闻？我指的当然不是你看到朋友生日聚会的照片，我指的是，人们在社交媒体上遇到谁？记者。这一趋势带来的积极影响是，全球受众不断消费着记者提供的新闻，也更重视新闻了。

信息从记者及新闻编辑部流向受众的方式改变了。无论是Facebook还是Snapchat，为了将受众与记者的内容联系起来，这些社交媒体巨头发挥着关键作用。这些平台提供商力量强大，能够接触到新闻媒体赖以生存的受众，也能在一定程度上接触到用户所看到的内容。

正因为如此，新闻机构正在重新考虑自身与这些社交媒体的关系。这是目前业界讨论得比较多的话题，也是你应当密切关注的话题。越来越多的编辑策略会谈及与媒体提供商的合作了。

例如，“Facebook即时文章”允许新闻编辑部直接向Facebook发布完整报道。用户无须点开链接，也无须离开Facebook应用程序，就可以直接浏览文章。这些文章针对移动浏览进行了优化，加载速度也比标准的网页文章快10倍。新闻编辑部报道称，即时文章带来的流量是他们预期从新闻获得流量的三到四倍。[34]即时文章的浏览量被视为常规网站流量，这是吸引广告商的关键。Facebook也为包括美国国家公共广播电台在内的新闻编辑部付费，用以试验其“Facebook直播”。记者可以将Facebook直播作为一种非正式的方式，通过新闻提要中显示的即时视频吸引粉丝。

此外，Snapchat还为更大的媒体机构创造了机会，专门为其平台生产故事。“Snapchat探索”是该应用程序中较为“新潮”的一部分，在千禧一代中大受欢迎。打开Snapchat，滑到“探索”部分，你会看到为小屏幕量身定制的视频，经过编辑后，视频在小屏幕上显示得十分清晰。CNN、《华尔街日报》和*Vice*杂志，都是提供Snapchat探索新闻的几家新闻媒体。Snapchat有一个团队，包括新闻制作人及故事编辑，专门负责这些新闻内容。一些新闻编辑部还设立专门职位，负责策划、创作Snapchat故事。

在新闻分发的过程中，社交媒体提供商也扮演着一个负面角色，那就是过滤内容。一些社交媒体公司控制着哪些新闻会出现在用户订阅中。例如，Facebook使用一种算法，用数学公式预测什么内容对个人具有吸引力。虽然记者和新闻编辑部可以直接在Facebook上发布自己的内容，但并不是总能通过这道“关”。假设有人为你的新闻编辑部的Facebook页面点了个“赞”，当你每次往这个界面发布文章时，你都期待它能显示在给你点过“赞”的用户订阅中。但事实并非如此，Facebook的算法只会给粉丝推送特定的故事。

虚假新闻

“真实的新闻”正在与“虚假的新闻”展开竞争。2016年美国总统大选期间，整个行业都出现了虚假新闻网站。一些社交媒体用户受骗，分享虚假信息，因为他们相信这是真实的。其他人故意分享虚假信息，因为虚假内容肯定了他们对候选人的感受，就算内容是不准确的，他们也故意分享。虚假新闻已引发了诸多方面的讨论，诸如媒介素养、社会对事实的重视程度、社交媒体提供商在过滤此类内容中的作用，等等。在撰写本书时，Facebook和Google刚刚发布了打击虚假新闻报道的计划。该计划不仅在Facebook及其他社交媒体平台之上转发众多，也成为Google的高频搜索词条。

新闻记者的工作却要经过这样的过滤过程，一些业内人士对此感到不安。新闻编辑部不再一手掌控新闻发布，这体现出社交媒体公司的强大力量。这种权力的转变意味着重塑媒体与受众及社交媒体提供商之间的关系，新闻媒体作为信息的把关人这种传统观念也需要改变了。

有趣的是，社交媒体平台从来就不是为新闻服务的。以Snapchat为例，它当然不是作为获取新闻的平台而诞生的。但由于这些平台上有公众的加入，也将其视为生活的一部分，它们也就成为新闻发布和参与的重要平台。在受众时常出现的地方，我们也需要与他们见面。

多种平台，多种方法

为了能在社交媒体上成功地吸引人们，你必须更多地了解数字“饮水机”以及谁在那里闲逛。每一个社交媒体网站都像一个饮水机。你在公司饮水机旁跟同事分享的内容，肯定与你跟好友共进晚餐时聊到的话题不同。社交媒体也是如此。

每个平台都需要有不同的方法。在Twitter上行得通的东西，可能在Facebook上就行不通；在Facebook上行得通的办法，可能对Snapchat就不起作用。

NBC新闻记者哈莉·杰克逊采用了一种针对特定平台的方法。“打个比方，在Snapchat上，我尝试把新闻做成‘新闻闲话’，又有趣，又富有个性化，能够增进与人们的互动。Snapchat是一个非正式的平台。”杰克逊说，“在Twitter上，我尝试为选民提供演讲的各个部分，对演

图2-6　Snapchat核查新罕布什尔州民主辩论（《华盛顿邮报》，2016年2月5日）

在2016年2月的辩论中，《华盛顿邮报》（Washington Post）的米歇尔·叶希·李（Michelle Ye-Hee Lee）利用Snapchat报道了她对民主党人希拉里·克林顿（Hillary Clinton）和伯尼·桑德斯（Bernie Sanders）两项指控的事实核查。查看Snapchat故事请访问bitly.com/Snapchecking。Snapchat平台的叙事风格与其他平台截然不同。

讲的上下文进行分析，或者分享现场选民的观点。”

在确定适当的方法时，应牢记的主要事项是：受众人口统计、风格、发布时机。

受众人口统计

你想在每个网站上找到谁？这取决于受众人口统计因素，例如不同社交媒体用户的年龄、性别等。表2-2显示了知名社交网站的人口统计分类。虽然有一些交叉，但每个网站吸引的都是不同的群体。Instagram图片分享社交应用的新闻消费者与其他群体不同，他们更有可能是非白人、年轻人及女性。[35] 了解这类数据，能够帮助我们针对各个平台上的不同受众群体调整内容。

表2-2

不同社交媒体网站的受众人口统计

社交媒体网站新闻用户的人口统计特征概况

各网站的新闻用户中……

	Facebook	YouTube	Twitter	Instagram	LinkedIn	All U.S. A dults
男性	43%	57 %	4 7%	35%	56%	48%
女性	57	43	53	65	44	52
18-29	31	38	38	58	20	22
30-49	38	30	39	28	46	34
50-64	22	23	19	12	24	26
65+	8	9	3	2	11	19
高中及以下	33	34	17	28	8	41
本科在读或肄业	34	41	38	41	26	31
本科毕业	33	25	45	31	65	28
白人及非拉美裔	65	55	61	40	65	65
非白人	34	44	38	57	34	35
共和党	22	21	19	14	23	25
民主党	31	29	31	40	29	30
无党派人士	32	31	31	27	34	31

风　格

平台还决定了内容发布的风格。每个网站都有其特性及独特的用户文化。例如，Snapchat的用户希望看到视觉化、快节奏的故事，通常包括表情符号、滤镜，以及允许手指绘制的彩色文本。如果你在Facebook上也用这种风格进行发布，可能会让你的Facebook粉丝措手不及。

《华盛顿邮报》记者米歇尔·叶希莉说，"我试着适应Snapchat的声音，这只是为了找到人们在特定媒体上的沟通方式，让受众参与进来并了解情况。"[36]作为《华盛顿邮报》事实核查团队的一名记者，她一直努力用Snapchat为年轻一代提供政治事实核查。

分享突发新闻的最佳社交媒体是什么？Twitter。近六成的Twitter用户来到这里跟进新闻进展。[37]其用户几乎是Facebook新闻用户的两倍。这些数据显示，Twitter这一报道工具，在活动现场报道方面具有独特优势。在Twitter上，关于突发新闻的帖子源源不断，这非常符合该平台的文化。要是在Facebook上这样一个接一个地迅速发帖，可能会令你的粉丝恼火不已。

发布时机

有了移动设备，人们就像吃零食似的，整天享用社交媒体上的内容。但根据路透社新闻研究所的一项研究，在三个时间段里，人们更有可能接触到数字内容：早晨醒来第一时间、午餐时间、傍晚。[38]或许你想问一些与新闻故事有关的问题。下午四点半可能不是接触数字内容的最好时机，因为很多人正结束一天的工作，收拾一下准备下班回家了。当然，新闻从不"下班"。因此，发布某些信息的时机，更多取决于新闻事件是否值得被发布，而较少取决于人们在线最为活跃的时段。

如你所见，了解人口统计、风格、发布时机的差异，有助于阐明每个平台在新闻领域中所发挥的作用。诚然，这些数据只是冰山一角，这些要点也只是一般准则。从没有放之四海而皆准的方法，只有不断地进行实验。

在第六章节，我们将探讨如何针对你的社交媒体网站作出自己的分析。在该章节，我为你们设计了一个分析备忘录。这些数据将会令你大开眼界。你不仅能看到你的受众人口统计，了解受众对你的分享是如何作出回应的，还能看到其他指标。分析数据是一个很好的习惯，数据能够告诉你在社交媒体上的努力是否有回报，是什么在起作用，有哪里需要改进。这些都取决于你对受众的了解，你越了解受众，越能更好地为其服务。

❖ 备忘录

☆ 移动和社交媒体策略分析。以团队为单位开展工作，评估一家新闻机构及其两名记者的移动和社交媒体活动。时间至少一个月，但最好大部分时间是在学期内，对媒体及新闻记者接触新媒体的方式进行监测。当你在接下来的章节里学到更多实用技能后，请根据这些附加概念对其方法进行评估。在课程结束之际，把你的发现展示给同学们。讨论该媒体及其记者哪里做得好，哪里还有待提高，请在做展示的过程中举出具体例子。以下是一些建议，有助于让你更快上手：

> 这家媒体的商业模式是怎样的？该媒体是如何盈利的？参考本章节中不断发展的商业模式部分进行回答。

> 这家媒体及这两位新闻记者活跃在哪些平台之上？列一个清单，并对其在这些平台上的活动定期进行考察（例如网站、移动应用程序、社交媒体、传统印刷业及广播业）。

> 注意他们如何使用不同的平台。是否针对每个社交平台采用了不同的方法？发布内容的风格有什么不同？你对其内容的体验如何？支持移动设备吗？他们是如何增进粉丝互动的？

> 联系你所监测的一名记者或管理该媒体数字化工作的工作人员，和他（她）讨论其策略，并将你们见面讨论的内容整合到你的课堂陈述中。

☆ 展开讨论。在journalism.org上查看皮尤研究中心《新闻媒体状况》的最新报告。

> 报告讲述了受众新闻消费习惯的哪些内容？不同的行业部门之间，商业模式与经济趋势是怎样的？

> 最新的《新闻媒体状况》报告与上一年的结论相比如何？

第三章

你的社交媒体品牌：你想要成为谁？

在这一章节，你将：

- 探究社交媒体如何通过记者分享的信息类型及其与公众的互动，来为记者提供打造品牌的机会。
- 检测作为记者声誉延伸的网络呈现，这就是你的数字名片。
- 探索以新闻方式使用社交媒体，如何让你的品牌在潜在雇主中脱颖而出。
- 了解如何进行社交媒体审核，以及建立记者品牌的步骤。

记住：无论拉斯维加斯发生了什么……继续使用Google。[1]

——斯科特·蒙蒂(Scott Monty)，传播顾问、福布斯十大社交媒体影响力人物

❖ 社交媒体品牌推广与新闻业

如果我在谷歌上搜索你的名字，互联网上会出现什么？在此之前，我从没有见过你。然而，网上那些推文、时尚的Instagram视频，以及自我描述，加在一起就能传达出你是谁。那就是你的品牌。

当听到安德森·库珀（Anderson Cooper）这个名字的时候，你会想起什么？罗宾·罗伯茨（Robin Roberts）呢？鲍勃·伍德沃德（Bob Woodward）呢？布赖恩·威廉姆斯（Brian Williams）呢？你脑海中浮现的图像就是他们的品牌。如果你从未听说过这些记者，你可能会在网上搜索，进而获得有关他们的第一印象——他们的品牌。

品牌与品牌推广通常是与营销和广告相关联的术语。一些记者对新闻业品牌化的想法嗤之以鼻。但也要警惕对品牌有先入为主的设想。

事实上，记者总是基于其写作、报道、播送的质量和风格以及其他因素建立个人品牌（例如，鲍勃·伍德沃德早在互联网和社交媒体出现之前就为自己创建了一个品牌）。传统上，记者的品牌与他们所在的新闻机构关系密切。

今天，移动社交媒体为记者创造了更多的空间，记者通过移动社交媒体向受众直接分享他们的工作，培养与他们的非正式关系，由此建立个人品牌。记者不必仅依靠他们工作的渠道来为他们的报道找寻追随者。他们通过网络呈现创建的品牌可以让他们成为信息的首选来源。反过来，这也有利于他们所在的新闻媒体。

想必你也一直在建立你的个人品牌。每一条转发、点赞与评论都反映了你是谁。当你在新闻行业求职或应聘实习生的时候，你可以预料到人力资源经理仔细核查你个人的社交媒体资料。Google检索的结果就是新的简历——如果你愿意的话，这就是一张数字名片。你发布的内容可能会反过来困扰你。它还可以显露你作为一名记者是如何灵活使用移动社交媒体的，进而使你在竞争中脱颖而出。

你的网络呈现和数字技能将会成为新闻工作面试的关键部分。我经常听到现在和以前的学生分享关于这个过程的有趣信息。一名大四学生申请了一个小市场的电视报道职位，被安排去处理一个突发新闻场景。他被要求写一篇电视新闻以及基于该场景的一个网络版本，此外还要为Facebook和Twitter撰写帖子。另一名学生参加了一个著名的新闻协会面试，招聘委员会的成员对她的社交媒体账户进行了剖析。他们询问了她在不同社交媒体平台上的做法，以及她在这些领域是如何使用移动设备的。幸运的是，学生们精通这一行业的工具，且他们的网络呈现十分出众。两人都获得了职位（第八章概述了在求职和面试过程中应该做些什么）。

现在是时候开始在所有平台上拥有你的个人品牌了。即使你是一个数字原生代（你从小就掌握着这些工具），但是，你知道如何像专业记者一样使用它们吗？ 这就是关键。

从现在开始，本书的目标是培养你在三个领域利用移动和社交媒体的新闻技能：新闻采写、新闻分发和受众参与。从本章开始，我们让你继续创建一个坚实的基础——你自己的品牌。

❖ 创建品牌的关键点

- 最佳消息来源：记者可以使用社交媒体为他们的工作建立一个部落，通过提供高质量的内容和互动，成为受众的可靠信源。
- 真实的人：以真实和对话的方式与用户建立有意义的联系。要专业，但也不要害怕表现出你的个性。
- 传统的新闻标准：如果你不想亲自告诉你的受众，就不要在社交媒体上发布。你的社交媒体呈现是你作为记者的声誉的延伸。
- 缓慢而稳定：打造你自己的品牌需要时间，还需要跨平台的一致性。
- 数字名片：以新闻的方式使用数字工具也将会使你的品牌在潜在雇主面前脱颖而出。

❖ 数字框架：社交媒体审查

图 3-1　迪尔伯特（Dilbert）@2013 斯科特·亚当斯（Scott Adams）。经 UNIVERSA UCLICK 授权使用、版权所有。

你最近用Google搜索过自己吗？完全没有？现在是时候清理你的过去了。毕竟，93%的招聘经理表示，他们在招聘前会审查求职者的专业社交媒体资料。他们的发现将决定你能否得到工作机会。55%的招聘经理根据他们从网上得到的信息重新考虑了候选人。

社交媒体审查将揭示你的数字足迹，帮助你展现最好的一面。作为本章备忘录的一部分，你还将与同学们组队审核彼此的个人资料。

搜　索

首先，使用至少两个搜索引擎搜索你的名字。使用Google、必应Bing或雅虎Yahoo，因为这是三个最常用的搜索网站。很有可能那些四处搜索你个人信息的人会转向这些网站。

- 注销电子邮件账户并清除你网站浏览器的历史记录。这会让你更好地了解别人在搜索你的名字时遇到了什么——是什么让你的名字出现在公众面前。搜索引擎根据你的浏览历史和其他信息定制搜索结果，而这些信息正是你数字浏阅的一部分。如果你登录了个人账户，并且没有清除你的历史记录，那么搜索结果可能与潜在雇主搜索时看到的不同。

- 搜索你的名字。如果你有一个常用名，请输入更具体的信息。例如，假设你叫约翰·史密斯（John Smith），一个来自伊利诺伊州香槟市的学生，在德克萨斯大学奥斯汀分校学习。尝试几个不同的搜索词，如“约翰·史密斯和香槟市”、“伊利诺伊、约翰·史密斯和德克萨斯大学奥斯汀分校”，以剔除其他同名人的搜索结果。
- 真相时刻。不要停留在搜索结果的第一页，那仅仅是有关你的数字故事的一部分。同样重要的是，点击大多数搜索引擎顶部的图片、视频和新闻标签，你会看到与你的名字和这三个领域相关的内容。当我让学生们进行这些审核时，我经常听到他们中的一些人对这一点感到些许不安，最常见的原因是Facebook上出现的照片，即使有人给它们加了标签。它们不一定是不合适的照片，但令人惊讶的是，这些照片可以被搜索引擎检索出来，任何人都可以看到。
- 通常还有另一群学生惊讶于测试结果很少能反映出他们是谁。这些学生普遍都有社交媒体账户，但在平台上不活跃。对于有抱负的记者或正在找工作的记者来说，社交媒体的不活跃表现也会影响你的社交媒体品牌。持续使用移动和社交媒体会让你在就业市场上显得更投入、更有吸引力。如果归结到两个候选人，一个能灵活使用社交媒体，另一个有一段时间没有接触社交媒体，那么前者将有可能得到这份工作。
- 现在，访问你社交媒体上的每一个页面以及其他数字空间，例如与你名字相关联的网站。要像公众一样查看每个账户，并注销每个账户。让那些与你既不是朋友也没有关注你社交账户的同学来进行搜索也是有帮助的。例如，他们可以登录自己的Facebook和Twitter账户，查看他们能看到的关于你的信息。

此外，Facebook还有一个功能，允许你查看你的页面在其他人眼中的样子。登录Facebook时，找到屏幕右上角的“隐私快捷方式”菜单按钮。转到“谁能看到我的东西”这一部分，点击“其他人在我的时间轴上看到了什么？查看方式为……”这一选项，你将能看到你的个人页面在公众面前的样子。要查看你的个人页面对特定人员的显示方式以及他们可以访问的内容，请单击页面顶部的“以特定人员身份查看”并键入其姓名。

分析和行动

此时，你应该分析你的搜索结果。以下是审查网络品牌时需要考虑的关键问题。

- 关于你。你的简历在不同平台上信息丰富且一致吗？它们告诉我们你是谁了吗？你的简历里附有专业照片吗？
- 内容。你一般会分享什么类型的内容？这是否反映了你作为记者的兴趣爱好？你的一般兴趣爱好呢？还是两者都有？
- 频率。在单个平台上你多久发文一次？多久与关注者互动一次？
- 个性。你的帖子都说了些什么？我们了解你的为人了吗？
- 职业兴趣。你的职业兴趣是什么？你强调过你的新闻技能和职业抱负吗？
- 新闻技能。说到技能，帖子有没有显示出你使用社交媒体来寻找故事创意与来源、分享有趣内容的迹象——包括你自己的报道，以及与你的关注者交流的迹象？

如果你的品牌没有反映出你的记者身份，那么有一些具体的操作可以让你走上正轨，建立一个突出的网络形象。更多内容将在本章下一节介绍。

我发送出去了！现在怎么办呢？如果你现在为此前分享的内容感到后悔，那么删除这条帖文是最好的选择。然而，不要以为它会永远消失。至少需要几周的时间，它才能在搜索引擎中不再被找到。请记住，人们可能不知道你发布的照片或视频的背景。因此，如果你认为这会让你的祖母感到难为情或质疑你发布它的动机，那么请删除它吧。

我建议你删除一些不活跃账户——那些你很久没有接触的，只要它们不是你职业品牌的一部分（下面列出了一些重要的平台）。让我们聊聊你高中时期建立的网站吧，但从那以后它已经很久没有更新了。随着时间的流逝，它将反映的是过去的你。如果你不打算使用这个网站作为你职业工作的一部分，那么就要考虑删除它。另一个选择是：将旧网站作为你的作品的集中地，给它注入新的活力，我们稍后将对此进行讨论。

有些东西是很难被删除的。在网上搜索一下这个名字：范登·吉恩（Vandon Gene）。你很容易就会发现这位自称有抱负的加拿大电视台记者是如何让自己成名的。那可不是什么好方式。吉恩在报道渥太华的一起致命枪击案时，邀请CNN的安德森·库珀来一起自拍。库珀拒绝了这一请求，称考虑到当时的语境，这是非常不合适的。但是吉恩用他的手机录音，并不肯让步。他继续要求库珀和他自拍。吉恩把视频上传到了优兔（YouTube）上，并在Twitter上猛烈抨击库珀。后来吉恩被新闻媒体辞退，而这一事件将永远成为他数字名片的一部分。

这个案例强调了适当地在线和离线操作的重要性。记者对公众负责。新闻业依靠公众的信任。你在社交媒体上发布的内容很容易打破这种信任，损害你和行业的声誉。正如我们在第七章中将要更详细地讨论的那样，在社交媒体上越界会毁掉你的品牌和声誉，并让你失去工作。任何会让公众质疑你作为一名记者的操守、道德和职业素养的事情都应该避免。这就是为什么仔细检查你的社交媒体活动如此重要。

假设一切都是公共的

然而，它只有我的朋友们才能访问。这是不对的。

你应该假设你在网上发布的所有内容都是公开的——永远是公开的。即使对你的社交媒体账户进行最严格的隐私设置，也无法确保你的内容被锁定。你所发布的一切都是可开玩笑的对象。你对社交网络平台的隐私期望都是不合理的。你张贴在墙后的照片可以由朋友轻松下载并分享给任何人。

你也无法控制别人对你的评论。当然，如果一个朋友在你的照片上给你添加了标注或者粘贴了一些你不喜欢的东西，你可以要求他取消标注或者删除内容。但如果帖子没有正面描述你，你就无法挽回潜在的伤害。包括Facebook在内的一些社交媒体平台，给予你同意或拒绝在帖子中被标记身份的权限。你必须先在账户设置中激活此功能。

来自新闻编辑部

贾斯汀·奥切罗（Justin Auciello，@auciello）
“泽西海岸飓风新闻”（Jersey Shore Hurricane News）的创建者

自由新闻工作者贾斯汀·奥西罗通过在社交媒体上创建品牌，开辟了一个精准市场。大约在2011年飓风艾琳（Irene）来袭时，奥西罗推出了Facebook页面“泽西海岸飓风新闻”，并把它与Twitter账户（@JSHurricaneNews）相关联。“泽西海岸飓风新闻”成为一个热门社区资源。2012年超级风暴桑迪（Superstorm Sandy）袭击了泽西海岸之后，该Facebook页面变得更受欢迎。他的社交媒体渠道是那些需要有关他们家园、社区和亲人信息的人们的生命线。

他的Facebook页面拥有超过24.5万名关注者。奥西罗的工作吸引了众多追随者，因为他关注的是超级地方性的问题。在灾难发生后的几个月或几年里，许多主流媒体不再一致地报道这些问题，而他填补了社区急需的空白。由于911超载，新泽西应急管理办公室甚至使用该平台与需要救援的人沟通。

你是怎么想到“泽西海岸飓风新闻”的?

这真的始于2007年我在Twitter上看到公民记者的出现。技术的出现不仅促进了信息的共享，也促进了将从现场目击者那里收集到的信息拼凑在一起，并利用这些信息来构建一份报告的合作报道。甚至在社交媒体出现之前，我就已经进入了社交网络。导火索是当我看到Twitter的潜力，并作为一个对新兴媒体感兴趣的人开始建立我自己的个人品牌。我开始在博客上讨论媒体环境的变化以及公民记者要如何发挥作用。

当这一刻在2011年8月到来时，你可以说我在某种意义上已经做好了准备。当“艾琳”来的时候，我知道这是一个创建一个双向弹出式新闻渠道的机会，并且可以使我生活的地方的新闻民主化，因为那时没有其他东西存在。因为Facebook，它很快就变得流行起来。人们迫切需要信息。我来到这里，告诉人们我需要他们的信息，我会用传统的新闻方法和标准来包装这些信息。事情就像滚雪球一样越滚越大。“艾琳”事件发生之后，我起初以为这种情况只会持续几天，然而人们一直在网络上闲逛。它变成了超越飓风的存在。它转变成了每日新闻、交通、天气，等等。关键在于，一旦社区与“泽西海岸飓风新闻”联系起来，并在内容中找到价值所在，它就能够有组织地展开来。

你的编辑流程是怎样的？你如何策划内容和实施事实核查？

每天，这个地区都有一个突发新闻报道——例如，一场引发了火灾的车祸导致一条主干路瘫痪。在这种情况下，我将来自官方资源和社交媒体用户的内容结合起来，拼凑出一个叙述，并进行信息验证。因为我一开始就愤世嫉俗，怀疑一切，就像任何一个好记者应该做的那样通过一些方法进行事实核查。我从官方渠道获得信息，以证实我被告知的内容，看看社交媒体上是否有其他人分享类似的内容。给予人们信任也会促进信任关系，使他们更有可能发送可靠的内容。我鼓励那些奉献者，以加强他们的团队归属感。这是一种社会契约。人们喜欢它，并且未来会更愿意参与其中。

学生记者如何使用社交媒体建立品牌？

多写多发。创建一个博客，在那里你可以分享你最好的内容。活跃于社交媒体上。这是既定事实。然而，很多人没有使用社交媒体来建立社区，所以你需要与社交媒体实施的行动保持一致。为了建立社区，你需要有一个具体的关注点。它可能是一个非常小众的社区或话题。专注于你感兴趣的事情，对该领域或主题有足够的了解，成为人们可以求助的专家。

对我来说，我对泽西海岸很熟悉。我对该地区的了解和热情，在我与人们的交往中发挥了关键作用。现在，人们通过我来了解这一地区发生的任何事情。保持专注。

图3-2　泽西海岸飓风新闻

❖ 创建社交媒体品牌

随着时间的推移，你的行为打造了你的品牌。你发布的内容及你与他人的互动，无论好坏，都构成了你的网络声誉。在本节中，你将学习如何打造你的职业社交媒体品牌。

所以现在是时候考虑你想成为什么样的记者了。当人们看到你的名字或看到你的Twitter账户时，你希望他们怎么想？当你调整你的数字足迹时，请最先考虑这个问题。

区分私人账户与专业账户

我经常被问道：我应该分别为我的私人与职业活动创建主页吗？只有私人账户会破坏记者使用社交媒体的目的。只有朋友才能访问这些页面。作为一名记者，你需要优化你的个人页面，这样任何人都可以关注你及与你互动。

> 在我看来，信任与诚信是网络领域的两大财富……人们会通过乔（Joe）的言行、他与谁交往、他如何与他人交谈、他与谁联系、他与什么有联系、他与谁是朋友以及他又关注了谁等来判断他是否值得信赖。人们在一段时间里观察乔并与他交谈，从而形成对他的印象。
>
> ——约翰·鲁宾逊（John Robison，@johnrobinson），新闻学讲师兼《格林斯伯勒新闻与纪事报》（*the Greensboro* News & Record）前编辑[3]

最好的方法是每个平台都有一个账户，但这是个人的决定，并且这个答案会根据询问对象的不同而出现不同的观点。在各种社交媒体平台上管理私人和专业页面可能会很耗时。在每个关键平台上维护一个账户可以简化你的数字生活。

此外，你在私人页面上发布的内容有什么是不可以分享到公众账户上的？这又回到了最基本的概念——你发布的所有内容都应该被视为是公开的。

Facebook是一个例外。它为记者、企业、政治家等品牌提供了创建专业页面的选择。这种方法有很多优点，主要是因为专业页面提供了分析功能，而个人页面则没有这个功能。此外，Facebook文化通常是一种你与现实生活中的朋友及家人分享更多私人时刻的文化，例如你在欧洲度暑假的照片、对一名去世家庭成员的纪念视频。当然，你最终可能会与普通受众分享这类内容。然而，简单地说，有些事情比其他事情更私密。因此，拥有一个独立的个人Facebook账户是一个合理的选择。

你是否需要建立两个独立账户也可能取决于你所就职的新闻编辑部的政策。根据一项关于新闻编辑部社交媒体政策的研究，三分之二的地方电视台新闻部管理者表示，拥有记者的专业社交媒体账户是他们电视台的政策。[4]这种政策在整个行业变得越来越普遍。在某些情况下，这意味着记者需要向新闻编辑部管理层提交账户密码。这一政策也引发了一个问题，即当员工离开新闻编辑部时，是否允许他保留自己的账户及账户粉丝。单单这一项政策可能就足以最终迫使你分别建立私人账户和专业账户。

Facebook隐私设置

检查你个人Facebook页面的隐私设置。对最高隐私的建议：

· 只允许朋友查看你的内容。

· 关闭允许搜索引擎将你的个人Facebook页面作为搜索结果的一部分进行呈现的功能。

· 启动帖子审核功能，即对出现在你的时间轴上的朋友，对他们之前所做的标注进行审核。

· 一旦你批准，谁能看到你标记的帖子？仅朋友可见。

你应该在的网络空间

你的职业网络呈现应该包括以下内容：

网　站

网站就是你的作品集。创建你自己的网站，突出你的职业工作和专业技能。这是一个发布你的新闻报道的好地方。在你的所有社交媒体页面和简历中都附上网站链接。当你申请工作时，这个网站就是招聘经理快速获取你信息的集散地。

我建议通过WordPress（wordpress.com）创建你的网站。我要求我的学生们从大学一年级就开始创建一个WordPress网站。WordPress允许你创建一个免费账户或购买包含更多自定义域名的高级计划。免费版本wordpress.com就是网站地址的一部分。付费版本则从统一资源定位地址（URL地址）中删除wordpress，创建了一个更清晰的链接（例如，anthonyadornato.wordpress.com与anthonyadornato.com）。

WordPress有多种网站模板。无论你为网站选择哪个平台，都应该具有内置的分析功能。正如我们在第六章中讨论的那样，分析仪表盘衡量的是你作为一名记者需要了解的关键指标。如果没有这些分析，就很难衡量网站内容的表现以及你的社交媒体活动在推动网站流量方面扮演的角色。

- 域名。域名是人们在浏览器中键入的登录网站的名称。这是你唯一的网址。创建网站时，系统会要求你选择域名，然后检查具有你的名字和姓氏的域名是否可用。如果域名是你的全名，那么当有人搜索你时，你的网站很可能会被检索到。如果已经含有你全名的域名已经被使用，那么请仅使用你的姓氏。很不走运，姓氏也被占用了？把你的中间名或名字首字母也加进去。最重要的是，让你的网址尽可能地接近你的名字。
- 主页。这是你网站的首页，是铺设门前的欢迎毯。默认情况下，包括来自WordPress在内的许多网站模板在主页上发布帖子（这些是故事或博客文章）。在你的网站设置中，你可以更改发布帖子所显示的定位。例如，你可能希望你的介绍页面成为人们在访问你网站时最先看到的内容，并让你的帖子在另一个页面上显示。
- 网站标题。网站标题很重要，因为当有人访问网站时，它会显示在浏览器标签的标题中。你可以在站点的设置部分自定义站点标题。出于品牌推广的目的，使用你的名字和姓氏最有意义。
- 介绍页面。在简历后面附上一份简短的自我介绍以及职业照片。不要简单地链接到你的简历或者附上一个必须下载才能查看的文件，而是将简历嵌入页面以便查看。
- 联系页面。这是你想要包含电子邮件地址和专业社交媒体账户链接的地方。一定要使用超链接。超链接让读者只需点击文本，就可以直接跳转到你所链接的页面。否则，他们必须打开网络浏览器并输入信息。这一切都可以归纳为让内容对用户友好。

- 作品集页面。把你最好的作品链接到这里。如果你刚刚开始接触报道，那么此页面可能没有足够的内容。别担心。稍后添加此页面。它可以是你在校园、课堂或实习期间做过的报道。把报道的标题、发布渠道以及超链接都添加进去。我建议在此页面上列出报道内容，即使它们已经在你网站的其他位置发布过。这使访问者更容易看到你在编辑区域中最引人注目的作品。
- Twitter小部件。小部件通常是位于网站一侧的特色元素。嵌入在网站上的Twitter小部件可以让访问者看到你的社交媒体活动。它会显示你最近的推文。这些时间表是互动的，因此访问者可以从你的网站上直接回复和转发喜欢的推文。如何添加Twitter小部件取决于网站使用的平台（请参阅你的账户设置区域）。

社交网络平台

你在Twitter、Facebook、Instagram、领英（LinkedIn）及Snapchat这些社交网络页面上的资料应该面向公众开放。为什么是这些网站？它们是记者及新闻机构最常使用的，并且它们的受众也是最活跃的（正如我们在第四章和第八章所讨论的那样，LinkedIn不是内容分发的好地方，但它却是展示你的个人品牌、寻找消息来源和建立职业人际网络的好工具）。

提醒：为你的品牌创建一个专业Facebook页面，而不是使用个人页面。要建立一个专业Facebook页面，请访问facebook.com/pages/create。在“艺术家、乐队或公众人物”版块，选择“记者”类别，然后输入你的名字和姓氏。在下一章中，我们将深入探讨这些社交网络的细节。

无论你是创建新账户还是更新现有账户，都要把学期结束后仍保持这些账户作为目标。在你的新闻研究和职业生涯中，你都要随身携带这些数字工具。

图3-3　由拉克雷·米切尔（Lacrai Mitchell）供图

图3-4　由凯莉·凯尔（Kelli Kyle）供图

新闻学子应该创建他们自己的网站，作为建立自己职业品牌的一种方式。这两个网站易于浏览，并让访问者了解记者是谁。请注意这两个网站社交媒体的整合。

视频分享页面

在YouTube或维密欧（Vimeo）上创建一个账户。这两个网站中的任何一个都可以作为你创建视频内容的集散地。视频编辑应用程序（第五章）可以让你直接把完成的视频上传到其中任何一个网站。在那里，你可以将视频嵌入网站的故事中，并分享给社交媒体。

创建杰出的社交媒体页面

从你的个人页面开始，在网上建立你最好的版本。在不同平台上，通过以@为标识的用户名、头像和封面照片，让展现自己的方式保持一致。

标识用户名

社交媒体世界中的大多数人都是通过以@为标识的用户名来识别他人的。以@为标识的用户名，说白了就是用户名。在专业领域，你希望通过你的名字得到认可。所以当品牌建立伊始，尽可能选择一个与你本名相接近的以@为标识的用户名。考虑下这样的格式：@名字+姓氏。

用户名的一致性还可以让你更容易在社交媒体的汪洋大海中被找到。理想情况下，当你选择一个用户名时，你的所有账户都要坚持使用这个名字。如果你之前选择了一个与你品牌无关的以@为标识的用户名，那么好消息就是许多社交网站允许你随时对其进行编辑修改。

关于LinkedIn的简短说明。这个系统自动为你生成一个独一无二的链接，却不会把你的名字涉及其中。你应该把你的名字编辑到你的页面地址中去。

头像和封面照片

头像是与你的账户相关联的缩略图大小的一幅图像。一些社交网络还提供了上传封面照片的选项，它是尺寸较大的图片，通常位于你个人页面的顶部位置。正如你要小心避免在你的简历和写作的故事中犯错误一样，你的头像和封面照片在选用上也需要仔细斟酌。[5]记住，新手千万不要让这些空间是空白的。

头　像

你会像在头像中看到的那样去参加求职面试吗？一张简单的头像就能够影响别人对你的看法。招聘经理很可能借此形成对你的第一印象。当人们滚动浏览他们的提要时，头像通常是他们决定谁在分享内容的方式，而他们对你的看法会影响他们对内容的看法。选择一张专业的并露出肩膀的头像，让人们可以在缩略图中轻松识别和看到你的脸。

科技记者、前哥伦比亚大学新闻学教授斯里·斯林瓦森（Sree Sreenivasan，@sree）使用这一规则来拍摄一张好的头像：[6]

- 清晰的、近期的脸部特写照片
- 不要和名人、国家纪念碑、宠物或儿童合影
- 不要在地标处使用广角镜头拍摄
- 不要戴帽子、假发或太阳眼镜
- 不要给照片上色（或者添上如丝带那样的数字化装饰）来支持你的日常事业

封面照片

一张封面照片就意味着让关注者从视觉上感知你不仅仅是一名记者，还是一个真实的人。因为封面照片的尺寸比头像大，所以你选择的图像必须是高质量的。否则，照片可能显得粗糙。以下是一些建议：

- 上传一张能够代表你作品的照片，但要保持真实，不要过分渲染。用一张现场照片来突出你最近的一些报道。或者通过一张展示新闻编辑部或工作室内部的照片，让粉丝们一窥幕后。
- 跳出专业领域去思考。一张带有咖啡的封面照片将会让我知道我们之间存在共同点。喜欢旅行？上传你上一次旅行目的地的照片吧。这些类型的图像让你变得人性化。无论你选择什么，都要确保受众能够理解。
- 避免在这里附上你的联系方式。把这些信息留到你的简历中吧。
- 即使你已经为个人账户选择了Facebook的最高隐私设置，在Facebook上的每一张封面照片也都是公开的。

个人介绍

创建两版不同的个人介绍。第一版是应用于社交媒体页面的短篇个人介绍。更长一点的版本将用于你的网站和LinkedIn页面。

短篇个人介绍

你的“电梯法则”：言简意赅。你有30秒的时间告诉别人有关自己的事情。在这种情况下，你的字符数是有限的。例如，在Twitter和Instagram上，个人介绍限制在160个字符。不仅你的关注者会查看你的短篇个人介绍，当有人在线搜索你名字的时候，它也会出现。

- 考虑能够专业化地描述你的关键词。尝试把其中的几个关键词写入你的短篇个人介绍中。具体来说，如果你在一份学生报纸上报道了艺术和文化内容，那么就顺便提一下。不要单纯写你是某某大学的记者或者学生。如果你在一个新闻媒体当实习生，告诉我们署名的作品都有哪些。

- 你喜欢什么？除了新闻以外，给我们一些关于你的兴趣爱好的提示，即把你的个人情况写进一小段。
- 避免流行用语。在个人页面和简历中有一大堆词被过度使用，这些过度使用的词汇对读者产生的影响微乎其微——例如“创意”和“创新”这样的词。
- 使用社交媒体语言。如果可能的话，请使用@提及特定的名字。如果你的个人页面包含了学生媒体或者实习地点的名称，就使用以@为标识的用户名。例如，我为@IthacanOnline报道生活与文化，或者在@9News当体育报道实习生。基于每个平台使用恰当的以@为标识的用户名是非常重要的。新闻编辑部的Twitter用户名和它在Instagram上的用户名是不同的（虽然出于品牌推广的考量，我不希望这样）。
- 包含你的网站链接至关重要。有些网站对此有一个不计入字符限制的特定部分。不管怎样，每份个人介绍都应该把人们链接回你的网站。
- 不要忘记包含你的定位。

图3-5 罗乃新的Twitter个人介绍

罗乃新（Nancy Loo）的Twitter个人介绍是富有魅力和说服力的。她有效地使用了“@提及”和“#话题”。

长篇个人介绍

你的故事是什么？这是一个更详细介绍你自己的机会。更长的、更多细节的个人介绍可以用于你网站的介绍页面和LinkedIn页面的摘要部分。

- 以第一人称的方式写作会赋予你更多亲和力。这就是你的陈述。
- 切忌繁冗。这里不适合罗列你的活动和职位。这就是简历的意义。
- 展示你的写作能力。逻辑清晰、文笔简洁对记者来说是一项重要的技能要求。
- 证明你精简个人介绍的能力。简明扼要，最多不超过200个字。
- 告诉我们有关你的经历。你积累的经验，不管是校内的还是校外的，不管是个人的还是职业的，共同成就了当下的你。一般来说，个人介绍应该是突出你的职业兴趣、简要回顾你的经历，以及告诉我们一些能显示你多面性的东西。[7]将你的故事个性化。考虑一下是什么激发了你对新闻业的兴趣，或者你是如何利用业余时间的。
- 向我们展示，而不只是讲述。用具体的例子证明你对自己的描述。例如，如果你对环境报道感兴趣，请简要描述一下你所报道过的议题和故事。
- 同样，不要过度炒作。要有足够的素材来支持你对自己的描述。如果你在一家电视台实习，就不要写你曾在这家电视台工作过。这看起来很有欺骗性。
- 不像社交媒体上的短篇个人介绍，在这里不要使用“@提及”。它不适用于此类页面的风格。

一致性

现在你已经创建了账户并对你的个人页面进行了微调，请在不同平台上保持一致。首先，对每个站点都使用相同的头像、以@为标识的用户名和个人介绍。每年至少三次回顾这些个人页面，以确保它们能够准确地反映你当时的情况。随着环境的变化，例如当你找到一份新工作或完成你的学业时，要更新个人页面。

图3-6　由埃米莉·赫尔供图

埃米莉·赫尔（Emily Hull）的网站个人介绍就是她的职业故事、技能和兴趣的完美结合。

此外，在社交网络平台上每天都要采取一些小步骤来增加活跃度。创建一个网络形象，然后放弃它，可能比根本没有更糟糕。当一名记者或新闻专业的学生有一个Twitter账户，但几个月甚至几个星期都没有发布新内容时，这对受众或潜在雇主来说简直太不好了。

想出一个惯例，过一段时间它就会变成习性。从每天抽出时间管理社交媒体平台开始。至少，早上、中午和晚上的第一件事就是查看社交媒体平台。这不仅包括发布新内容，还包括通过回复帖子、分享他人内容和提问来吸引关注者。

定期发帖意味着什么？每个平台的情况都不同。正如我们在第二章中讨论过的那样，有些网站是为不那么频繁的帖子而设的。作为一名记者，你所报道的故事类型也会影响你分享的频率。突发新闻比专题报道更值得更新。在每个网站上发布文章的频率没有什么神奇的公式，其中很大一部分归结于尝试。

以下是供你在起步阶段参考的更新频率建议：

- Facebook——每隔一天至少一次
- Twitter——每天至少三次
- Instagram——每周一到两次
- Snapchat——每周一到两个故事
- LinkedIn——每周一次
- 网站——每周至少两篇故事或博客文章

未来章节中的备忘录包括在每个社交网络平台和网站上保持活跃度的提醒。

发布之前的思考

不要只是为了发布而发布。要分享有价值的内容。更重要的是，作为一名记者，当你分享自己的个人想法和生活细节时，要知道在哪里划清界限。当你准备从事新闻工作时，现在就要在发布这类内容之前进行思考了。

作为个体，我们对话题都有自己的看法。人们在社交媒体上分享这些想法已经成为一种标准。然而，作为记者，我们有义务保持公正、公平和客观，即采用传统的新闻标准。这就好比记者当面放置政治标识是不合适的，同样的标准也适用于网络平台。

正如亚利桑那州立大学沃尔特·克朗凯特（Walter Cronkite）新闻与大众传播学院针对学生记者制定的社交媒体政策所指出的，“质疑记者公开报道某一问题的能力的行为，不仅会伤害记者本人，也会伤害他或她的新闻机构和记者。”[8]

的确，对于一些情绪化的情况和问题，比如2016年导致数十人死亡的佛罗里达州奥兰多夜总会枪击案，要放弃发表个人看法是很困难的。枪击案发生后，《纽约时报》的一名编辑向工作人员发送了一份备忘录，提醒他们不要在社交媒体上发表社论、宣传自己的政治观点或在热点问题上偏袒一方。[9]

“即使你个人没有参与到某个特定话题的报道，我们的同事也正在努力工作以维持《纽约时报》的公信力和平等性，并且我们不应该做任何增加他们工作负担的事情。” 参与《纽约时报》标准制定的副总编辑菲利普·科比特（Philip Corbett）写道：“人们在网上关注《纽约时报》编辑部员工，希望他们见多识广、深思熟虑。”

什么不该分享

以下是新闻机构社交媒体政策中最常见到的内容。[10]分享这种类型的个人内容可能会危及你获得面试的机会。新闻编辑部不想就其员工线上或线下任何危及公众信任的行为承担责任。

- 个人对问题的看法
- 政治派别
- 宗教信仰

- 代表特定的问题或议程进行宣传
- 你参与的非法活动
- 来源不明的信息
- 新闻编辑部的内部沟通
- 业余爱好或兴趣以外的个人生活细节

分享什么

正如我们所讨论的，你的社交媒体活动应该反映出你的新闻品牌，同时也要让关注者了解你的为人。但是，什么才是工作和个人生活的最佳结合呢？

想想社交媒体的八二法则。保持80%的职业相关内容，但不要过度宣传。剩下20%就是展示你个性的内容。

此外，《芝加哥论坛报》前社交媒体经理斯科特·克莱因伯格（Scott Kleinberg，@scottkleinberg）表示，社交媒体的三分之一法则是分享内容最佳组合的可靠方式。[11]三分之一的时间用来宣传与你的职业品牌相关的内容，另外三分之一的帖子应该来自其他，最后的三分之一涉及做人品德。

克莱因伯格说，“我认为，在社交媒体上，没有什么比关注一个一直在推特上发布同样内容，却从不回应你的问题更糟糕的了”。[12]

从下面这个列表中选择，尝试组合发布职业和个人推文。

- 现场报道的实时更新
- 报道过程中注意观察幕后
- 链接到你的故事和/或博客推文
- 同事的报道和来自其他可靠信源的内容
- 你自己的评论，为你从可靠信源共享过来的社交媒体帖子提供背景信息
- 你自己的问题，并尽快回答读者的问题
- 你出于个人或职业目的阅读的内容
- 兴趣爱好

记者对社交媒体的使用（不仅仅是分享什么和不分享什么）引发了道德考量。例如，喜欢浏览政治候选人的Facebook页面以便随时了解竞选新闻可能会被误解。Facebook上的好友来源是否合适？第七章深入探讨了这些以及更多的伦理问题。

成为专家型记者

社交媒体通过拥有主题和围绕所选主题培养在线社区，使记者有机会成为信息的首选来源。这些活动将你定义为一个品牌。

通过以下方式在特定主题上开辟商机：

- 原创报道。写一些主题与当地社区议题相关的故事。
- 精选主题信息。通过发博客和社交媒体活动来精选来自其他可靠信源的故事。
- 分享。利用社交媒体来分享你的原创报道和策划内容。

主　题

诚然，记者必须精通各种各样的话题。通常，他们不知道每天可能会报道什么。然而，把注意力集中于一个主题上可能换来职业上的回报。发博客和社交媒体是记者展示他们在某一主题领域专业知识的方式，这有助于将他们与其他记者和一般消息来源区分开来。

这使得记者能够成为围绕特定主题的社区的一分子。培养这些关系对于双方都是有好处的。人们若对某位记者的特定主题充满热情，将首先转向他们，分享他们的作品，并传递他们的故事想法。

试水越早越好。在我的移动和社交媒体新闻课堂上，学生们选择各式各样的主题，例如从残障人士到可持续发展。每个学生围绕一个主题，结合社交媒体、博客和原创报道来创建作品集。这是要求他们报道的一般任务或非特派报道之外的内容。这种方法能够展示他们报道的全面性，以及深入挖掘既定主题的能力。

精选主题相关信息是这一过程的重要组成部分。精选指的是收集和分类碎片化信息，然后提供分析和语境。记者总是作为信息精选者的象征，而如今，随着人们试图理解内容冗余，这一点变得更加重要。这就是记者关注主题的价值所在。他们的工作是荡涤噪音的海洋，为在线社区提供他们需要知道的信息。他们在混乱的信息中创造秩序。

布赖恩·斯泰尔特（Brian Stelter, @brianstelter）围绕特定主题创建了品牌和事业，可谓记者的教科书案例。这一切萌生于斯泰尔特2004年的寝室，那时他还是陶森大学（Towson University）的一名新生。[13]他开设了一个博客，提供关于新闻媒体对伊拉克战争报道的新闻和评论。很快，他就吸引到了包括电视行业高管在内的忠实受众。斯泰尔特围绕某一特定领域的工作引起了《纽约时报》的注意。大学一毕业，他就在《纽约时报》谋得了一个新闻报道职位。凭借自己对社交媒体的了解，他继续在网上吸引关注者。斯泰尔特现在是CNN的高级媒体记者和《可靠信源》（*Reliable Sources*）节目的主持人。

自由撰稿人贾斯汀·奥西罗使用社交媒体创建了一个以泽西海岸地区为焦点的社区及精准主题。请参阅前面的“新闻编辑部”部分，了解更多有关奥西罗经历的内容。

博　客

定期写博客是一个显示出你对主题的热情的好方式。你的网站可以作为这些帖子及原创报道的集中地。以下是一些让你开始写关于自己主题的博客的建议。

- 一致性。每周至少写两篇博客。
- 保持紧凑感。字数不超过350。新闻标题应该不言自明、易于理解。标题是你对读者的承诺。兑现你的承诺。发布内容时，立即切入正题，让你的文章聚焦于你的承诺。

- 浏览的友好性。针对网络读者不耐烦地浏览以寻找信息的情况，使用简短的段落、标题、项目符号或编号列表，以及引语。这些元素使阅读变得更加容易，尤其是在移动设备上。它们是读者的指南。
- 视觉效果。在你的博客推文中使用图片、视频和图表。视觉影像让你的文章更具有参与性，当然它也能分解文本。不要单纯截取网络图像。你可能构成侵权（见第七章），而且这种做法是不道德的。你可以向原始资源申请版权许可，也可以搜索知识共享网站（search.creativecommons.org）。只要你正确地标注来源，就可以使用知识共享网站版权许可的内容。知识共享网站的每一部分内容都有关于如何对资源进行归属的说明。如果你需要一个伴随网页故事或博客推文的图像，这是一个非常有用的资源。
- 读者参与。你的写作应该激起对话。每一篇文章都应该明确表示你愿意与人互动。为了引起富有思考深度的讨论，可以考虑提出一个邀请读者来评论的问题。记住，一定要回复这些评论。
- 展示你的风格。以对话和第一人称的方式写作使读者更愿意接近你和你的内容，就像和好友聊天一样来写作。
- 研究/信息价值。不要仅仅反驳别人说的话。以深思熟虑的分析来推动对话。使用可靠的消息来源，并避免分享你自己的观点。
- 链接。超链接到你所引用的资源是网站上的一般经验法则。这是一种给其他

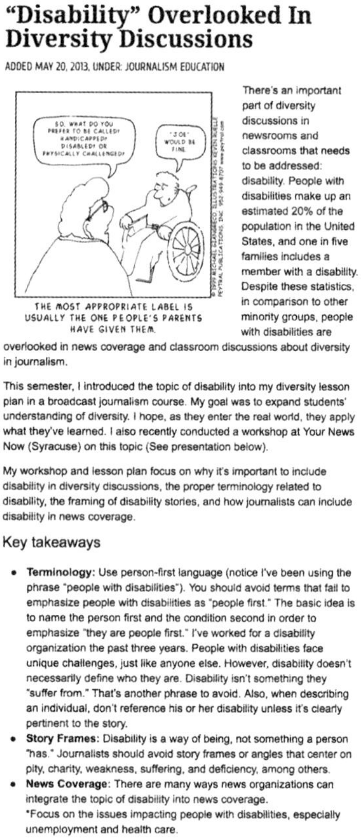

"Disability" Overlooked In Diversity Discussions

ADDED MAY 20, 2013, UNDER: JOURNALISM EDUCATION

There's an important part of diversity discussions in newsrooms and classrooms that needs to be addressed: disability. People with disabilities make up an estimated 20% of the population in the United States, and one in five families includes a member with a disability. Despite these statistics, in comparison to other minority groups, people with disabilities are overlooked in news coverage and classroom discussions about diversity in journalism.

This semester, I introduced the topic of disability into my diversity lesson plan in a broadcast journalism course. My goal was to expand students' understanding of diversity. I hope, as they enter the real world, they apply what they've learned. I also recently conducted a workshop at Your News Now (Syracuse) on this topic (See presentation below).

My workshop and lesson plan focus on why it's important to include disability in diversity discussions, the proper terminology related to disability, the framing of disability stories, and how journalists can include disability in news coverage.

Key takeaways

- **Terminology:** Use person-first language (notice I've been using the phrase "people with disabilities"). You should avoid terms that fail to emphasize people with disabilities as "people first." The basic idea is to name the person first and the condition second in order to emphasize "they are people first." I've worked for a disability organization the past three years. People with disabilities face unique challenges, just like anyone else. However, disability doesn't necessarily define who they are. Disability isn't something they "suffer from." That's another phrase to avoid. Also, when describing an individual, don't reference his or her disability unless it's clearly pertinent to the story.
- **Story Frames**: Disability is a way of being, not something a person "has." Journalists should avoid story frames or angles that center on pity, charity, weakness, suffering, and deficiency, among others.
- **News Coverage**: There are many ways news organizations can integrate the topic of disability into news coverage.
  *Focus on the issues impacting people with disabilities, especially unemployment and health care.

图3–7　来自安东尼·阿多尔纳托的“残障人士问题在多样性讨论中被忽视”

我写的这篇文章包含了博客的许多重要元素：标题中的关键词、视觉效果、超链接、浏览的友好性要点以及来自可靠信源的数据。

来源提供线索的方法。链接还为读者提供了一种简单的方式来查看你所提到的内容或人物。

- 关键词。尽可能多地将关键词放在你的新闻标题中并贯穿你的整篇文章。这通常被称为搜索引擎优化，或简称SEO。使用关键词可以让人们更有可能在搜索你文章的主题时找到它。把你自己放在一个在线搜索的读者的位置上。如果他们在搜索你文章主题的信息，他们会搜索什么词？那么就用这些词语作为关键词。在撰写文章或故事时，也可以在网站底部的标签部分使用这些词。标签就是关键词。填写这部分内容也会让在线搜索的读者更容易发现你的文章。
- 分享。即使你有关注者，也不要期望人们经常浏览你的网站以寻找新内容。你必须让他们知道。在社交媒体上分享是提醒你的大部分读者你发布了新内容的方式。它能让人们关注你的工作，并促进社交媒体上的互动。
- 分析。你是怎么做到的？监测网站分析可以显示哪些帖子的点击率最高，以及与直接访问你网站的人相比，你的社交媒体帖子产生了多少流量，等等。第六章将对此进行详细介绍。

社交媒体

最有效地利用社交媒体来报道一个主题或者常规性任务的方法包含分享、聆听、连接以及分析。接下来的章节将探讨与这四个领域相关的具体方法。

- 分享。传播的不仅仅是你发表的作品。分享你从其他地方获取的有趣的、相关的且可靠的信息。想一想，我即将发布的内容是否会为我的关注者创造价值？当你分享其他用户的内容时，请通过添加@提及或在帖子中标记这些内容来告知他们。
- 聆听。监控社交媒体，找到与你主题相关的对话和内容。这些可以为你提供故事或博客的想法，并给你一些有价值的东西来传递给关注者。通过主题或关键词搜索可以发现当下正在谈论的内容。Twitter群组也是一个很棒的工具。正如我们在下一章讨论的那样，Twitter群组会过滤你的信息流，这样你就可以只看到群组用户的推文。

- 连接。成为社区的一部分。如果你对移民话题感兴趣，那么就开始关注那些分享这个话题信息的人吧，这将为你的社交媒体信息流增添价值。考虑一下其他记者、非营利组织和该领域的专家。你要依靠你的社区。倾听并回应。加入现有的对话并邀请人们参与进来。承认受众反馈并做出回应。在你的社交媒体帖子中添加标签是让其他对此有兴趣的人找到你的好方法。参与Twitter聊天（第四章）也是一种有价值的联系方式。Twitter聊天是定期在特定的一天或某个时间，针对特定主题而安排的实时问答环节。
- 分析。什么运作得好？社交媒体活动的有效性也可以通过定期访问每个平台的分析结果来进一步分析（第六章）。

❖ 备忘录

☆ 社交媒体审查。对自己进行社交媒体审查。另外，和一名同学组队，互相审查彼此的在线状态。讨论你的发现。

> 查阅数字框架：本章有关社交媒体审查部分的建议。一定要分析个人简介、内容、发帖频率、个性、专业兴趣和新闻技能。
> 你如何描述同学的品牌？
> 你的同学做得好吗？有什么需要改善的地方？
> 在同学帮你审查过后，清除任何不能从正面反映出你是谁的内容。

☆ 打造你的（网络）呈现。是时候褪去蒙尘、昭显光芒了。

> 创建一个职业网站。按照上面的建议创建一个网站。在Twitter、Facebook、Instagram、LinkedIn和Snapchat上建立职业导向的账户。在YouTube或Vimeo上设置账户。
> 记住，尽可能让网站域名和社交媒体上以@为标识的用户名与你的本名保持一致。邀请人们为你的Facebook页面点赞。
> 下载这些社交网站的移动应用程序。
> 为你的社交媒体页面创建一则简短的个人介绍，而为你的网站和LinkedIn页面创建一个较长的版本。至少从一个同学那里获取有关你个人介绍的反馈。
> 确保所有平台上的头像和个人介绍保持一致。

☆ 选择一个主题。这个学期选择一个你喜欢的主题/定位来进行报道。理想情况下，这应该是你在新闻事业中打算追求的领域。我们的目标是在进入劳动力市场时，能够带上你所建立的专业知识和品牌。

> 每周写两篇博客文章。
> 通过社交媒体页面来分享它们。

☆ 讨论。在私人和职业活动中使用同一个社交媒体有哪些优点和缺点？全班一起讨论。

> 另外，询问你的社交媒体关注者对此有何看法。在帖子中加入你的班级标签——这是你和你的同学追踪在线对话的一个简单方法。

☆ 提醒。继续进行移动和社交媒体战略分析，这是第二章备忘录的一部分。利用你在本章中学到的知识，去分析你为这项任务选择的两名记者的社交媒体账户。

第四章

掌握用于报道的社交媒体与移动应用程序

在这一章节，你将：

- 了解记者最经常使用的社交媒体平台的功能。
- 学习利用这些平台进行新闻采集：寻找新闻灵感、来源和内容。
- 从社交媒体中找到可靠的信息以提升报道水平。
- 过滤和筛选触手可及的所有信息。
- 开始了解如何使用移动和社交媒体来策划新闻和完成现场报道。

许多社交媒体平台都有一个相似之处——“话题”和“以@为标识的用户名”已经成为我们社交网络语言的共同部分。被视为“数字原生代”的学生们对此有切身体会。但是，并非所有社交媒体及其移动应用程序都可以以相同的方式使用。某些功能将一个社交媒体网站与另一个社交媒体网站区别开来。熟悉每个平台的细微差异将为最有效地分享以及寻找新闻灵感和它们之间的联系打开大门。

❖ 说这门语言：基础

下面列出了大多数社交媒体最常见的功能。将这些功能整合到你的帖子中将优化你的社交媒体内容，使其更有可能脱颖而出（有关此主题的更多信息，请参见第六章中的社交媒体优化部分）。

- 头衔功能，或者“@提及用户”，是人们在社交媒体上识别身份的基本方式。养成在适当的时候把其他用户的头衔包含在你发帖中的习惯。他们会收到被“@提及用户”的通知，增加了与你的发文进一步接触的可能性。一定要仔细检查头衔。不要假设一个人或一个组织使用的头衔与名称的拼写完全相同。
- 话题功能用于将与某个主题或者事件相关的帖子进行分组。话题功能诞生于Twitter。把“#”这个符号放置在每个你想要形成话题的单词或者短语的前面。话题以链接的方式呈现，而围绕该话题，用户可以通过点击链接看到更多讨论。如果已经有一个话题覆盖了你想报道的故事，那么就使用那个话题。它们都非常适用于现场事件和突发新闻。人们倾向于搜索话题来了解一个正在展开的故事。正如我们在本章后面讨论的，当进行新闻众包时，话题功能也很有效。
- 添加标签可以让你将图片、视频或其他类型的状态都更新链接到其他用户。它类似于在发帖中的提及用户功能，被添加标签的人将会收到提醒。然而，添加标签是一个不同于在发帖的文本中@提及用户的功能。要给一个人添加标签，请选择添加标签选项，开始输入用户名，然后从下拉菜单中选择他的头衔（请注意，这种意义上的添加标签与你在编写网站帖子时可以选择的标签不同。网页标签，如上一章所述，是与文章相关的关键词）。
- 地理定位可以让用户指明他们发布信息的地点。在一些平台上，地理定位功能被称为“签到”。当你选择该选项时，你将会看到一个基于你设备定位的位置列表。该功能对记者很有用，尤其是在突发新闻中，因为地理定位搜索可以作为在特定位置查找与某个新闻相关的来源和内容的起点。社交媒体用户在进行自己的定位搜索方面也变得越来越精明。记者可以通过在发帖中加入地理定位让自己的作品更容易被发现。

- 我们移动设备上的“通知”可能会多得让我们不知所措。然而，对于记者来说，它们是监控多平台互动的一种重要方式，而不必经常登录。在社交媒体应用程序上设置通知功能，这样当有人与你互动时，你就会收到提醒，无论这种互动是私聊消息还是对你帖子的评论。

现在，让我们来看看记者最常用到的社交媒体平台。每一个都有一系列独特的功能，从字符限制到直播视频选项。社交网络公司会定期更新这些功能，因此，及时了解新技术的最新发展就显得尤为重要。

推特（Twitter）

Twitter的140个字符限制是它的一个显著特征。因此，帖子需要制作简介。这个限制也会影响你分享的频率。与其他平台不同，在Twitter上连续发布一系列推文是可以接受的。例如，分享一个处于发展中的事件可能需要大量推文。一两条推文根本无法为关注者提供足够的细节或背景来理解该事件。

当一个事件或新闻展开时，发布一系列关于它的推文通常被称为推特直播（live-tweeting）。给实时推文的提示：你的第一篇帖子应该给关注者一个提示，以免他们措手不及。让他们知道他们会看到你的一系列帖子，并告诉他们原因。一篇介绍性的推文可以让你的Twitter报道更加引人关注。

推文中可以包含许多视觉元素。每篇推文最多可以上传四张照片。这些图片以迷你照片库的形式显示在Twitter上。这是一个引人注目的特点。推特还可以选择通过其Periscope流媒体直播应用程序来共享录制的视频和现场直播视频。

把社交媒体发帖嵌入报道中

你可以将公开的Facebook和Twitter发帖嵌入网络报道中。这就像在你的WordPress网站上粘贴文章的网址到你的网站故事里一样简单。转到你想要嵌入的社交媒体帖子，然后单击时间戳（日期和/或时间）。你将被带到那个单独发帖的页面。从地址栏复制网址并粘贴到你的文章中。该社交媒体发帖的图像现在将出现在你的文章中。当你在社交媒体上专门写相关讨论时，这很有用。

请记住，有些功能可能会占用140个字符。所以在起草推文时，要密切关注你还剩下多少个字符。就像推文中经常出现的情况一样，你必须根据你想说的话和你拥有的空间来调整你制作Twitter的方式。Twitter在2016年宣布附加媒体形式（静态图像、视频、动图和投票） 将不再占用字符数。然而，链接仍然计入字符限制。Twitter上发布的所有链接都会被自动缩短，这样它们就不会像原来的网址占用那么多空间。

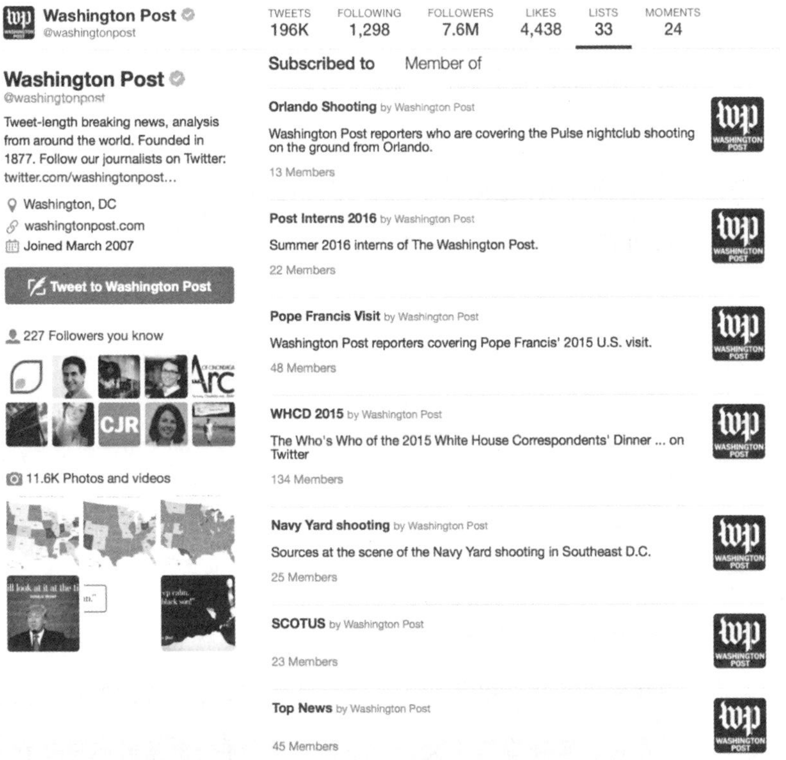

图 4-1　https：//twitter.com/washingtonpost/lists

《华盛顿邮报》使用推特群组（Twitter lists）来组织报道资源。该媒体还将记者和实习生的账户放在群组中，以便轻松查看他们在 Twitter 上发布的内容。请访问 twitter.com/washingtonpost/lists. 查看邮报的所有群组。

这个平台最有用的功能之一是推特群组。推特群组过滤噪音。毕竟，当你关注数百名Twitter用户时，想要跟上他们的动态可能会让你不知所措。事实上，有些人，包括我自己，相较于推特信息流（Twitter stream）更依赖群组功能。你可以把用户添加到特定群组。查看群组时间线将仅显示群组中用户的推文信息流。群组可以设置成公开的或私有的。如果群组被设置为公开的，那么任何人都可以看到该群组，并且当用户被添加到该群组时，他将会收到通知。所以，请为你的群组取一个合适的名字。要创建群组，请转到你账户的个人主页，并找到群组部分。通过转到用户的个人页面并选择“从群组中添加或删除”来添加或删除用户。你可以将一个人添加到多个群组中，且养成立即给群组添加新关注者的习惯。这会让你的Twitter生活变得越来越轻松。即使你没有点击用户账户上的“关注”，也可以将他添加到群组中。在这种情况下，用户的推文只会出现在群组提要中，而不会出现在你的主推文提要中。正如我们将在本章后面讨论的，群组是找到消息来源和新闻灵感的好方法。作为本章备忘录的一部分，你将要创建几个推特群组，包括一个适合你主题的群组。

其他Twitter功能：

- 转推、回复与点赞是Twitter上的参与模式——加入谈话的方式。转推，通常被称为RT，是指向你的关注者分享他人的推文。最简单的方法是点击推文下的转推图标，它会弹出一个包含原始推文的屏幕。然后你可以选择在原始推文之前添加你自己的消息。回复以@用户名开头，它是对另一个用户推文的回应。要回复一条推文，请单击推文上的“回复”按钮。你的回复将和其他人的回复一起附文。每条推文下方的心形“点赞”图标也可以提供多种功能。这是一种加到原始推文中对推文表达赞赏的方式。此外，你可以“点赞”一条你想稍后再回来查看的推文——也许它包含了一个指向你想查看的文章链接，但当时没有时间查看。在你的个人页面上，你可以找到你“点赞”的所有推文。
- 私聊信息（DM）是与用户的私人对话。私聊信息功能可以用来直接联系消息源，而不会让每个人都看到你在公共信息流中的交流。该功能有利于快速交流信息。如有必要，你稍后还可以通过手机或者邮件联系。有一点需要事先声明：你只能向关注你账户的用户，或者开通了允许任何人与其私聊的用户发起私聊。

- 通过创建推特民意调查(Twitter poll)向关注者提出问题。撰写推文时，在主文本框中找到此选项。在消息框中键入问题，输入答案选项，然后选择投票的有效时间。
- 如果你正在追踪某个特定消息源，那么针对个人用户的移动通知可能会很有帮助。打开源推文的通知，每当消息源发布内容时，你都会收到一条提醒。在消息源的个人页面直接打开这个通知设定吧。

推文聊天（Tweet Chats）

推文聊天，也称为推特聊天，是Twitter上关于特定主题的预定对话。推特聊天通常是在一个特定的时间内进行的。每个推特聊天都有一个引导讨论的主持人。主持人会要求参与者自我介绍，然后向那些关注讨论主题的人提出问题。然后，人们回答主持人的提问，用标签（如果推特聊天中有@提及）标记每个回复。

参与者也通过转推、回复和点赞其他人的推文来进行互动。推特聊天可能会让人感觉又快又激烈，这取决于参与聊天的人数。这是一项充满活力和魅力的活动。从多媒体新闻到美联社风格，再到瑜伽和农业，推特聊天的内容无所不包。例如，话题#wjchat（@wjchat）关注所有和网络新闻有关的内容。聊天时间为美国太平洋时间周三下午5点。遗憾的是，没有一个集中的网站有推特聊天的“官方”时间表。首先，在网上搜索与你的兴趣相关的推特聊天记录。随着你在推特社区中变得越来越活跃，你将会熟悉与你感兴趣的主题或话题相关的推特聊天。

参与提示

· 介绍性推文：提醒关注者你正在参与推特聊天。
· 使用Twitter的搜索栏或社交媒体仪表盘（我们将在稍后讨论）来过滤与聊天标签相关的推文。
· 推特聊天主持人通常用Q1、Q2、Q3等标记问题。当你回答时，使用A1、A2、A3等来说明你在回答哪个问题。
· 别忘了使用推特聊天的官方标签（如果有的话还要加上标签）。别忘了与其他参与者互动，查看你的通知提醒，看看谁在与你互动。
· 关注聊天中能为你的Twitter体验带来价值的人。考虑将他们放在你的推特群组中。

脸　书(Facebook)

信号(Signal)是Facebook为记者提供的发现和管理工具。通过信号仪表盘，你可以在Facebook和Instagram上搜索热点、图片、视频和发帖。信号功能比Facebook的通用搜索功能更强大。它只对记者开放，能够深入更具体的搜索条件。请求访问，可以查看signal.fb.com。在创建一个职业的Facebook页面之后进行注册（参阅第三章备忘录的部分）。

Facebook在帖子中添加视觉效果的功能也非常成熟。除了上传照片和视频外，记者还可以通过“脸书直播”观看直播视频。当使用Facebook的移动应用程序时，直播功能就位于状态更新框中（Facebook也将该功能提供给访问Facebook.com的桌面电脑用户）。只需点击图标，就可以告诉人们他们将要观看什么。播放时，还可以阅读评论并进行回复。这些视频可以被录制下来，以便人们在直播结束后观看。你也可以把视频保存到你的移动设备上。（这些画面）是真实的。直播功能吸引人的正是人们喜欢看着事情发生，看着它们自然地发展。《纽约时报》在尝试脸书直播时遇到了一点小麻烦。该媒体最早的脸书直播视频之一，被吹捧为故事情节构思环节的另一半展示。在直播过程中，三名记者向一名编辑“投稿”。直播到一半的时候，很明显，至少有一篇报道即将发布。编辑问：“这篇报道已经编辑过了吗?”一名记者说，这篇报道已经写好了，几个小时后就会编辑好。然而，给观众的印象是，这是一个故事推介会——发生在报道写好后并接受编辑评审之前。这段对话甚至可能会让精明的受众摸不着头脑。

其他需要注意的事项：

- Facebook不允许你从专业版页面发送私人信息。如果你想向你在Facebook上找到的潜在消息源发送信息，你需要使用你的Facebook个人账户（这种方法有缺点），或者找到另一种方式与他们联系。
- 你可以安排在晚些时候发帖。此选项仅适用于专业版页面。像平常一样起草你的文章。单击发送按钮旁边的箭头，选择日程设置，并设置你想要分享的文章的日期和时间。
- 在Facebook帖子中使用话题限制。话题在Facebook文化中并不像在Twitter和Instagram中那样根深蒂固。

照片墙（Instagram）

Instagram的全部内容都是关于视觉影像的。视觉影像能讲述故事。该平台是记者展示故事核心人物和地点的工具。一张照片就能说明一个故事，这是将关注者与你的报道联系起来的一种有利方式。

“每次在手机上看一张图像都是一种非常平静的体验，”《华盛顿邮报》的受众与互动编辑瑞安·凯利特（Ryan Kellett，@rkellett）说，“这种密切关系让它成为一个关注记者和摄影师的好地方，他们可以带你去看他们报道的故事”。[1]

除了静态图片外，你还可以上传短视频。在Instagram上，更少即是更多。每周发布几次，但要避免在短时间内连续分享——这违反了Instagram的“语言”。Instagram关注的是帖子的视觉部分，所以文字部分要简洁。话题在Instagram上是王者。每一篇文章都要用到它们。

Instagram的一个限制是，在帖子中不允许点击链接。然而，你的Instagram个人页面中的链接是超链接的。如果您想给人们提供一个故事链接，有一个简单而常见的解决方案。将超链接添加到你的个人页面中，然后在发帖中将关注者引导到你的个人页面中，以获得拥有更多信息的链接。NBC经常采用这种方法。例如，当它分享了一张一名女子哀悼在伊斯坦布尔阿塔图尔克机场（Istanbul Ataturk Airport）的恐怖袭击中死去亲人的照片时，它会在个人页面中提及该链接。

滤镜是Instagram的名片。使用滤镜时要谨慎。一幅图像应该反映出记者亲眼所见的真实情况。滤镜可以扭曲现实。如果使用滤镜传达的是与现实无关的信息，那在新闻业中是不道德的。最安全的方法是避免使用滤镜。

Instagram的其他提示：

- 信号功能可用于在Instagram上查找内容和来源。这并不奇怪，因为Facebook拥有Instagram。通过信号仪表盘，在Instagram中搜索与特定话题相关的照片和视频、与特定公共账户相关的照片和视频，或在世界各地进行标签定位的照片和视频。
- 通过Instagram的布局应用程序，创建一个照片拼贴。布局应用程序允许你将多张照片组合成一张图片—图片叙事—而不必一张一张地发布照片（这在Instagram是不太可以接受的行为）。下载应用程序后，你可以直接通过Instagram应用程序访问拼贴组合功能。

- 你可以将Instagram连接到其他社交媒体账户。每次将照片或视频上传到Instagram时，你都可以选择分享到你已启用的每个社交网络。但是当你从Instagram分享到Twitter时，视觉影像并没有被嵌入推文中。相反，该推文将包含一个指向Instagram帖子的链接。这对用户来说很麻烦。将图片或视频直接放到推文中更容易引起人们的注意，并避免他们不得不点击其他地方。想想用户友好性！

图 4-2　NBC 新闻 Instagram 帖子

NBC 新闻 Instagram 上的这张照片捕捉到了一个令人心碎的时刻。话题和 @ 提及用户这两个功能被用于提高内容的可发现性，也被用于感谢摄影师。

领　英（LinkedIn）

2003年推出的LinkedIn与其他社交媒体平台不同，这是一个职业导向的社交网站。不过，LinkedIn不仅仅是一个存放简历的地方，你还可以和潜在的雇主取得联系，利用LinkedIn的功能来找工作或实习。在最后一章中，我们将探讨如何充分利用LinkedIn来建立一个专业的网络及求职平台。

LinkedIn是记者们的研究宝库。“高级用户搜索”（Advanced People Search）

是一个查找资源的工具，从专家到公司的前任和现任雇员都可以使用。该搜索工具允许你根据特定的标准进行深入挖掘，包括定位、教育、非营利利益和就业历史。一旦你点击了一个潜在来源的个人页面，你就会看到你的LinkedIn网络中是否有人知道这个来源。人脉可以帮你渡过“没有评论”的难关。有一些共同之处可以作为让别人开口说话的起点。这也是“校友搜索”（Find Alumni）功能发挥作用的地方。根据校友的专业知识以及他们的生活和工作地点，使用此搜索区域来查找他们。

关注“公司页面”（Company Pages），了解特定公司的最新变化。搜索与你所在地区或所在城市相关的公司，然后点击“关注公司”，获得招聘、晋升、离职和工作群组的定期更新信息。公司页面还列出了现任和前任员工。当报道一家公司的敏感事件时，前任员工可能比现任员工更愿意发言。LinkedIn的搜索工具可以让你搜索到这些“前辈”。

发现热点趋势。领英群组（LinkedIn groups）是追踪与主题相关的最新聊天记录的一种方式。监测与你报道兴趣相关的群组，以便找到报道的想法和来源。

LinkedIn的其他提示：

- 谁查看了你的资料？你可以看到谁正在查看你的领英资料。“谁查看过你的资料”功能可以双向运行。如果你在账户设置中启用了该功能，那么其他用户也可以看到你查看其个人资料的痕迹。如果你正在做调查性或敏感性报道，这可能会让人们有所察觉。如果你决定关闭此功能，你将无法再看到谁查看了你的资料。
- 请求加入网站上的LinkedIn记者群体。这个空间让记者可以更多地了解行业新闻，以及如何使用作为工具的LinkedIn来发现消息源、新闻灵感和独家新闻。LinkedIn还会每月为记者举办网络研讨会。新闻专业的学生可以参加这些辅导课程，查看LinkedIn以获得记者群体网络研讨会的详情。
- LinkedIn是分享专业发展的理想空间，例如获奖情况与工作变动，并且你可以定期将你的报道分享到LinkedIn。然而，这不是发布现场报道的持续更新平台。

保持消息灵通

通过以下资源了解最新的移动和社交媒体新闻趋势、技巧和技能培训：

- NPR社交媒体服务平台（@nprtraining，training.npr.org与medium.com/nprcurios）
- 初稿新闻（@firstdraftnews和firstdraftnews.com）
- BBC学院（@BBCAcademy和www.bbc.co.uk/academy）

色拉布（Snapchat）

Snapchat不仅仅是一款向朋友发送照片（可能是一两张自拍）的聊天应用程序，越来越多的记者和新闻机构正在测试这款应用程序，以吸引更年轻的受众。毕竟，Snapchat是年轻人“闲逛”的主要平台。

NBC新闻记者哈莉·杰克逊（在色拉布上的账号为*hallienbc*），经常使用该平台与其粉丝进行有趣的互动。杰克逊说Snapchat是一个大多数新闻媒体都没有充分利用的空间：“如果你看看18–25岁的年轻人从Snapchat上获取新闻的数量，你就会感到震惊。这是我们未来的受众。你必须与这个人群打交道。你需要早日对他们进行观察，因为如果我们现在让他们参与进来，那么10年或15年后他们将会坚持使用我们的品牌。你正在培养一种具有持久潜力的关系。”

Snapchat相较于其他社交网络平台，拥有非常不同的“语言”。贴纸、表情符号和用手指绘制的文字颇为常见。即使以社交媒体的标准来看，这也很有趣，而且有点不正统。

现在，我们来看看Snapchat用户的行话。快拍交友码（Snapcode）是周围带有圆点的色拉布标志，它是你独一无二的身份标识。与其他社交媒体网站上的关注者分享你的快拍交友码图片，是他们与你联系的一种简单方式。打开色拉布，将相机对准快拍交友码，然后按住屏幕。瞧，你们是Snapchat上的朋友！Snapchat用户还可以通过用户名搜索找到彼此。

你分享的每一张照片或者每一条视频都被称为快拍（Snap）。你可以把快拍直接发送给个人用户。私聊信息中发送的快拍将在10秒内消失。Snapchat的快拍故事功能对记者来说是接触广大Snapchat用户的最有用的元素。每个故事都包含一系列快拍。每次你创建一个快拍（照片或视频）并把它添加到“我的故事”中，那么这个快拍就会成为你的故事的一部分，它在发布24小时后就会消失。在为故事添加快拍之前，可以使用画笔工具在屏幕上绘图，或以传统方式键入标题来添加文本。你还可以选择添加表情符号和贴纸。要查看你关注的人的故事，请从打开的屏幕向左滑动。向右滑动将显示与Snapchat好友的任何一对一对话。

从大选追踪开始：用Snapchat报道总统初选

我的两个学生“接管”了NBC新闻的Snapchat账户，报道2016年南卡罗来纳州共和党总统初选。NBC新闻在其Twitter摘要和政治博客上宣传了收购Snapchat的消息。当学生们从我的苹果手机上登录NBC新闻账户时，他们把Snapchat用户带去了投票站、竞选总部和候选人集会。想从大选追踪中了解Snapchat的故事，请访问bitly.com/NBCSnapchat。

- 准备好开始你的Snapchat游戏了吗？以下是一些基于我们在这一领域经验的实用妙招。
- 每个故事的理想快拍数是10–15张。
- 从视频介绍开始设置场景。
- 完成故事后，将其与视频包装在一起。这是在你的网站或Twitter摘要等其他地方推广报道的理想时机。
- 通过改变照片和视频的顺序来混合故事。

图 4–3　@NBCNews. 推特帖子（2016 年 2 月 20 日）

- 添加描述性文本和基于定位的滤镜，为所显示的内容提供背景信息。保持文本简洁。如果你认为一些用户需要更长的时间来消化他们看到的内容，那就调整屏幕上每张照片显示的时间长度（最长10秒）。
- 如非必要，许多Snapchat用户并不会把音频切换到视频。当你记录某人的谈话时，写一个标题。考虑使用引号。
- 在Twitter和Face book上交叉推广你在Snapchat上的报道。与关注者分享你的快拍交友码图片，并在信息中包含你的Snapchat用户名。Snapchat允许你将个人快拍和整个报道保存到你的移动设备上。要推广你的Snapchat报道，可以考虑在Face book或Twitter上分享其中一张照片。

图 4–4　安东尼·阿多尔纳托供图

Snapchat的更多提示：

- 在记录下一则快拍后，立即滑动页面找到地理过滤。地理过滤会根据你的拍摄地点进行自定义，在你的快拍上显示为贴纸覆盖。例如，如果你在纽约市抓拍，你可以选择为该城市设计的滤镜。想要查看此类型的滤镜，必须启用该应用程序的地理定位设置。

- 视频剪辑有10秒的时长限制。如果你是专门为Snapchat做招聘的人，诀窍就是让他们在10秒之内完成一份陈述，否则他们就会被打断。你可以选择删除剪辑并重新录制快拍采访。然而，这是一个高峰还是低谷，取决于你采访的是谁。
- 谁看了你的故事？与其他社交网络平台相比，Snapchat的分析能力有限（有关分析能力的详细分解，请参见第六章）。尽管如此，监控这些数据还是很有趣的。你可以看到你的故事被看了多少次，以及是谁看的。转到你的故事，点击它旁边的三个水平点，你的一系列快拍就会出现。对于每个快拍，你都会看到一个旁边有数字的眼球。这是每个快拍被浏览的次数。点击这个眼球，你就能看到观看它的Snapchat用户的名字。

社交媒体指挥中心

通过打开每一个应用程序来监视你所有的社交媒体账户，并跟踪提醒，这看起来似乎很难做到。你可以通过创建自己的社交媒体指挥中心来简化流程。Twitter旗下的推特面板工具（Tweet Deck）和互随社交工具（Hootsuite）可以让你在一个仪表盘上监视多个社交媒体流。这两个仪表盘的真正威力都来自Twitter。推特面板工具和互随社交工具可以让你同时关注Twitter的不同部分。组织群组、@提及、私聊消息、关键词和话题搜索以及其他一些功能都可以在仪表盘上出现。它们显示在多个列中。

不同于推特面板工具，你可以连接多个社交媒体账户到互随社交工具。打开互随社交工具仪表盘，你可以查看来自不同社交媒体账户的帖子，包括Instagram、Facebook和LinkedIn。通过仪表盘，你也可以创建帖子并将其分享到任何已经连接的账户。互随社交工具也有移动应用程序版本。

令记者感兴趣的一个功能是能够通过这些仪表盘预设发帖。这一功能特点最适合经典报道。与其他新闻编辑部一样，《纽约时报》也安排了多条推文，重点报道企业故事。[2]需要提醒的是：如果在预定的帖子上线期间有突发新闻，那就要取消发帖。如果在突发新闻的帖子中出现一篇带有存档专题报道性质的预定帖子，那将会显得很尴尬。

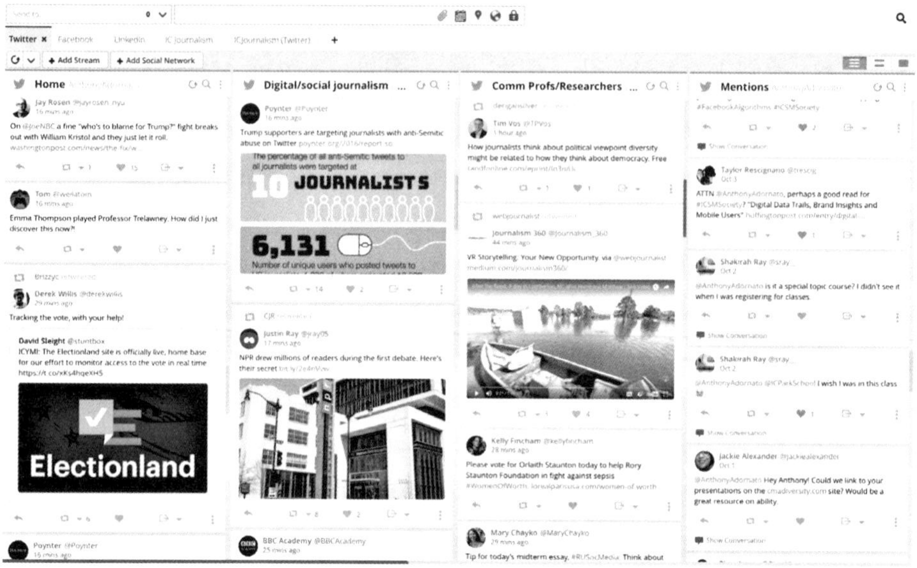

图 4–5　安东尼 · 阿多尔纳托供图

互随社交工具仪表盘允许你基于一个定位访问多个社交媒体账户。在图 4–5 中，包括多个群组在内的不同推特信息流出现在同一个窗口中。

❖ 社会化新闻采集：新闻灵感、消息来源与内容

在社交媒体平台上，我们看到的远不止这些。表面上看，它们是一个分享和互动的地方。但社交媒体也为新闻采集过程增加了一个新层面。正如本书第一章所介绍的，社交媒体在以下三个方面为记者提供了宝贵的新闻采集工具：

- 提示线索：寻找新闻灵感
- 消息来源：为报道寻找消息来源
- 内容：围绕某一事件搜寻信息，通常包括用户生成内容或众包信息

既然你已经熟练掌握了各个平台的基本语言，在本节中，我们将探讨如何

利用社交网络上丰富的素材和声音。记者们手头从来没有这么多的信息。打开社交媒体去挖掘寻找新闻灵感、消息来源和内容的潜力，就像侦探一样。你需要了解在何处以及如何倾听、监视和搜索。

核实，核实，再核实

你觉得那个惊人的视频好得让人难以置信吗？这个消息来源可信吗？永远不要去假设社交媒体上的图片或人物是谁或他们看起来是什么样子。找到可靠的信息是关键。在第七章中，我们将探讨如何识别具有误导性的内容和消息来源。

社交媒体是对传统报道技巧的补充和提高，而不是取代。无论是线上还是线下，你的报道质量取决于你所采集的信息质量。正如老话所说，“无用输入，无用输出。”

社会聆听

“社会聆听”这个术语正如它听起来那样。社会聆听指的是监控社交媒体实践，以发现公民和其他人（如公职人员）正在谈论什么。这是一种发现潜在的新闻灵感、内容和消息来源以及实时监控当前对话的方法。微调你的聆听技巧，滤除背景噪音并找出重要的内容。

创建群组。群组就是王道。推特群组或许是信息海啸中涉水前行、把握脉搏的最佳方式。它们就像办公室的饮水机。对于当地的任何一名记者来说，一份基本的精英名单应该是当地的新闻人物。将地方官员、公司、非营利组织和社区领导人的账户放在这个群组中。这个信息流就是一条本地提示线。记者还应该考虑为主题、当地执法机构和业界同行以及他们所在新闻媒体的其他记者创建群组。选择是无穷无尽的。定期查看这些群组。剔除无用的资源，并添加新的资源。通过社交媒体仪表盘（如推特面板工具和互随社交工具），来访问推特群组，是在一个中心位置查看这些信息流的最简单方式。

如果你不想让别人知道你正在监视他或她，私聊群组就是一个有用的工具。记者兼研究员亨克·范·内斯（Henk van Ess，@henkvaness）通过一个荷兰银行家的私聊推特群组，报道了大规模裁员的消息。范内斯注意到群组中的人

图 4-6 @indiancreekfarm 推特帖子（2016 年 3 月 27 日）

在 Twitter 上“聆听”消息来源时，一名学生记者偶然看到一条来自一个农场的推文，它谈及农场的桃子收成问题。然后，他通过 Twitter 联系了农场，并最终完成了一个关于这个问题的多媒体报道。

发布了一系列不寻常的推文。[3]一位银行家写道：“讨厌计划外的会议。”群组中银行家们的喋喋不休大约持续了四个小时。然后，一位银行家写道：“有时候你必须留下你最喜欢的东西。”群组中的另一个人发的一条推文提到了本应举行会议的餐厅的名字。然后范内斯给那家餐厅打了电话，确认有银行家在那里开会。通过整合每条推文，集体叙事变得清晰了，并且他也能够利用传统的报道技巧来挖掘这个新闻。“多亏了我的群组，这些微妙的提示没有淹没在一个充满朋友、家人和陌生人的时间线中，否则我很可能会错过它们的含义。”[4]

订阅群组

你也可以关注其他人创建的公共群组，有很多方法可以找到这些公共群组。首先，访问信任用户的社交媒体页面，看看他们是否拥有公共群组。在订阅了其他人的群组之后，你可以在你的群组区域看到它，并且还能看到相关的信息流。

搜索。你可以通过以下搜索结构在线查找Twitter的公共群组：site: twitter.com/*/lists/followed by keywords。例如，如果你想查看是否有人创建了与巴黎恐怖袭击案有关的群组，你可以在搜索引擎中键入以下内容：site: twitter.com/*/lists/paris attacks.

搜索结果包括《华尔街日报》（https: //twitter.com/WSJ/lists/paris-attacks）创建的一个群组。超过80个人订阅了这个由报道巴黎恐怖袭击案及其余波的

《华尔街日报》记者组成的群组。该群组也是如何在突发新闻情况下精选消息源的典型案例。添加那些共享事件相关信息的人为好友，包括记者、现场目击者以及官方人员。

官方账户

无论是直接浏览网页还是通过群组，都要养成监控传统消息源（如市政府、警察部门和当地政界人士）的社交媒体账户的习惯。记者从这些传统消息源获得信息的途径正在发生变化。正如我们在第一章中所讨论的，这些消息源现在在许多情况下都绕过了新闻媒体，因为社交平台允许他们直接与公众分享信息。新闻媒体不再是控制信息流的唯一把关人。

波士顿马拉松爆炸案在此处可作为案例。波士顿警察局通过Twitter分享了最新的信息。并且，越来越多的官员，比如政治家，正通过社交媒体发布重大声明和评论问题，而不再是举行传统的新闻发布会或发布新闻稿。

当地的非营利组织作为另一个传统消息源，也在大量利用社交媒体，而在此之前，他们不得不依靠记者向社区宣传他们自己的工作。查看非营利组织的社交媒体页面也是找到经久不衰的新闻灵感的好方式。

草根群体

各个群体都有成熟的新闻灵感和消息来源。在Facebook和LinkedIn上有各种各样的群体。群体与个人页面不同，因为它们不是为公共办公室和企业等实体的“官方”主页而设计的。相反，群体是草根网络社区，人们围绕共同的事业、问题或活动聚集在一起。这包括纪念受害者的群体，以及那些致力于社区的群体，如母乳喂养的母亲和有残疾儿童的父母。对于这些小众社区，这些群体充当新闻源和讨论影响他们的问题的场所。对于记者来说，每天面临的最大挑战就是找到直接受问题影响的人进行采访。这些“真实”的人可以使新闻变得人性化。以他们的角度讲故事可以帮助受众更好地理解问题。群体是寻找这些消息源的完美场所。

一些群体是封闭的。想要成为他们中的一员，你必须申请权限。保持透明。如果你以记者的职业身份参与到群体中，而不是出于个人原因，那么一定要使用一个专业的账户，在你的个人资料中清楚地表明你是一名记者。如果你向群体提问是为了一篇报道的事实调查任务的一部分，那么一定要清楚地表明你是一名正在撰写报道的记者。正如NPR的伦理手册所述，这种方法应该适用于所有网络空间：

> 就像我们在“现实”世界中所做的那样，当我们开展线上工作时，我们把自己定位为NPR的记者。所以，如果作为我们工作的一部分，即我们在社交媒体与其他在线论坛上发表评论、提问、发推文、转发推文、写博客、在Facebook上发帖，或做任何事情，我们都要清楚地表明自己是为NPR工作的。我们在做这类工作时不会使用假名。[5]

在第七章对于移动与社交媒体伦理与政策的探讨中，我们关注通过社交媒体联系消息源的伦理问题，以及如何正确使用这些平台上的信息。

社会化搜索

在辛辛那提动物园，一个男孩爬进了大猩猩的围栏。一架波音777飞机试图在旧金山国际机场降落时坠毁。纽约市中心的一座发电厂失火。

在所有这些案例中，记者都在社交媒体上追踪消息来源和用户生成的内容，以描绘现场正在发生的情况。你如何搜索社交媒体来定位信息？

基本的搜索应包括关键词、话题和新闻中心位置的名称。这是一个很好的起点。不过，就像任何优秀的侦探一样，记者也需要技巧来深入挖掘。根据具体情况使用各种高级搜索方法可以发现大量的细节。根据定位、关键词和时间进行的高级搜索将使你超越常规的搜索结果。

定　位

通过基于定位的搜索，记者可以锁定新闻发生的特定地点。即使人们在他们的帖子中没有使用关键词，这类搜索也能精确定位该区域的社交媒体帖子。但此类搜索依赖于用户打开他们的地理定位并公开其账户，所以不是每个来自这一地点的帖子都会出现在搜索结果当中。

Twitter等一些平台拥有高级搜索工具，你可以通过这些工具选择一个定位，并在该定位周围的特定半径内搜索帖子。你也可以通过查找那些在指定位置发帖时包含图片或关键词的人来进一步筛选。比如旧金山机场降落的案例，你可以首先在位置框中输入“加利福尼亚州旧金山”，然后输入“坠机降落” 或 “紧急降落” 等关键词。

进行定位搜索的一种更复杂的方法是使用地理编码，即位置的经度/纬度坐标。许多通过社交媒体平台进行的定位搜索工具不允许你精确定位到街道级别，而这正是地理编码搜索的用武之地。你可以 “缩放” 到房子或建筑物所在的位置。在Google地图中，导航到你想要搜索的位置。右键单击地图上的大头针，然后选择 “这里有什么”，那是你能找到经度/纬度数据的地方。然后你可以把它复制到Twitter搜索栏。

用地理编码搜索辛辛那提动物园附近的推文，方式如下：

- 辛辛那提动物园的地理编码为39.144765，-84.508574
- 在Twitter的主搜索框，使用以下搜索格式：地理编码：39.144765，-84.508574（删除标点符号后的空格）
- 围绕定位进行圆圈式搜索，请在地理编码后面添加英里或者千里，如下所示：地理编码：39.144765，-84.508574，1英里
- 在某一定位中用关键词搜索推文，请把关键词添加到开头：大猩猩地理编码：39.144765，-84.508574，1英里

另一种基于定位的搜索方法是找到已经在社交媒体上某个地点签到的人。签到功能使用用户选择的定位来为帖子添加标签。包括Instagram在内的一些平台允许你通过签到地点来进行搜索。例如，你可以找到已经在旧金山机场或辛辛那提动物园签到过的人，看看他们是否发布了与新闻事件相关的任何内

容。请记住，仅仅因为某人在社交媒体上登陆过某个位置并不一定意味着这个人就在那个位置。人们可以登陆这些地方，即使他们不在那里。

ProPublica公司的贾斯汀·艾略特（Justin Elliott, @JustinElliott）在撰写得克萨斯州国会议员杰布·亨萨林（Jeb Hensarling）的报道时，点击了Instagram的定位标签。[6]在亨萨林成为众议院金融服务委员会主席之后，他的政治行动委员会在犹他州滑雪度假村举行募捐活动。艾略特搜索了标签在瑞吉鹿谷度假村（St. Regis Deer Valley Resort）的Instagram照片。艾略特说，“我浏览了照片并查看了每个账户，并试图弄清楚他们到底是说客还是说客的家人。”[7]他至少找到了一张参加活动的说客的照片。

包括班卓（Banjo）和地理搜索（Geofeedia）在内的一些应用程序，通过从多个社交媒体平台上抓取帖子，帮助简化基于定位的搜索。当我在旧金山机场搜索有关飞机降落的信息时，我打开了Banjo移动应用程序，输入“旧金山机场”。一张显示该机场的地图就出现了，在该地点及其周围发布的社交媒体帖子都在地图上标注了精确的位置。我点击了上面的每一个点去查看来自Facebook、Instagram和Twitter的用户实时发布的内容。一名男子从飞机疏散滑梯上下来几分钟后，在Twitter上发布了一张引人注目的照片。我打开Twitter，输入了他的用户名，并追踪到了他的经历。

关键词

考虑一些关键词的组合，它们将捕获你具体正在寻找的内容。如果你得到的结果不相关或者结果太多，请调转方向去调整关键词。有时，这需要创建更复杂的搜索，或更简单的思考。

当你正从新闻场景中搜索内容时，要设身处地为现场的人着想。一个目击者（而不是记者）会如何撰写一篇文章呢？这些目击者会说什么？《纽约时报》的丹尼尔·维克托（Daniel Victor, @bydanielvictor）建议：“想象一下，你的完美消息源会如何发推文，或者你自己在这种情况下会怎样发推文，并搜索其中可能包含的单词。”[8]

维克托在一篇博文中提到他是如何为一篇特定报道找到消息源的，“我”

和“我的”是记者应该添加到搜索中的关键词。[9]《泰晤士报》得到消息，有报道称飞机上发生了冲突，因为哈西德派（Hasidic）犹太男子不愿意坐在除妻子以外的任何女性的身边。维克托使用“我”和“我的”以及其他与该问题相关的术语进行关键词搜索，在Twitter上找到了13个可能的消息源。报道中提到的五位乘客都是通过Twitter搜索找到的。

维克托说，“如果任务是寻找这些消息源，大多数人可能会以‘哈西德派’和‘航班’这样的词开始。但是，这种搜索噪音太多，已经到了毫无用处的地步。”他补充说，有些人可能不知道“哈西德派”这个词，所以他们可能会把“犹太”、“犹太人”和/或“东正教”与”航班”这个词结合起来使用。他把这些词，连同“我”和“我的”，都加到他的搜索里去了。这就对了。所有消息源的推文中都使用了它们。

在其他情况下，特别是对于非突发性新闻，记者可以通过搜索社交网络平台来查找消息源可能在主页中使用的关键词。想找一个航空航天行业的人来采访吗？你可以在LinkedIn的关键词框中输入“航空航天”，在定位部分输入你的邮政编码。需要采访校车司机吗？在网站的搜索栏中键入“校车司机”和你所在的城市。

另一个技巧是将关键词搜索放在平台之外，即求助于Google——使用高级搜索短语查找公共社交媒体的发帖和页面。下面是两个最有帮助却知名度不高的搜索方法：复制并粘贴以下内容到Google；然后相应地编辑站点名称和关键词。

- 根据发帖中的关键词进行检索，网站：twitter.com“关键词”或“附加的关键词组合”
- 例如：网站：twitter.com“辛辛那提动物园大猩猩”或“孩子落入辛辛那提动物园大猩猩手里”
- 在个人简介中按照关键词检索，网站：twitter.com bio:*keyword-inurl:status
- 例如：网站：twitter.com bio:*neurosurgeon-inurl:status

最后，在线平台Storify可以作为一个有效的工具来管理许多社交网站上的发帖。从一个仪表盘上，搜索Twitter、Instagram、Facebook、YouTube和其他平台上帖子的关键词，你可以将帖子拖到站点的某个区域，保存供将来查看。

时　间

按特定时间段过滤帖子是筛选帖子并定位有价值信息的另一种方式。在使用上面提到的任何搜索公式运行Google搜索后，选择高级时间过滤器，然后搜索从某个日期开始、两个日期之间或在某个特定日期发送的帖子。一些社交网站也有这个功能。

辛辛那提动物园事件发生后，基于时间的搜索本可以用来缩小泛滥的帖子范围，而只针对事件当天发送的帖子。或者，你也可以用这个功能来看看动物园的游客在接下来的几天里会说些什么。动物园游客通过在社交媒体上发帖，提供了当天发生的事情的第一手资料。移动设备上录制的视频显示，这名男孩在爬进大猩猩的围栏后，被大猩猩拖走了，同时伴随着周围人的尖叫声。这些画面被世界各地的新闻媒体转载。

组织聆听与搜索

像互随社交工具和推特面板这样的社交媒体仪表盘，不只是便于发布内容，它们还简化了聆听和搜索过程。在仪表盘上，为每个推特群组、关键词搜索、话题搜索和定位搜索创建单独栏。即使在突发新闻的情况下，所有这些都可以在几分钟内设置完成。你甚至可以过滤这些栏来显示纯文本的帖子或具有视觉效果的帖子。当你不再需要信息流时，只需将其从仪表盘中删除即可。基于一个定位来监测这些信息流会更有效，它可以让你省去点击上百万个不同位置的麻烦。

❖ 众包：社会化协作与管理

将受众带入新闻采集过程的一种方法是众包。2006年，时任《连线》

(Wired)杂志编辑的杰夫·豪(Jeff Howe, @crowdsourcing)创造了"众包"一词。众包是指求助于一大群人来解决问题或为项目做出贡献的过程。社交媒体提供了与"大众"协作的途径。

众包不同于搜索已经创建的用户生成内容。在众包新闻中，记者会向受众提出具体要求。这是一个公开的呼吁，即要求采集包括照片、数据和对某个问题的评论在内的一系列内容。这种邀请人们参与报道过程的社会化协作强化了新闻作为一种对话的概念。通过众包的协作利用的是受众的集体力量。

众包：利用受众的力量

从一般性的任务报道到长篇的调查报道，记者们将各种类型的新闻进行众包。众包的潜在好处是：观众可以提供一个故事的角度，提供目击者的描述和信息，否则可能很难定位。这也会让他们对你的工作投入更多。

以下是一些有趣而严肃的新闻媒体正在做的事情。

- 哪里是最好的滑雪胜地?在一场暴风雪中，美国纽约无线电广播电台WNYC向其社交媒体关注者提出了这个问题。该电台创建了一个网络地图，允许人们在上面锁定自己最喜欢的滑雪地点、对地点进行评论，并上传照片。这张地图被嵌入WNYC网站的一个页面中。WNYC通过社交媒体分享了这个链接。该电台还要求其关注者在社交媒体平台上分享他们的雪橇照片，并在照片上加上#nycsledding标签。
- ProPublica公司的记者们经常挖掘大众的智慧。关于医疗事故的报道，他们早在报道之前就开始了社区众包。[10]他们的努力包括建立一个Facebook群组，在那里人们可以分享故事，并为病人及其家属提供了问卷调查。里面囊括了数百个消息源(不仅是病人，也包括专家)以及建议。
- 《纽约时报》的健康专栏记者伊丽莎·罗森塔尔(Elisabeth Rosenthal, @nytrosenthal)在其网站上写了一篇博客文章，讲述了髋关节置换手术成本估算的困难。在那篇博文中，她询问读者是否接受过髋关节置换手术或者其他手术。500多人对此作出了回应。这些资料成为罗森塔尔关于医疗护理费用的系列报道《痛彻心扉》（*Paying Till it Hurts*）的出发点。[11]

你是如何发起号召的？NPR的塞里·格拉斯利（Serri Gralsie, @sgraslie）指出，每一次众包的努力都包含五个步骤。[12]

- 琢磨问题。具体说明你要问的问题。
- 提炼情节。明确信息的使用方式和重要性。测试几个不同的草稿。
- 分享。通过在社交媒体上发帖来吸引广大受众是一个显而易见的方法。但不要忘了小众社区，例如Facebook群组。
- 查看回复。分析数据，必要时联系数据来源。
- 撰写报道。思考如何将数据整合到报道中，以及如何呈现这些数据。记住要感谢贡献者并分享最终作品。

众包的六种类型

哥伦比亚新闻学院塔尔数字新闻中心的众包指南包括记者与其社群合作的六种方式。[13]

- 投票。优先考虑记者应该处理哪些报道。
- 见证。分享你在新闻事件中看到的。
- 分享个人经验。讲述你对自己生活经历的了解。
- 挖掘专业知识。提供数据或独特的知识。
- 完成任务。自愿提供时间或技能来帮助创建一个新闻报道。
- 吸引受众。加入从信息性到趣味性的标注。

在分享之前，正确设置你的行动号召至关重要。花时间预先思考众包请求，这将有助于确保你获得最有用的数据。事后，可能为时已晚。

首先，创建一个专门用于众包工作的特定标签是有效的。如果你想让人们分享图片或者评论某个主题，那就让人们用这个标签来标记他们的帖子。这是一个过滤帖子的简单方法。可以考虑使用Storify来收集跨社交媒体平台提交的内容。

民意测验和调查可能是众包中最有效和最经常被用到的工具。一些社交媒体平台可以选择创建基本民调。不过，你从中采集到信息是有限的。

要获得更可靠的数据，请使用谷歌表单（Google Forms）创建调查。完成调查后，在社交媒体平台上分享相关链接。人们的答案会自动输入到一个可搜索的电子表格中，而该表格可以通过谷歌表单访问。

ProPublica公司几乎总是在众包中使用谷歌表单。在医疗事故的调查中，随着患者和医护人员的回应，记者开始发现模式、报道线索和来源。“我们的调查问卷是我们最有价值的资源搜索工具之一，因为它们把来自一系列社交网络的大量故事和评论转化为我们的团队可以分类和注释的结构化数据，”在Propublica项目工作的布莱尔·希克曼（Blair Hickman，@amandablair）说。[14]

保持问卷简洁明了。每个人不应该花超过几分钟的时间来作出回应。询问人口统计信息。如果你有兴趣根据人口统计数据对结果进行排序——比如年龄组或所在城市的区域——请将这些问题纳入调查。让人们可以选择通过电子邮件或电话联系你，尤其是对于更敏感的报道。人群中的一些人可能拥有有新闻价值的信息，但他们可能不愿意通过调查分享，因而应设置至少一个开放式问题，允许参与者写任何其他内容。这相当于在面试结束时询问人们是否还想说什么。消息源可能掌握着一条关键信息，而这条信息可以真正为一篇报道带来新的视角，这包括一个供人们提交他们的联系方式的部分。如果你需要追踪消息源，这一点很重要。最后，请你的同事测试调查结果，并从问题的清晰度和顺序以及长度等方面获得他们的反馈。不要忘记检查调查在移动设备上的效果。

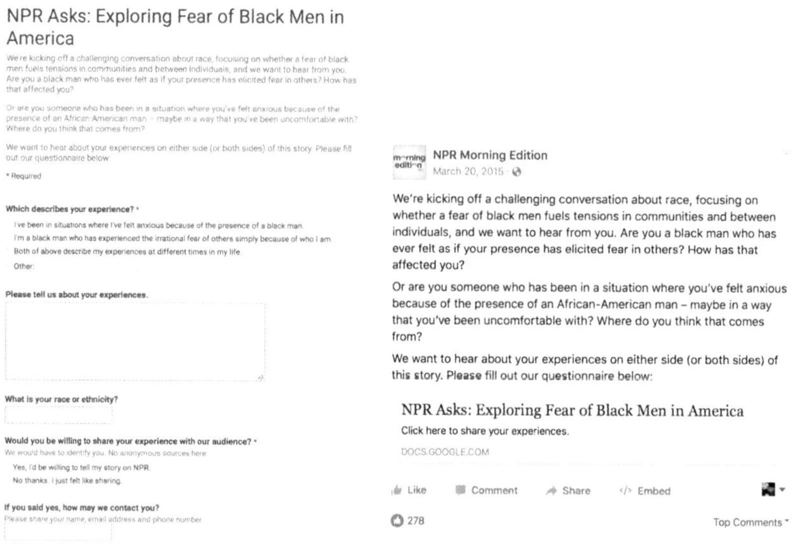

图 4-7　NPR 早间版，Facebook 发帖（2015 年 3 月 20 日）

促进对话：NPR 的身份与文化部门在报道有关种族紧张问题时采用了众包方式。NPR 团队使用谷歌表单创建了一项调查，然后将调查链接分享给其社交媒体粉丝。

报道你所采集的内容：数据审查与数据可视化

一旦你收集了信息，就应该对数据进行审查并将其可视化，以一种易于理解的方式呈现给读者。访问数据。用批判的眼光去看待它。让人们做自我报告有先天的局限性。他们可能完全不诚实。在其他情况下，对问题回答不准确可能要归咎于记忆力衰退。

如果你有疑惑，就去联系消息源。运用传统的采访技巧。提出更多问题，试图确定消息源是否可靠，以及消息源提交的内容是否有效。这就是为什么获取联系方式如此重要。

你也可以在不接触消息源的情况下进行验证。例如，如果你让你的关注者报告他们所在社区的降雪量，你可以很容易地得到5英尺的说法。与气象学家进行简单的核对就能知道这是否合理。你也可以查看该地区其他人报告的降雪量。剔除虚假数据。这些方法与你在审核文件、数据库或访谈中离线采集的信息时使用的方法没有什么不同。同样的规则也适用于这里。

现在，把数据变为现实。记者的工作是整理信息，厘清数据。筛选并分类以决定哪些是突出的。数据告诉了你什么？新闻价值是什么？这里的诀窍是决定使用哪些信息以及如何呈现这些信息。

将众包工作中的信息编织成故事的叙述。让受众知道信息是如何被采集的。包括可以将回复者数量加入文本。是15还是150？在大多数情况下，你收到的数据不会代表总人口。通过社交媒体做出回应的人本身就是社会的一部分。

图 4-8 马修·梅里诺（Matthew Merlino）matthewmerlinodesign.com 创作了这张信息图，以配合一个关于铲雪安全的报道。

通过使用信息图表，实现数据可视化，可以补充书面叙述。信息图表是对事实信息的可视化表示。信息图表的目标是以一种高度可视化的格式呈现信息，从而增强受众理解内容的能力。这个多媒体元素使数据变得栩栩如生。

记者可以通过众包和在线数据库获取大量数据。信息图表已经成为新闻业突出数据的重要组成部分。最好的信息图表是展示，而且不让受众被数据淹没。信息图表可以包含许多功能，例如图表、图形、词云和从消息来源中提取的引用。

借助在线工具，记者能够为他们的报道创建自己的信息图表组件。Infogr.am和Piktochart是基于网络的平台，在这里你可以轻松构建交互式信息图表。然后，将它们嵌入报道并在社交媒体上分享。

密苏里新闻学院（Missouri School of Journalism）雷诺兹新闻研究所（Reynolds Journalism Institute）的鲁本·斯特恩（Reuben Stern，@sternreuben）说，一张令人惊叹的信息图表是有用信息和良好设计的结合。斯特恩为构建信息图表提供了以下建议：[15]

- 这些信息值得可视化吗？可视化能比用书面形式解释更容易吗？最好的信息图表能讲述那些无法以任何其他方式进行有效沟通的故事。
- 你有足够的细节来创建一个有效的视觉演示吗？两份数据通常不足以构成一张信息图表。你可以在报道的文本中简单地提及两个数据点之间的区别。
- 数据来源可靠吗？仔细检查数据和来源。
- 这是人们想知道的吗？仅仅因为你有数据，你并不一定要把它包含在信息图表中。换句话说，不要仅仅因为你有数据就创建一张信息图表。同样，如果数据过于复杂或混乱，无法用信息图表来解释，那就不要理会它。
- 注意基本的设计元素。干净的设计可以帮助信息发光。主标题的字体要比其后面标题的字体大。颜色可以用来引起对图表部分的注意。选择适合手头信息的信息图表格式。图表或表格最能显示不同事物之间的区别。但是，如果你想显示物品的位置，就需要一张地图了。

来自新闻编辑部

布莱尔·希克曼（Blair Hickman，@amandablair）
纽约大学和哥伦比亚大学客座教授

布莱尔·希克曼是聚焦众包、受众参与和新闻业创新的记者和老师。同时她还是马歇尔项目（The Marshall Project）的受众编辑。马歇尔项目是一家报道美国刑事司法体系的非营利性、无党派新闻编辑部。在此之前，希克曼在ProPublica公司工作，负责对患者伤害和无薪实习进行众包调查。

告诉我们你在受众群参与方面的角色。

这是一个有趣的领域，因为每个新闻编辑部的职责都有很大不同。作为ProPublica的社区编辑，我管理我们的Twitter、Facebook和汤博乐（Tumblr）页面，并尝试使用其他平台。我在ProPublica的大部分工作是为长期报道项目进行众包。我是医疗护理、教育和金融团队的一员。因为这些都是调查性的报道，我们花了很长时间来做这些报道。这使得新闻编辑部能够看到用户深度参与的成果。

在我们关于患者伤害的系列报道中，我们在Facebook上建立了一个群，让在医院中受伤的人和他们的亲人说出真相。我们还为医生创建了一个特定的标注，以便让他们参与我们的报告过程。我们通过接触确立了消息源，并取得了他们的信任。许多医生为这次调查提供了专家意见。在这次调查中，一名记者一开始已经有了一个报道的想法，然后他向受众寻求帮助。但是，有时它从一个大概的想法开始，然后受众可以帮助你确定这个故事是否有新闻价值，或者是什么样的故事，就像我们对无薪实习的调查一样（阅读更多关于ProPublica患者伤害项目的信息：bitly.com/PatientHarm）。

在马歇尔项目中，我的大部分工作都集中在发展受众上，即培养我们的受众。参与就是这个战略的核心。例如，我们建立了一种伙伴关系，主办一系列关于刑事司法的活动，以便让我们接触到对我们的报道主题感兴趣的新社群。有趣的是，为了让潜在的受众成为正式读者，要弄清楚什么类型的内容对他们来说是重要的。

你如何开始一个报道的众包过程？

理解众包作为受众参与的一部分是很重要的。众包是你要求受众去做的一项任务。许多人对这些工具感到兴奋，并且他们从那里起步。然而，众包项目需要在此之前就开始了。我们试图报道的内容是什么，以及我们需要采集的信息是什么？你想让他们挑选一个故事吗？你想让他们为你正在写的报道做贡献吗？你想让他们给你发送个人经历吗？知道你想要什么和你试图瞄准的目标就是第一步。

之后，需要进行研究，帮助你决定你所需要的工具。你试图联系的那些人——他们在网上驻扎在哪里？有时候你可以利用你的固有受众，比如，你想让你的受众投票决定报道的走向。然而，如果是分享个人经历，那么受众研究是确保你在正确的空间接触到人们的关键。这将推动你对标注人群的分发策略。要理解他们和他们的媒体消费习惯。

一个很好的例子就是患者伤害的报道。我们知道我们想要联系医生、患者以及他们的亲人。我们做的第一件事是在Facebook上建立了一个小组，但我们注意到医生们并没有参与其中。所以我们给几个医生打了电话，而他们中的很多人觉得如果他们在这个群体中直言不讳，他们就会受到攻击。通过这项研究，我们想出了一个专门针对医疗专业人士的策略。这意味着要推出一个针对医生的页面，以促进他们参与，然后，一旦我们把他们带到那个页面，就会有一个行动号召，要求他们填写一份调查问卷。

众包报道面临哪些挑战？

众包报道面临的两个挑战是核查和完成这一过程所需的时间。任何时候你通过标注得到一个个人故事，都需要额外的步骤，这需要时间。当你与“传统”消息源交谈时，你通常会在采访前尝试对他们进行核查。你知道他们的背景，在采访中有一些线索可以帮助你判断他们是否说的是真话。此外，你还可以亲自询问他们是否有文档或其他信息来支持他们的陈述。

随着众包的出现，这就有点棘手了。你可以而且必须核查这些事情。但是检查所有提交的内容、致电人员、询问他们问题以及试图核查他们提交的信息都需要时间。然而，与此同时，与仅仅通过电话联系他人相比，你让自己接触到了更多的主题，对问题的理解也更好。这就是众包的一大优势。

你对学生记者有什么建议？

学生们需要养成分享的习惯。许多学生最初并不积极参与社交媒体活动。即使有，很多时候也只是出于个人原因。参与和众包的关键是频繁地互动、发帖和标注。我告诉学生们，在报道过程中，他们需要分享有价值的内容。了解你的受众群体也很重要。在了解社区方面，许多领域比新闻业做得更好。重要的是，掌握你想联系的人的信息，这样你才能制定出最好的策略。

❖ 备忘录

☆ 社交媒体群组。创建三个推特群组：一个基于你自己的主题，一个基于你所在地区的新闻工作者，一个基于能让你了解最新移动和社交媒体新闻趋势的消息源。在每个群组中至少放置15个消息源。对于与移动和社交媒体新闻相关的群组，请考虑一下我在第一章的备忘录中推荐你去关注的账户。在我的推特账户（@ AnthonyAdornato）上，我创建了几个可能会有帮助的群组。欢迎你订阅我的任何群组。移动或社交媒体新闻群组是我了解数字新闻业中讨论内容的首选。

☆ 推特聊天。参与一个与你感兴趣的主题或一般新闻相关的推特聊天。你可能想加入到周三下午5点举行的网络新闻聊天（#wjchat/@wjchat）。那就参与吧！回答至少三个主持人的提问。转发并回复其他参与者。在推特聊天后，使用Storify来总结你的经验。从聊天中提取推文，并围绕它们写一篇报道。完成后，在Twitter上发布你的Storify链接。使用推特聊天的话题和以@为标识的用户名。

☆ 锻炼。一分耕耘，一分收获。发挥你的移动和社交媒体力量。养成每天抽出时间管理社交媒体的习惯。记住，帖子必须在一周内扩散传播。关键在于持续性。每周一到周末，你应该已经：

- 完成15–20篇推文，以及10条转发、回复和点赞的组合。
- 在你的专业Facebook页面上发布了3–5篇帖子。
- 在LinkedIn上发布了一些帖子。
- 在Instagram发布了一些帖子。
- 两条你觉得有趣的关于课堂讨论和/或阅读的推文。告诉你的关注者你推送它们的原因，并附上你的班级话题。
- 关注每个平台上的少数群体。在Twitter上，设定一个目标，即至少从你建立自己的职业品牌开始，每周关注五个新朋友。

☆ 众包。创建一个标注，最好是针对当前正在报道的故事。或者，分组创建此清单项的标注。

- 使用谷歌表单建立问卷。
- 向社交媒体共享链接和标注请求（这可能需要反复多次）。
- 分析收集的数据。
- 使用众包信息至少创建一张信息图表。考虑用Infogr.am或Piktochart生成。
- 如果众包信息是你正在报道的故事的一部分，请将该信息图表嵌入在线文章中。如果没有，写一篇博客来反思你从众包经历中学到了什么。另外，把信息图形纳入其中。
- 提醒。继续进行你的移动和社交媒体策略分析，第一个任务是作为第二章备忘录的一部分。你是否一直在关注你的博客文章（第三章的备忘录）？每周至少两次？别忘了把它们分享到你的社交媒体网站上。

第五章

源自现场：移动记者

在这一章节，你将：

- 探索使用移动设备和应用程序来收集、制作和分发新闻内容，而无须与实体的新闻编辑部绑定在一起，或携带笨重设备。
- 学习如何创建带有配件的移动记者应急包，以便你使用设备收集高质量内容。
- 学习如何创建一个数字优先的故事情节构思，为你在报道时制定使用社交媒体和移动设备的计划做准备。

一台录像机，一台相机，一台录音机，一台电脑，一部电话，一本联络簿。如今，一台移动设备就可以实现所有这些功能——甚至更多。因此移动设备成为现代记者的首选工具也就不足为奇。

凭借掌上设备，记者可以在几乎任何地方上轻松地收集、制作和分享故事至任何平台，而不必拖着笨重的设备到处走。以现场直播为例，过去需要很多设备和一个小分队，包括一名记者、一名摄像师和一名直播车操作员。现在，记者只需打开一个应用程序就可以将人们带到现场。

图 5-1　安东尼·阿多尔纳托供图

一名记者用 iPhone 拍摄了 2017 年美国总统就职典礼视频并进行了现场直播报道。

电视记者用iPhone创造历史

新闻学教授迈克·卡斯特路西（Mike Castellucci，@MikeCastellucci）在达拉斯WFAA-TV 电视台（ABC）当记者时，用他的iPhone创造了历史。2015年，卡斯特鲁奇完全使用他的iPhone拍摄了半小时的节目。这场名为“打电话进来”（*Phoning It In*）的特别节目赢得了爱德华·默罗奖（Edward R. Murrow）和三项艾美奖（Emmy）。他还制作了这档节目的续集。

他给自己的手机配了一个外置麦克风，并使用了一个迷你三脚架和一对广角镜头。卡斯特鲁奇说，iPhone视频的质量从来都不是节目播出的问题。“从来没有人抱怨过镜头质量，一次也没有。事实上，正好相反，他们惊讶于你竟然是用iPhone制作的。”[1]

观看节目：bitly/PhoningItIn

移动设备和应用程序简化了将内容从现场传递给受众的过程，尤其经由社交媒体。更不用说，记者可以随时与关注者互动。这样你就会明白为何移动设备和社交媒体会携手并进了。你不能只讨论它们其中一个而不讨论另一个。想象一下，在传统设备上拍照或录制视频，然后将这些内容发布到社交媒体上会有多么麻烦。单一的移动设备使记者能够灵活地、快速有效地完成工作。

除了简化工作流程外，移动设备还使记者能够完成传统上由现场团队执行的任务。有了移动设备，一名记者就能填补一个或两个其他人的角色，在大多数情况下，记者不需要摄影师或摄像师。这不仅限于较小市场的记者。即便是那些在主流市场工作的记者，也仅带着一个移动设备在现场独立工作。

是的，你必须精通这一切。欢迎来到mojo（mobile journalist）的世界，即移动记者的世界。

❖ 数字优先理念：移动和社交优先

到目前为止，你应该对本书前面介绍的数字优先理念有了深刻的理解。数字优先首先意味着移动和社交媒体优先。数字优先的路径要求记者在其他平台（如网站）发表文章之前，需使用移动设备在社交媒体上与受众分享和互动。当然，新闻机构网站很重要，但它正日益成为发布信息的次要场所。这一切都要追溯到受众的新闻消费习惯——移动性和社交性。

策划你的报道：数字优先的故事情节构思

在新闻编辑部的编辑会议上，记者们“推销”他们想要报道的故事。故事陈述必须具有说服力并经过深思熟虑。记者们必须做好回答关键问题的准备，然后编辑才能决定给他们安排哪篇报道。讲故事的艺术需要时间磨炼。如果做得好，它可以让你作为一名靠谱的记者在同事中建立起可信度和可靠度。

精心策划的宣传总是涉及以下几个方面：

- 故事焦点。故事的角度是什么？它是否足够集中，让人们在观看或阅读后就会理解要点？
- 新闻题材。谁会在乎?为什么这个故事在这个时候对你的受众而言很重要?
- 消息来源。是否涵盖各种来源，以提供一个全面的故事？它是否包括“真实”的人，那些直接受问题或话题影响的人？你可以通过整合“真实”的人的叙述来使故事人性化，而非仅仅依靠专家与官员的叙述。

- 数据/背景信息。还需要哪些其他信息，如科学研究成果或来自政府数据库的统计数据，来提供故事背景并阐明报道的核心问题?这类信息可以支持报道主张。
- 视觉效果。你将如何以视觉上令人信服的方式来讲述故事? 你希望从现场收集什么样的视觉素材? 哪些多媒体元素（视频、静止图像、信息图表等）更适合于故事呈现?

这个传统的故事情节公式有一个缺失的部分，即它不包括使用移动设备和社交媒体的游戏构想。如今每个故事都需要以数字为先。数字优先的企划强调了如何使用移动设备和社交媒体进行新闻采集、内容分发和受众参与。

你会回想起我们在第一章的讨论，这些是新媒体对新闻业产生影响的三个领域，开辟了新的报道方式和参与方式。因此，对于每个故事都要包含以下元素，这样不仅可以把故事推销给编辑，还能聚焦现场。

- 新闻采集。你打算如何使用社交媒体来寻找故事的来源和内容?你可能已经因为在社交媒体上看到的一些东西而得到了这一想法的提示。
- 新闻分发。随时随地分享。你打算如何让受众在社交媒体上了解最新动态?对于这个故事，你会聚焦哪些平台?你能够捕获哪些视觉元素并通过移动设备共享?
- 受众参与。你如何让受众参与到你的报道过程中?

移动设备和社交媒体应嵌入报道过程的每个阶段。表5-1为你提供了一个指导，帮助你头脑风暴数字优先的推介。使用工具箱中的条目创建自己的数字优先清单。对于每一个故事，解释你将如何使用移动设备和社交媒体来采集新闻、分发内容和吸引受众。

表 5-1　使用这个工具箱为你的故事创建数字优先的情节构思。从每个类别选择一个项目开始。

数字优先故事策划		
新闻采集	发布	受众参与
·搜索有关一个地区或一个故事的关键词 ·用推特群组在潜在的具有新闻价值的内容中进行简单过滤 ·监测群体、组织、官方和其他信息源的社交媒体页面 ·众筹：找寻正在制作的故事的信息 ·征询照片或视频	·分享照片和视频 ·新闻事件的直播推文（记住运用话题#） ·推文中引用访谈以及@提及相关信息源 ·进行博客直播 ·制作一个社交媒体信息图 ·通过脸书直播或Periscope进行广泛播出	·组织一场实时问答 ·在社交媒体群组里分享一个已经发布的故事（例如在Facebook的新妈妈群组中分享） ·重新推送知识型信息源 ·众筹：找寻正在制作的故事的信息。邀请读者对发布的故事进行评论。考虑采用民意调查或问卷。 ·感谢新的关注者，并关注他们，尽快回应他们的问题。

首先，考虑从这三个类别中各选择一个工具箱选项。慢慢地，根据时间限制和故事类型，将更多的元素集成到报道组合中将成为新习惯。注意工具箱中的某些项目如何重叠出现在多个类别。例如，向关注者提问，不仅是一种受众参与的形式，也可以作为一种新闻采集方法。

不同的故事类型，不同的方法

从数字优先工具箱中选择什么将取决于你所报道的故事类型，例如，突发新闻和专题报道。突发新闻需要高频率地更新贴子，你可以选择视频直播，把人们带到现场。

对于一篇专题报道，你需要减少发帖的频率，可以考虑众包或现场问答，这些方法并不适用于突发新闻的情况。故事的类型决定了方法，包括你将使用哪些“渠道”（Facebook、Twitter等）。反过来，这些渠道也将决定某些规则，例如发帖的频率。

当然，对于记者来说，没有一成不变的一天。你永远不知道在现场会遇到什么。即使是最深思熟虑的计划也可能不得不放弃。所以，你必须根据不同的情况灵活处理，随机应变。

以报道美国国会少数民主党人静坐示威的记者为例。民主党人在众议院大厅的地板上坐了26个小时，试图说服众议院多数派共和党人就枪支管制措施举行投票。这起静坐事件发生在2016年奥兰多夜总会枪击案发生后不久，所以这是一个很有趣的故事。

由于众议院进入了正式休会期，来自会议厅内部的视频被关闭。但静坐仍在继续。新闻媒体依靠网络直播来观察众议院内部事务，如果需要的话还可以录制视频用于报道。这也是有线卫星公众事务网络（C-SPAN）用来直播国会议程的信号。当信号中断时，记者们使用移动设备和社交媒体来报道静坐事件。实时报道工具包括推特直播、流媒体直播和博客直播。

当时只有少数记者在众议院会议厅。因此，许多媒体转向了社交媒体，寻找议员们使用Periscope和Facebook Live在议会内部"直播"的内容。国会议员们的直播被C-SPAN和其他媒体使用。他们不仅在社交媒体上分享了这些内容，还将视频流作为直播和网站报道的一部分。

通过迅速地为这类事件选择正确的方法和工具，记者们仍然能够获取新闻。可见灵活应对十分重要。

图 5-2　C-SPAN 用流媒体直播应用程序潜望镜（Periscope）和 Facebook Live 报道了美国众议院的静坐示威

C-Span.org.

实时新闻报道

进行实时新闻报道时，你应该考虑以下三种工具。即时推特、直播流媒体和即时博客的结合可以让受众在突发新闻和其他类型的新闻事件发生时即时保持知情。

· 推特直播。随着事件的展开，Twitter会创造一种叙事，让关注者了解最新情况。为受众解答关键问题。记住5个W(谁，什么，在哪里，为什么，什么时候)。当记者们在Twitter上直播突发新闻时，千万不要让受众不知所措。例如，如果你要写校园里有一个活跃的枪手，人们就会期待你尽快跟进你说知晓的和还未知晓的事情。包括一个与新闻事件相关的推文话题，这样你的报道就会成为更广泛对话的一部分。

· 流媒体直播。通过Facebook Live或Periscope的流媒体视频可以将人们带到现场，这是其他社交媒体无法做到的。不过，你应该有理由去进行直播。不要仅仅为了技术而使用技术。告诉人们他们正在看什么，并定时提供概述，因为新用户将不断加入直播中。请用你的道德判断来决定直播什么内容。在危险或正在展开的事件中，要注意你可能会播放最糟糕的场景。

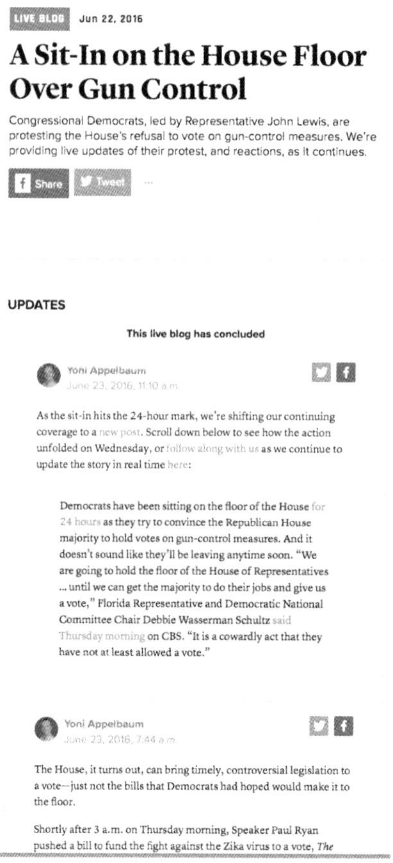
LIVE BLOG Jun 22, 2016

A Sit-In on the House Floor Over Gun Control

Congressional Democrats, led by Representative John Lewis, are protesting the House's refusal to vote on gun-control measures. We're providing live updates of their protest, and reactions, as it continues.

Share Tweet ...

UPDATES

This live blog has concluded

Yoni Appelbaum
June 23, 2016, 11:10 a.m.

As the sit-in hits the 24-hour mark, we're shifting our continuing coverage to a new post. Scroll down below to see how the action unfolded on Wednesday, or follow along with us as we continue to update the story in real time here:

> Democrats have been sitting on the floor of the House for 24 hours as they try to convince the Republican House majority to hold votes on gun-control measures. And it doesn't sound like they'll be leaving anytime soon. "We are going to hold the floor of the House of Representatives ... until we can get the majority to do their jobs and give us a vote," Florida Representative and Democratic National Committee Chair Debbie Wasserman Schultz said Thursday morning on CBS. "It is a cowardly act that they have not at least allowed a vote."

Yoni Appelbaum
June 23, 2016, 7:44 a.m.

The House, it turns out, can bring timely, controversial legislation to a vote—just not the bills that Democrats had hoped would make it to the floor.

Shortly after 3 a.m. on Thursday morning, Speaker Paul Ryan pushed a bill to fund the fight against the Zika virus to a vote, *The*

图5-3　尤尼·阿佩尔鲍姆（Yoni Appelbaum）。“在众议院地板上静坐抗议枪支管制”（《大西洋月刊》2016年6月22日）

· 博客直播。博客直播是在一个网页上针对一个正在发生的新闻事件频繁发布的一系列帖子。该页面包含一些短信息突发的帖子，每条信息都有一个时间节点，这样读者就可以看到事件的一系列进展。这些帖子是按时间倒序排列的，最新的帖子显示在顶部。博客直播最早被科技记者用来报道史蒂夫·乔布斯（Steve Jobs）在MacWord大会上的主题演讲。今天，记者们在博客上直播报道一系列正在发生的事件，包括突发新闻和审判。例如，在众议院民主党人静坐期间，《大西洋月刊》（Atlantic）在其网站上创建了一个即时博客。《大西洋月刊》的一组记者在收到有关静坐事件的新消息后，发布了短消息，有时还包括照片和视频。博客直播既可以作为新闻媒体网站上的一个页面，也可以通过其他平台，比如微博网站Tumblr来设置。对于学生记者来说，尝试使用博客直播的一种方法是选择一个校园活动，并在Tumblr上创建一个页面，对其进行博客直播。每年，伊萨卡学院都会举办教育科技日，吸引了来自美国东北部各地的教育工作者。作为一种学习练习，我的学生们在edtechdaytumblr.com上直播当天的活动。他们被分配轮班，每小时有三个人使用Tumblr应用发布更新，还有几个人全天担任博客直播的编辑。

来自新闻编辑部

尼尔·奥根斯坦（Neal Augenstein，@AugensteinWTOP）
WTOP调频记者
华盛顿特区

尼尔·奥根斯坦成为第一位以iPhone作为主要工具报道该领域新闻的主流媒体记者。国际新闻历史博物馆（Newseum）将他的iPhone 4S手机作为一件艺术品进行展示，以表彰他在移动新闻领域的创新工作。

你何时意识到仅使用移动设备进行报道的潜力？

当我1997年开始在WTOP工作时，我经常带着两台盒式录音机进入现场。我们携带的手机又大又重，像保龄球一样。到2000年，我带着笔记本电脑、相机、麦克风——所有这些设备。每当我在现场工作的时候，我都会花很长时间等待笔记本电脑启动，然后把我的剪辑传输到笔记本电脑上。我想，如果我们能加快这个进程，岂不是很酷。

最终，在2010年iPhone推出一段时间后，我想起看到过一款可以进行多轨道编辑的应用程序。我很快便对其进行了测试。有了它，我可以做所有我需要做的事。它让我可以录制采访、编辑，添加我的语言和自然声响，然后通过电子邮件将报道发送到新闻编辑部。能够在一台设备上实现这一点正是我一直寻求的。

图 5-4

照片提供：乔尔·格瓦兹（Joel Gwadz）

声音的质量怎么样？

当时，我记得对自己说，质量要足够好才能播出。我发现当这些片段经过编辑并在电台进行音频处理时，iPhone录制的声音质量对于听众来说与传统设备所录制的一样。我对自己说："让我看看有没有人注意到。"那是2010年2月。直到现在从来没有人说过，"你和同事在用不同的设备录音吗?"

当你第一次抵达现场时你是如何使用你的iPhone的?

当我到达现场时，我立即寻找那些可能无法再次捕捉到的图像，例如房子着火。我可以录制一个10秒钟的视频，然后把我当时知道的内容发布到Twitter上，跟踪最新的信息。我还可以拍几张照片，在Twitter上发布。随后我录制了一段与消防局公共信息官员的音频或视频采访。我更喜欢视频采访，因为它们让我可以同时拥有视频和音频元素。如果我只需要一篇报道的音频，那我只需在编辑过程中删除视频即可。

你已充分利用了移动报道的优势。但挑战是什么?又如何克服它们?

iPhone最大的局限性在于，即便是微风，它的麦克风也很容易受到风的影响。而应对之道是一个简单的麦克风挡风玻璃，我一直带着它。把它滑到iPhone底部，也就是麦克风所在的位置。这可能看起来很傻，但我用它阻挡过飓风，效果很好。此外，充电也非常重要。我随身携带两块充电器，这样我就可以在需要的时候把充电器连接在设备上，在现场随时报告情况。我总是在车里和新闻编辑部里充电。

给未来记者有何建议?

想象一下讲故事的不同方式。讲述一个特定故事的最佳方式是什么?目前最令人兴奋的是吸引受众参与的新方式。意识到并接受社交媒体叙事在这方面的重要性。如果有人在社交媒体上看到你以一种独特的方式报道一个故事，从长远来看，这对于你的个人品牌和自媒体是有益的。

例如，我报道了水门酒店重新开业的新闻。我想做的是用具有详细说明的照片来讲述这个故事——这样的照片在画廊里会很好看，人们可以浏览并欣赏。我拍了一大堆展示细节的特写镜头，然后用手机把它们全部处理成黑白的。它让我讲述故事时兴奋不已，最后也证明这是一个比标准的视频素材更有效的讲述故事的形式。由于浏览照片时的用户体验很吸引人，他们很可能会记住这篇文章并去分享它。

❖ 远程工作

作为一名记者，你的“办公室”几乎在任何地方。你很有可能不会回到新闻编辑部去撰写和“归档”大部分新闻。新闻现在需要在多个平台上发布，而你也有工具可以在现场做到这一点。移动设备允许移动记者在多种意义上是“移动的”。他们可以灵活地使用单一设备完成报道，并在任何地方设立“办公室”。

在本节中，你将学习如何充分利用移动设备采集、编辑和分发新闻。借助于适当的制作应用程序和技术，你能够在截稿时间内快速捕获高质量内容。

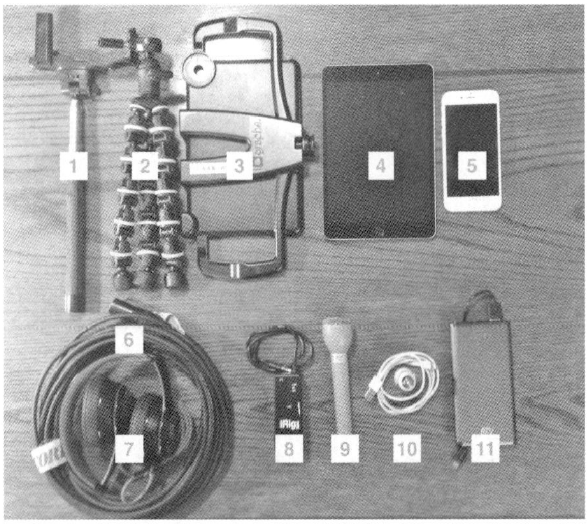

图 5-5　安东尼·阿多尔纳托供图

一个典型的移动新闻应急包涵盖下列物品：1. 自拍杆；2. 迷你三脚架；3.iOgrapher 移动摄制工具；4.iPad Mini；5.iPhone；6.XLR 电缆；7. 耳机；8.iRig Pre XLR 适配器；9. 麦克风；10. 汽车充电器；11. 便携式充电器。

设备及配件

在进入现场之前，整理好必要的设备和配件。它们都可以装进一个背包——记者的应急包。当你被录用时，大多数新闻编辑部都会发放许多这方面的工具。如果你是一个自由职业者或学生记者，也可以成本低廉地打造自己的工具包。

即便有几十个移动应用程序和巨大的智能手机配件市场，但须知越简单越好。这是移动新闻的秘诀。用设备和配件把自己压得喘不过气来，会破坏其效果。以下是完成这项工作的要点：

- 具有网络连接的移动设备。若没有网络连接的移动设备、智能手机或平板电脑，你将无法走远。毫无疑问，记者们的首选设备是iPhone和iPad。其他设备根本无法与苹果多媒体报道产品的功能性和多样性相比。许多苹果iOS编辑应用程序还提供类似多轨道视频编辑等功能，这在制作专业内容时至关重要。

无论何种设备，都必须通过无线网络或蜂窝网络进行连接。网络连接显然在执行现场任务时是必需的，如将内容发送回新闻编辑部、发布到在线平台和实时流媒体。如果你使用的是智能手机，你几乎一直可以通过手机数据流量进行连接。但请记住，信号强度将因新闻发生的地点而异。

如果你选择的是平板电脑，比如iPad，那么有好几种连接网络的方法。你可以通过供应商购买数据套餐，或者找到连接无线网络的方式。但在咖啡馆和图书馆等公共场所接入无线网络并不总是可靠的选择。你永远不知道自己会在哪里，你也不想浪费时间去寻找你可以接入的无线网络。

一个便携式无线网络热点就可以做到这一点。便携式热点有两种选择。许多供应商给你提供了将智能手机变成无线网络热点的选项，只需支付额外费用。这通常被称为“热点共享”。或者你也可以购买一个独立的移动热点。

- 便携式充电器。你最不想的就是当报道进行到一半时设备突然死机。当设备在户外工作时，它的电量会很快耗尽。而便携式充电器是救星。它们的售价仅为15美元。将移动设备插入其中，你就可以在设备充电时工作。别忘了汽车充电器——这是另一个在路上充电的好方法。
- 单脚架/三脚架。使用移动设备的一个限制是，根据不同的情况，很难用手进行稳定的视频拍摄。而用三脚架或单脚架就能够克服这个挑战。三脚架有三根支架，而单脚架是一根支架。

传统三脚架非常笨重。有一些专为移动设备设计的迷你三脚架，可以放进你的包里，甚至口袋里。这些更小的三脚架和单脚架能够在你身处现场时为你提供所需的稳定性和灵活性。当前有很多不同的品牌。推荐：JOBY GripTight GorillaPod三脚架（约20美元）。曼富图（Manfrotto）还销售各种小型三脚架和单脚架，它们能够很好地与移动设备配合使用。

自拍杆?是的，包含在你的工具包里。自拍杆可以便捷地获取不同的视角，比如航拍和记录记者的陈述。

图 5-5 安东尼·阿多尔纳托供图

迷你三脚架有助于稳定地拍摄视频和照片。在图 5-5 右边的照片中，iPad Mini 被放置在一个 iOgrapher 电影制作盒中，盒子与迷你三脚架相连。

- 外接麦克风和适配器。总的来说，在移动设备上录制的音频质量相当好。但有时需要外接麦克风来获得专业质量的音频，比如在一个有背景噪音的地方采访。

  而这将不再是问题。通过一个特殊的适配器，你可以将手持式或领夹式麦克风连接到移动设备。推荐：iRig Pre XLR适配器（约40美元）。只需将电池供电的适配器插入设备的耳机插孔，然后插入连接麦克风的XLR电缆即可。这些适配器还为你插入耳机收听音频预留了位置。也有直接插入移动设备的麦克风，但很多都没有耳机插孔，因此无法在录制时监听音频。另外，将麦克风挡风玻璃放入包中。在大风天你会需要它。
- 耳机。你用来听音频的耳机类型很重要。避免耳塞式耳机。相反，在你的工具包里放一副能盖住耳朵的耳机。它们能更好地屏蔽背景噪音，使你能更准确地听到录入设备的音频。
- 可选的设备。随身携带一台笔记本电脑并不是必须的，但它可以让你在现场写报道比在移动设备键盘上打字容易得多。如果你宁愿把笔记本电脑留在办公室或者不带笔记本电脑，那么可以考虑便携式蓝牙键盘。便携式键盘使你可以在移动设备上快速键入新闻。市场上还有许多其他的移动设备附件。一些记者会使用微型灯和摄像头连接到移动设备上。

制作应用程序

在第三章中，我们讨论了作为一名记者，你应该积极参与的社交网络平台。如果你还没有，一定要下载这些平台的应用程序：Twitter、Facebook、Instagram、LinkedIn和Snapchat。

除此之外，你还需要能够编辑照片、视频和音频的制作应用程序。本节重点介绍为实现这些目的而为记者准备的最佳应用程序。根据我在该领域使用应用程序的经验、我的学生在课堂上使用这些应用程序的情况以及记者的反馈，我列出了下面每个类别的热门推荐。请记住，每个应用程序的用途取决于你所使用的设备类型。

不要等到在现场才第一次来试用这个应用程序。在你用它们来报道一个故事之前做好这一点。尝试不同的应用程序，并找出最适合你的。当你这样做时，请考虑每个应用程序能够以多快的速度生成高质量内容。可共享性也是关键。重要的是，你在应用程序中生成的内容能够很容易地通过电子邮件发送给同事，必要时可以上传到YouTube或Vimeo等平台，并分享到社交媒体平台。

移动记者备忘录

在你开始报道之前，准备工作就已经开始了。没有什么比在现场出现一些本可以很容易避免的问题更令人沮丧的了。所以，不要等到你在现场时才去完成这份备忘录。把这个移动记者备忘录放在你的应急包里。

- 你拥有经常使用的所有装备吗?麦克风、耳机、单脚架等。
- 你的设备有足够的内存吗?请检查你的设备设置以获取此信息。
- 你的设备充电了吗?你的便携式充电器呢?你还记得你的汽车充电器吗?
- 你有需要电池的设备吗?
- 你把设备所需的电线都带齐了吗?
- 你的手机上有完成任务所需的所有社交媒体和制作应用程序吗?
- 你打算使用的麦克风测试过了吗?
- 如果需要的话，你是否已经搜索过可以接入无线网络的位置?某些应用程序可以在地图上精确定位公共无线网络的位置。
- 回到家或新闻编辑部后，立即充电并重新打包。

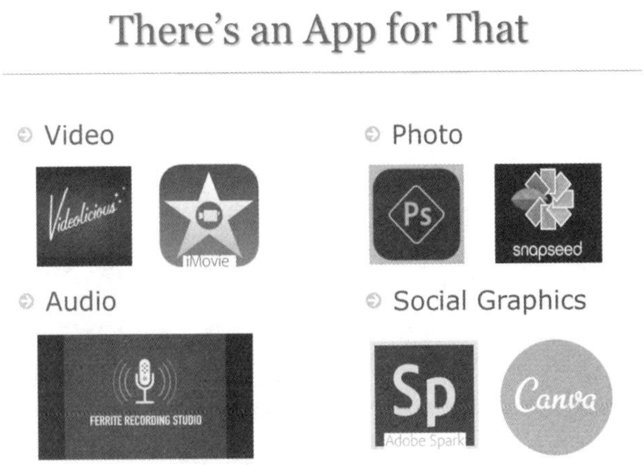

图5-6 随身移动制作应用程序
安东尼·阿多尔纳托供图

想要快速拍照或录制视频并发布到社交媒体上，你只需使用设备的摄像头，然后通过社交媒体应用程序分享即可。但是，对于更高质量的报道，如嵌入网络故事或在新闻广播中播出的广播包或视频包，这里列出的制作应用程序是必不可少的。

视 频

一些视频应用程序允许多轨道编辑——能够混合记者画外音、自然声音、声音片段和视觉效果（视频和照片）。另一些则没有提供给用户这种灵活性，限制了视频的制作水平。以下应用程序有多种选项可供分享你的成品，包括电子邮件、发布到社交媒体、保存到你的设备，以及上传到Vimeo或YouTube。

- iMovie。iMovie是我的首选视频编辑应用程序。这是一款易于使用的视频应用程序，需要视频和音频的组合。你可以使用此应用程序创建传统风格的电视新闻素材包。制作包含视频、采访和自然声音在内的报道也很简单，但没有记者音轨。这个应用程序非常灵活。它拥有两个视频轨道和两个音频轨道，并具有许多与传统桌面视频编辑软件相同的功能。你可以修剪片段、拆分剪辑、从视频中分离音频，等等。

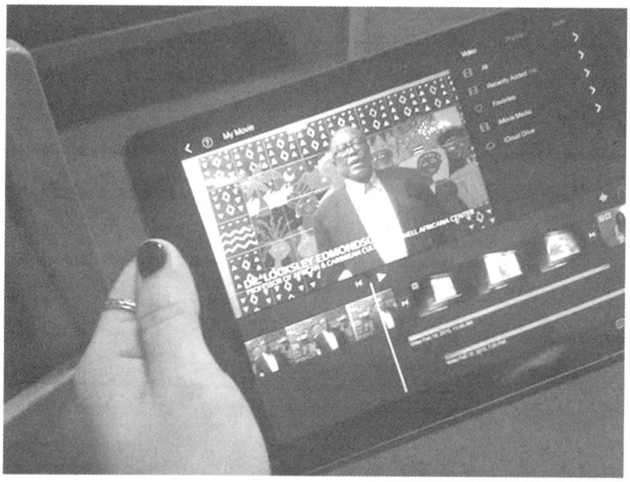

图5-7　安东尼·阿多尔纳托供图

iMovie应用程序允许视频和音频分层，还有许多其他功能。

- Videolicious。这一软件非常适合制作快速转场的视频，比如现场突发新闻更新和社交媒体对报道的梳理。从你的移动设备中选择视频，按照你所希望的顺序排列。然后你可以选择打开麦克风，使用前置摄像头来录制你的声音或站立镜头。在叙述过程中，当你想要下一个视觉素材出现时，轻击屏幕。Videolicious的免费版本不包含更高级的编辑选项，例如视频剪辑或调整自然声音的音频级别。然而，包括《华盛顿邮报》和《洛杉矶时报》在内的许多新闻编辑部使用的高级版都带有额外的编辑功能。新闻节目可以通过联系Videolicious免费取得高级版本。
- Voddio。这款应用是记者们最早在移动设备上制作视频和音频报道的应用程序之一。Voddio有多个音频和视频。我和学生们发现，这款应用程序的学习曲线与其最接近的竞争对手iMovie相比更陡峭。Voddio不像其他应用程序那样直观，而且图层轨迹要更为复杂。它有一个功能，让你可以在同一屏幕上编写脚本并录制音频。
- Filmic Pro。该应用程序也提供了多轨道编辑选项，并具有高级编辑功能。此外，它还具有传统摄像机上常见的手动控制功能。打开应用程序录制视频，你就能锁定对焦、曝光和调节白平衡。它还为你提供了录制时监听音频的选项。

- Vimeo和YouTube Capture。制作完视频后，建议你将其上传到Vimeo或YouTube。这些视频共享平台中的任何一个都可作为存放视频的重要场所。大多数视频制作应用程序都允许你只需点击几下就可直接将完成的视频上传到这些平台。另一种选择是将完成的视频保存在移动设备上，打开Vimeo或YouTube Capture应用程序（YouTube的主应用程序只允许查看视频，不允许上传），直接从设备的相机存储中上传视频。上传至YouTube或Vimeo后，便很容易将视频分享到社交媒体或嵌入到网络故事中。

推荐：iMovie，Videolicious以及Vimeo或YouTube Capture。

大多数移动设备上的摄像头，都具有基本的照片编辑功能，如裁剪和颜色调整。通常情况下，这就是你作为移动记者所需要的全部功能了。有一系列照片应用程序提供了更复杂的编辑功能。你可以通过这些应用程序拍摄照片，也可以从设备的照片存储中导入照片。将照片上传到社交媒体网站、保存到设备的照片存储区以及发送电子邮件也是标准功能。

- Adobe Photoshop Express。不要指望这个应用程序像桌面版的Adobe Photoshop一样强大。Photoshop Express旨在轻松地进行修饰。你可以用它来调整色调、颜色、亮度、白平衡和一些其他元素。与传统的Photoshop软件相比，这款应用的学习曲线并不复杂。其简化的工具使用户能够轻松地获得他们想要的效果和变化。
- Snapseed。这款应用程序非常适合新手和技术娴熟的摄影师。Snapseed有十几种不同的编辑工具，从基础到高级，其中大多数内含不同的调整设置。Snapseed的一个优点是它允许你有选择地调整照片的某些部分。Snapseed还将你的调整保存为可重复使用的图层（即Snapseed中的“Stacks”）。“Stacks”工具会列出你应用过的每个编辑，从而可以轻松删除一个或多个。

- Camera+。几乎和每个照片应用程序一样，Camera+包括各种滤镜和编辑工具。Camera+的最大优势是你可以在应用程序内以手动模式进行拍摄。此方法使你能够手动控制曝光、聚焦和调整白平衡以获得最佳图像。Camera+还有一个稳定器，可以在手持最稳定时自动拍摄。

推荐：Adobe Photoshop Express（尽管这三款应用程序操作起来都没什么问题）。

音　频

移动设备上的内置音频录制功能在录制音频方面做得很好，大多数功能都允许你在录制时监听音频级别。然而，除了对音频进行简单的剪辑外，它们的编辑能力也受到了限制。要生成音频报道，你需要一款提供多轨编辑的应用程序。使用这些应用程序，音频文件可以通过电子邮件发送，并在社交媒体和其他地方共享。

- Ferrite Recording Studio。就功能和工作流程而言，Ferrite专门针对记者和播客。你可以录制采访和画外音，重新排列音轨，进行微调编辑，更改音量，并将环境和自然声混合到报道中。在该应用程序内录制时，你可以监听音频级别。这是尼尔·奥根斯坦，这位华盛顿WTOP-FM和wtop.com新闻频道记者的首选应用程序。奥根斯坦是第一批只用移动设备进行报道的主流媒体记者之一。自2010年以来，他一直在用iPhone进行现场制作和报道。
- Voddio。在转为用Ferrite之前，奥根斯坦用的是Voddio，这是最初的多轨音频和视频编辑应用之一。Voddio的布局和功能并不像Ferrite那样直观。奥根斯坦在他的网站iphonereporting.com上写道：“学习曲线相对更陡峭，滑动、隐藏菜单和音频闪避技术都不是非常直观。”[2]此外，Voddio软件不经常更新，这也许可以解释它为何如此频繁地崩溃。
- Hokusai Audio Editor。这个多轨音频编辑器非常简单。它的界面简单明了，可以轻松地编辑并排音轨或将它们混合。实时“刷新”意味着当你调节时可以听到指尖下的声音。你还可以在录音时监听你的声音。

- SoundCloud。一旦你完成了一个音频故事，SoundCloud是上传文件的理想地点。如同Vimeo和YouTube用于视频一样，SoundCloud可以作为音频报道的集中场所。通过SoundCloud，你可以将音频剪辑直接嵌入网络故事中，并通过社交媒体和其他选项进行分享。

推荐：Ferrite Recording Studio 和SoundCloud。

存储和文件管理

“如果你想成为一名移动新闻记者，存储是非常重要的，”记者兼移动新闻学教授阿丽莎·理查森（Allissa Richardson，@ProfAlliRich）说。“事情发生了，而素材消失了，你不想成为那个本该拥有独家新闻现在却什么都没有的人。”[3]

使用Dropbox和Google Drive应用存储程序在移动设备上存储和管理文件就像在计算机上进行操作一样简单。Dropbox和Google Drive允许你从任何设备（移动设备、笔记本电脑和台式电脑）访问和上传文件。你可以将设备中的原始素材和完成的音频、视频与文章移动到这些应用程序中的任何一个。它提供了一种与同事共享内容的简便方法。只需在Dropbox或Google云端硬盘中创建一个共享文件夹，并放入你希望他人能够访问的内容即可。

有这样一款应用程序

有各种各样的应用程序可以让记者的生活更轻松。这里是一些其他建议使用的应用程序。

- 电话录音机（Call Recorder）。记录电话采访，并能够轻松导入音频文件到任何一款视频或编辑应用程序中作为报道的一部分使用。
- 5-0警察监控广播（5-0 Radio Police Scanner）。对于身处现场追踪突发新闻事件十分理想。随身携带着警察监控广播。该应用程序允许用户实时收听当地、国家和国际警察、消防、救护车的无线电通信。
- Banjo。这款应用为在特定地点实时定位社交媒体帖子提供了一种简单的方法。在搜索栏中输入一个位置，该位置的帖子将显示在地图上。这在突发新闻事件的情况下对于定位目击者和现场图像非常有用。

Dropbox和 Google Drive与上面提到的许多多媒体应用程序相连接，使你可以在每款应用程序中直接将内容传输到Dropbox和 Google Drive。另一种选择是，你可以将完成的报道保存到你的设备中，并将其上传到Dropbox或Google Drive。在大多数制作应用程序中，你还可以导入存储在Dropbox或Google Drive账户中的内容。

需要注意的是，Google Drive通常会压缩上传的视频文件，从而降低视频质量。Dropbox对于视频存储来说会是一个更好的选择。

如果你的设备内存不足，这些应用程序可成为救星。将设备中的内容移动到这两款应用程序之一可以释放空间。移动项目后，比如照片，可以将其从设备中删除。无论你把它转移到哪里，Dropbox还是 Google Drive，它都将保持不变。

Google Drive中的“文档”功能对于编写与同事共享的网络新闻或广播电视节目脚本来说非常有用。

拍摄和编辑视频

无论你使用的是哪种应用程序或设备，你都要谨记录像、音频报道和摄影的基础知识。不要仅仅因为使用移动设备而将传统的制作技巧抛到脑后。

尽管有了这些新玩意儿，报道仍然是故事讲述的基础。质量仍然是王道。例如，摇晃的视频和听不清的音频采访是区分新手和专业人士的关键。最大限度地发挥设备的性能，并认识到其局限性。最小化其劣势。

除了移动性和内容制作简便之外，移动设备的一大好处是它们能够减少对访谈的干扰。任何电视记者都会告诉你，让人说话的最大障碍是摄像机。移动设备可以使这一体验对于采访对象而言不那么令人生畏。

“当你拍摄一个有点紧张的投稿者，或一位没有接受过媒体训练的公众时，他们在面对一个大摄像机时可能会有点沉默，因为会感到不知所措。但如果你用手机拍摄，压力就会小得多，并且手机是他们习惯的物品，所以他们在接受采访时肯定会更放松，更乐于接受访问，”使用iPhone和Filmic Pro应用程序拍摄视频的BBC记者道格尔·肖（Dougal Shaw，@dougalshawBBC）说道。[4]

在拍摄和编辑手机视频时遵循以下规则：

- 飞行模式。把你的设备设置为飞行模式，以防止手机来电或信息打断你正在录制的音频或视频。
- 水平还是垂直拍摄?业界有很多关于视频应该横着拍还是竖着拍的讨论。众说纷纭，答案不一。而这其实取决于平台。如果你拍摄的是电视节目或网络新闻，一般的经验法则是在拍摄视频时将设备水平放置。拍出的视频将适合这些类型屏幕的方向。不过，随着手机消费的持续增长，新闻媒体开始转向垂直视频，以优化手机观看内容。例如，Snapchat和脸书直播就是为垂直视频而设计的。“我们试图做的是确保我们制作的视频专门针对每个平台，所以我们并不期望只制作一个视频就能跨网站、跨社交网络、跨设备播放。”《华盛顿邮报》的高级编辑兼视频总监米卡·格尔曼（Mica Gelman，@mbgelman）说。[5]
- 基本原理。与传统相机一样，视频新闻的基本原理也适用于移动设备去拍摄视频——大多数情况下都应如此。对于垂直视频来说，打破陈规实际上会给移动用户带来更好的体验。

★围绕特定的动作、事件或位置记录一组镜头。广角镜头、中景和特写镜头是构建一组镜头的关键。一系列看起来不相协调的镜头常常会使受众感到迷惑。与特定主题相关的一组镜头可以无缝进行连接。当这组镜头结束时，你就可以开始新的一组镜头了。为了能够编辑镜头组，你必须在现场获得一系列适当的特写、中景和广角镜头。

★不要在同一地点拍摄所有照片。在拍摄一组镜头时，在场景中不断移动以获得不同的角度。不同的位置会给受众带来不同的视角。

★一定要把采访对象的一系列视频剪辑下来。当你在画外音中提到一个特定对象时，你就需要用到这些。即使你没有制作带有记者画外音的视频素材，你仍然可以用这一视频来报道这个人的部分采访内容。根据我的经验，这是许多新视频记者忘记在现场进行拍摄的部分。

★三分法是影视摄影的基本构图原则。想象一下，你的屏幕被水平和垂直的直线分成三部分，直线相交的地方有四个点。在这些线条交汇的地方，试着定位拍摄的主体。大多数移动设备都可以选择将三分式的网格叠加在相机屏幕上。在iPhone或iPad上，进入设备设置，可以打开这个功能。对于垂直拍摄的视频，要打破这个规则。最好把主体置于屏幕中央，尤其是你的采访对象。

★每个镜头保持大约10秒，或者根据动作需要保持多长时间。没有什么比翻看原始镜头，发现自己没有足够的特定镜头用于报道更糟糕的了。

★移动设备比传统相机更易移动。但除非绝对必要，否则不要急于平移或倾斜镜头。拍摄这种类型的镜头应该有所理由。例如，显示一栋建筑物有多高或一条线有多长。

★当你为一段素材或一个社交媒体帖子录制出镜报道镜头时，利用你周围正在发生的事件，将人们带进现场。展示并告诉他们。使用前置摄像头拍摄你和你正在报道的新闻可以带给观众即时的亲密体验。你也可以用单脚架、三脚架或自拍杆拍摄更为传统的出镜报道镜头。

- 用脚步去变焦。不要使用相机的缩放控制。手动缩放会降低分辨率。相反，当你想要近距离拍摄时，走得离拍摄对象更近一些。
- 稳定的镜头。为了避免视频抖动，最好使用三脚架或单脚架。如果你无法拍摄到所需镜头，请将你的手臂和手靠近身体，并靠在某物体上以稳定相机。
- 照明。使用移动设备拍摄的一大挑战是找到合适的照明。大部分时间你必须依靠自然光。首先，避免阳光直射。在录制采访时，太阳应该在你的身后，这样它就会充当自然光照射在你的拍摄对象上。在室内光线不足的情况下，尽可能多地打开房间灯并掀开灯罩或窗帘。当在室内录制采访时，把拍摄对象带到窗户前，让他们面对着窗户，让自然光布满他们的脸。切勿对着窗户拍摄。窗户不应在拍摄主体后面。同样的原则也适用于记者的出镜报道——站好位置以使自己面向阳光或其他主要光源。
- 在现场回放。观看你的视频以确保在离开现场之前音频可用。一定要在录制后立即回放——当采访对象还在你身边时。这样即使音频或视频质量出现问题，重新录制也会变得更加容易。

用户体验：可读视频

在社交媒体和网站视频中使用文本变得越来越普遍，因为手机用户通常不会把音量调大。有时这与在公共场所有关。文本帮助受众理解视频故事而无须打开音频。这也会激发他们对故事的兴趣，给他们一个听故事的理由。文本提供了上下文和背景信息。新闻媒体，如《民主党人与纪事报》，雇佣了专门制作可读视频的员工。

图5-8 KCRA 3 新闻

· 使用大字体。
· 使用颜色突出单词。
· 不要在屏幕上塞入过多文字。

- 编辑。当编辑多轨视频故事时，使用与桌面编辑系统相同的方法。首先，你需要放置你的音频（配音轨道和声音片段），然后在这些元素上叠加视频。如果可能，通过编辑一系列相关的镜头来构建镜头组。避免从一个视频片段跳转到另一个与前一动作无关的视频片段。社交媒体视频最佳时长为40–60秒；对于网站来说则是60–90秒。记住，当我们第一次介绍采访对象时，要带上或标题或图形的字幕条。把这个人的名字写在上面一行，头衔写在下面一行。通常情况下，在一个素材开头需包含字幕条的图形来描述这个故事是关于什么的。将描述放在上面一行，地点放在下面一行。

录音和声音编辑

获得好的音频对视频也很重要。它和视觉效果一样重要。无论你是制作视频包还是纯音频故事，这里都有一些建议可以帮助你获得专业的高质量音频。

- 飞行模式。你不会希望音频被中断。
- 用头戴式耳机监听。在录制时始终监听音频。记住，便携式耳机不是头戴式耳机的替代品。头戴式耳机能够让你最好地感知设备上捕获的内容。
- 请勿遮盖设备的麦克风。了解设备麦克风的位置，以便在录制音频时确保你的手没有阻挡它。
- 靠近一些。你越接近受访者，音频质量就越好。如果你不使用外接麦克风，这一点尤为重要。必要的话，让采访对象大声讲话。
- 远离噪音。采访时你应该尽量找一个背景噪音不会干扰音频的位置。例如，若你正在报道一场在礼堂举行的公开会议，并且想在会议结束后采访一些人，那就应该在会后找个远离人群的地方。
- 外接麦克风。使用外接麦克风能够克服许多音频挑战。如果你在嘈杂的环境下录制采访，你需要使用外接麦克风。在这种情况下，你不能依靠内置麦克风来捕捉采访对象的高质量音频。在启动任何应用程序之前，先将麦克风插入设备，确保它被检测到。如果你在嘈杂的环境下录音，又没有外接麦克风，一副标准的耳机可以派上用场。它们通常配有一个麦克风，这会产生巨大的不同。必要时用上挡风玻璃。
- 自然声音。当捕捉自然声音时，比如消防车的警报声或示威者的呼喊，通常只需要内置麦克风即可。如果你需要在现场快速移动，连接外接麦克风来录制自然声音会很麻烦。然而，当在有风的情况下录制自然声时，建议使用带有挡风玻璃的外接麦克风。移动设备上的内置麦克风通常会被风噪声所取代。
- 电话采访。有两种方法可以录制电话采访中的音频。你可以使用应用程序（如Call Recorder）将通话保存为设备上的音频文件，然后将文件导入视频或音频应用程序以进行编辑。奥根斯坦推荐的另一种选择是让受访者用他们的设备记录通话。他让受访者在他们的设备上打开内置语音应用程序，在对话开始之前点击记录，然后在通话结束后直接通过应用程序将文件以电子邮件发送给他。他甚至创建了一个简短的视频教程，在此类访谈开始之前发送给受访者。

- 画外音。应一直使用外接麦克风来配置画外音。把麦克风放在离嘴大约6英寸远的地方，以防止发出砰砰的噪音。使用设备的语音录制功能将画外音录制为音频文件。记者兼移动媒体培训师伊沃·布鲁姆（Ivo Burum，@citizenmojo）推荐了另一种方案。对于视频素材中的画外音，布鲁姆通过拍摄而不是录音获得。[6] 在开始编辑时这将提供你进行视频剪辑所需的所有文件。布鲁姆建议，当你用这种方式录制音频时，应用手盖住摄像头。这样该剪辑片段将全部是黑色的，更容易在视频文件中被找到。然后只需将该剪辑片段的音频部分拖放到项目序列中。
- 现场回放。同样，就像你处理视频一样，养成这样做的习惯，这样你就不会为糟糕的音频所苦恼。
- 编辑。使用适当的应用程序，编辑纯音频故事非常简单。将画外音、原声摘要（在广播行业也称之为实况）和自然声音放在不同的轨道上。这种分层方法使定位和调整关键音频元素变得容易。例如，通常音轨一包含所有的画外音，音轨二专门用于原声摘要，而音轨三包含任何自然声音。在画外音和原声摘要下的自然声音应该进行调整，以免压倒其他声音。画外音和原声摘要的音频级别应该是一致的，所以不会有高低之分。导出成品后，听一听，以确保音频符合你的要求。

静物摄影

事实证明，用移动设备拍摄的照片甚至可以登上《纽约时报》的头版。在2013年纽约扬基队（New York Yankees）球员亚历克斯·罗德里格斯（Alex Rodriguez）的头版特写中，《纽约时报》使用了由专业摄影师尼克·拉汉姆（Nick Laham）拍摄的照片。然而，拉汉姆没有使用任何专业设备。在扬基队的更衣室里，他用他的iPhone拍下了罗德里格斯的照片。然后拉汉姆通过Instagram编辑了这些照片。《纽约时报》也是最早在头版刊登iPhone照片的主流报纸之一。

随着记者能够在移动设备上捕捉到高质量的图像，一些专业新闻摄影师发现自己失业了。例如，2013年《芝加哥太阳时报》(Chicago Sun-Times)解雇了28名摄影人员。[7]随后，该公司的记者接受了iPhone摄影培训，开始制作自己的照片和视频。

以下是在移动设备上拍摄照片的基本原理。

- 构图。传统的构图技巧会帮你拍出引人注目的照片。构图与拍摄对象的位置和拍摄角度有关。正如我们在拍摄视频时所讨论的，要遵循三分法。把你的拍摄主体放在水平线和垂直线的相交点上。同样，用前景和背景来放置与主题相关的对象或场景。例如，在照片的前景中放置一棵树，与照片的主体人物在一起，可以提供景深，使照片更加立体。

News
o Print"

The New York Times

Late
Today, clouds,
breezy, high 56.
rain early, some
Tomorrow, a late-
59. Weather ma

No. 56,092 © 2013 The New York Times NEW YORK, SUNDAY, MARCH 31, 2013 greater New York metropolitan area.

A Emphasizes Safety,
erm Health Risks Fester

ry Fumes Test Agency's Powers

By IAN URBINA

, N.C. — Sheri
a limp. The
hold would be
es not have to
r than 20 min-
pain screams
d up her legs.
s," Ms. Farley
recalling how
heard a child
mother about
led lady" was

ears, Ms. Far-
gside about a
ers, spray gun
together foam
s and couches

known as n-propyl bromide, or nPB — is also used by tens of thousands of workers in auto body shops, dry cleaners and high-tech electronics manufacturing plants across the nation. Medical researchers, government officials and even chemical companies that once manufactured nPB have warned for over a decade that it causes neurological damage and infertility when inhaled at low levels over long periods, but its use has grown 15-fold in the past six years.

Such hazards demonstrate the difficulty, despite decades of effort, of ensuring that Americans

SHORT OF
EGYPT SE
ON FUEL

ECONOMIC FI

Governmen
to Increase
Cut Su

By DAVID D.
QALYUBEYA,
shortage has h
prices soaring.
blacking out e
summer. And g
have killed at
and wounded

图5-9 《纽约时报》供图

摄影师尼克·拉汉姆用他的iPhone拍下了这张《纽约时报》头版照片。

- 用脚步变焦。就像拍摄视频一样，用手指缩放会降低视觉质量。靠近拍摄对象，避免让你的照片看起来像素模糊。
- 保持静止。当你拍照时，你的移动设备越稳定，图像就会越清晰。
- 照明。像拍摄视频一样使用可用的光线。明亮的光源应该来自于相机后方。不要把闪光灯设置成自动闪光。根据需要去开关。手动闪光常常会使照片模糊。iPhone和iPad的摄像头都有一个叫作高动态范围（high dynamic range，简称HDR）的功能。HDR可以让你在拍摄高对比度光源的照片时生成高质量图像，例如在同一张照片中拍摄明亮的蓝天和深色的建筑物。在HDR模式下，你的设备将同一张照片的三种不同曝光方式组合在一起，以形成一张正确曝光的照片。你可以直接从设备的摄像头打开HDR。

- 设置焦点和曝光值。设备会自动调整对焦和曝光。曝光量指的是一张照片中的光照量。为了获得一张质量更好的照片，你可以通过调整这两个元素来进行控制。打开相机后，只需点击你想设置对焦和曝光的屏幕，相机就能很好地处理剩下的部分。但是，如果你仍然还想调整曝光，你就可以上下移动手指来调亮或调暗照片。你也可以锁定焦点和曝光。按住屏幕锁定设置，将显示“AE/AF锁定”字样。要解除锁定，只需点击取景框上的其他位置。当帧内发生重大变化时，你的对焦和曝光设置将会丢失，除非它们被锁定。[8]这些技术也适用于拍摄视频。
- 以连拍模式拍摄。连拍模式允许你在几秒钟内拍摄多张照片。只需按住快门按钮，设备就会开始连续地拍照。这是一种捕捉完美动作镜头的简单方法。
- 风景还是肖像？水平照片通常更适合网络新闻，这意味着你需要水平放置设备。而对于社交媒体，肖像模式效果更好。
- 文件大小。当通过电子邮件或Dropbox等其他服务将照片传回新闻编辑部时，你可能会得到一个选择照片大小的选项。如果可能的话，保持照片的原始尺寸。“小”照片在网站上通常看起来不太好。
- 尽量减少使用滤镜。滤镜引发了伦理问题。使用它们可以改变照片的编辑内容。一张加了滤镜的照片应该准确地描述记者拍照时看到的内容。此外，滤镜会降低图像的质量，特别是当照片的尺寸增加时。

移动优先的工作流程：左右兼顾的数字化行动

如今的全能记者必须具备报道、写作、拍摄、编辑、发布到社交媒体和网络的灵活处理问题的能力，如果他们在电台或电视台工作，还必须制作广播电视新闻。工作流程就是协调和规划处理任务列表。

这是一个混乱、嘈杂、令人兴奋的过程——某种程度而言是左右兼顾的数字化行动。通过实践，工作流程将成为习惯。你将创建出自己的流程。以下是工作流程的主要注意事项：

- 规划。在进入现场前就要开始规划工作流程。你的新闻编辑部希望你提供什么内容？如果需要，你如何将内容带回新闻编辑部？这就是Dropbox或Google Drive派上用场的地方。一些新闻编辑部也有自己的上传系统和工作流程的总体规划，你会逐渐熟悉它们。你需要的所有应用程序如今都应该已经在你的设备上，放在你的随身包里。遵循移动记者备忘录上的提示。

  那么，社交媒体平台呢？哪些平台适合这个报道？了解你的新闻编辑部所拥有的每个平台以及它们如何依赖你作为记者的你在现场为这些平台提供内容。首先是新闻编辑部的社交媒体账户，还有你自己的专业账户。显然你会管理好你自己的账户。然而，对于新闻编辑部的账户，有两种方法进行管理：集中式和分散式。对于集中式管理，只有特定的工作人员（通常是数字化团队）才能访问某个渠道的社交媒体账户。在这种方式下，团队成员经常依靠记者从现场发布的帖子到他们的专业社交媒体账户，尤其是在记者报道突发新闻的时候。他们将从主账户重新共享这些内容。在其他新闻编辑部，更常见的是在一些较小的媒体，这个过程是分散的。许多新闻编辑部的工作人员一同管理着这家媒体的账户。
- 优先级考虑。当你在现场时应该对情况进行分类。你需要为一个报道收集哪些关键元素？马上抓住它们，因为你可能没有其他机会了。工作流程优先级会根据你服务的平台类型而有所不同。大多数电视台仍然让他们的记者使用标准摄像机和电脑编辑软件拍摄和编辑视频素材。此外，还可以使用移动设备收集和发布社交媒体帖子和网络新闻的内容。因此，电视记者必须决定，在移动设备上录制特定的视频是否是最好的方法。如果记者需要一段传统电视节目的片段，那么把手机放在一边，用摄像机录制可能更有意义。
- 发布。整个报道进程中，在不同的平台上共享内容。简单的话，在社交媒体上点击几下就能获得照片或视频。或者可能需要使用制作应用程序创建音频或视频部分。保持简单。避免将音频或视频文件传输到其他设备进行编辑和发布，这会占用宝贵的时间。

行动中的工作流程

假设你被派去处理突发新闻，一场火灾。你必须闪电般地做出决定。你的工作流程可能是这样的。

- 最初的发帖。提醒Twitter上的粉丝你要去火灾现场了，当你到达现场时，他们会更新你的信息。
- 遵循你的承诺：随时随地分享。使用iPhone，你可以拍摄消防员抗击烟雾和火焰的照片和视频。你还记录了对目击者和消防队长的采访。你可以在包含照片的一系列推文中分享最新的详细信息。你的推文可以@消防部门的推特账户。然后打开Facebook，使用脸书直播在现场进行直播。你向人们展示正在发生的事件。我们通过你的发声得知信息。当然你进行直播的决定应基于消防队长告诉你每个人都安然无恙地被带出房子的事实。
- 新闻编辑部正指望着你。新闻编辑部里的一位社交媒体编辑正在监控你的帖子，并在该机构的主要社交媒体账户上分享你的信息。她会转发你的推文，在Facebook上发布你在Twitter上分享的最新细节与照片，并向移动应用程序用户发送突发新闻提醒。
- 多媒体网络新闻。在Facebook上直播4分钟后，你可以打电话给编辑部告诉同事们你要为网站写一篇三百字的报道。在接下来的15分钟里，你要起草这个报道并编辑一个简短的视频剪辑片段。你可以使用iMovie应用程序将视频片段和两段采访的部分内容拼接在一起，将完成的视频，直接从iPhone上传到YouTube，然后将视频嵌入你的报道中。
- 受众参与。你还有一些Facebook评论需要回复，因为附近的邻居看到了你的直播并正在寻找更多信息。Facebook上的一位关注者声称，工作人员难以找到附近的消防栓，因为上周的暴风雪把它们埋在了雪中。这可能是报道的重要元素。你去找消防队长询问此事，并向关注者更新。

- 向新闻编辑部提供内容。编辑室的社交媒体编辑需要你的照片和原始视频，以便为该机构的社交媒体账户创建一些额外的内容。这当然没有问题。你的手机上有Dropbox应用。你只需将移动设备上的视频和照片放入Dropbox的共享文件夹中。具有共享文件夹访问权限的协作者可以从任何设备检索内容。
- 尚未完成：继续更新。整个下午，你都在更新你的网络新闻和社交媒体账户，直到一切恢复正常。一旦你确信已掌握了从现场得到的所有信息，就回到新闻编辑部。你在一家报社工作，每周工作三天。纸质版明天不会出版，所以这次你不用为报纸写新闻了。
- 分析。在第二天上午的编辑会议上，社交媒体编辑会讨论分析社交媒体和网站。你的推文得到了很多关注，并且网络新闻获得了当天第二大浏览量。你的脸书直播视频有三十多个点击量。

听起来像个平衡游戏?你必须制订一个游戏计划，同时又要具备足够的灵活性能在匆忙中随时改变计划。做报道总是这样的。继续前进吧。是时候展示你的移动设备和社交媒体能力了。

移动记者为NBC新闻报道总统竞选活动

少睡、大量咖啡、多做计划。2016年2月，伊萨卡学院新闻专业的学生为NBC新闻报道了南卡罗来纳州共和党总统初选，这对他们来说是旋风般的三天。我们的团队配备了移动设备，纵横南卡罗来纳州，为网络广播、数字和社交媒体平台提供内容。学生们在如何为多个平台报道重大新闻事件上获得了真正的经验。

我们与总部设在纽约和南卡罗来纳州的NBC新闻制片人、记者和技术人员合作，制订了一个顺畅的工作流程计划。因为像这样的重大新闻，有许多动人的元素，我们通过电话和电子邮件保持不间断的联系。通常情况下，计划会根据特定地点的新闻以及网络对我们团队的需求而迅速改变。下面来看看我们究竟是如何报道初选的。

- 我们使用传统摄像机拍摄了两组NBC晚间新闻节目中的镜头。我们的团队将相机拍摄到的原始视频传输到笔记本电脑上，然后通过Latakoo上传。NBC新闻和其他媒体使用的Latakoo是一个在线视频传输系统，可以让你从桌面或移动设备发送高质量的视频。一旦视频进入系统，所有NBC新闻的工作人员都可以从任何地点访问它。最大的挑战是找到一个足够强大的无线网络连接上传视频文件，因为有时我们身处偏远地区。

- 另一组学生接管了一天的NBC新闻的Snapchat账户和NBCBLK的Instagram账户。NBCBLK从有色人种的角度关注文化与新闻。我用iPhone登录了NBC新闻的Snapchat账户，两名学生负责创建一个每小时至少有一张新照片的Snapchat故事。在NBCBLK的Instagram上，我们的任务是制作有色人种反思选举的短视频片段。所有这些视频都是用iPad mini和iMovie拍摄和编辑的。这些视频，连同每位受访者的个人资料照片，被上传到Dropbox的共享文件夹中。我们还通过电子邮件向纽约的NBCBLK制作人发送了关于每个人的简短描述文字，他们再将内容上传到Instagram上。

- 学生们为NBCBLK网站制作了一些多媒体故事。在这里，iPad mini也被用来拍摄静态照片，录制和编辑视频。所有内容都是通过Dropbox上传的，故事文本通过电子邮件发送给了制片人。接管Instagram时使用的一些内容被重新用于网络报道。

❖ 备忘录

☆ 网站教程。有关如何使用本章中提到的制作应用程序的视频教程，请访问本书配套网站MobileandSocialMediaJournalism.com。

☆ 移动优先的讨论。你是负责下面报道的记者。你会如何使用移动设备和社交媒体来报道这个故事？ 使用本章中的工具箱作为指南（表5-1）来考虑新闻采集、信息分发和受众参与，并与同学们讨论来自现场的工作流程可能是什么样的。

早上8点刚到公司不久，你从警用频道上听到一列火车脱轨了。你前往新闻编辑部以北30英里的现场。顺便说一下，你可以在任何地方收听警用频道，多亏了一款可以访问全国数百个执法频道的应用程序。你到达现场看到一群围观者。你可以看到，有几节车厢被掀翻，该地区的交通陷入停滞。这辆列车由CSX公司运营。

☆ 教学时刻。这是你们上课的机会！每位学生将进行10分钟的课堂陈述/讨论，主题是当前新闻业中与移动设备和社交媒体使用相关的话题。这些教学时刻可穿插于整个学期的课程中。本书和第一章备忘录中所提到的在线资源，如Nieman Lab和MediaShift，可以作为思考的起点。在班级Facebook页面上发布一个主题预览（如果有的话），使用班级标签在Twitter上发布你的教学时刻，并写一篇关于它的博客。主题可能包括新闻媒体如何以一种新颖的方式使用新媒体，与新闻实践中使用社交媒体相关的道德伦理问题，以及记者如何使用特定的移动或社交媒体工具的一些想法。

☆ 进入移动记者状态。是时候进行移动记者新闻采集和制作实践了。使用几个不同的视频应用程序为校园或社区新闻制作视频。

> iMovie：制作一个包含画外音和声音片段的视频，另一个只使用声音片段来讲述故事。上传至Vimeo或YouTube，并分享到社交媒体。至少在其中一个视频中使用字幕。
> Snapchat：在现场创作Snapchat故事。请遵循第四章的Snapchat故事提示。

☆ 现场报道。选择一个在校园里举行的活动，并结合运用推特直播、流媒体直播和博客直播进行报道。使用Tumblr创建一个可多人参与的即时博客。

☆ 寻宝猎人。你这次的锻炼方式是寻宝游戏。请在一小时内完成以下任务。在每条推文中使用你的班级标签。像记者一样思考。仔细检查你的新闻事实和名字拼写。向关注者提供一条介绍性推文，为即将发布的帖子进行解释。

> 街头的教授（你认识的教授除外）。照片和引语为校园里的一位教授。询问教授社交媒体在当今社会中扮演什么角色。一定要写上教授的头衔和所在的院系。
> 街头的学生。照片和引语为校园里的一位学生。问他或她从哪里获取新闻，他或她是否使用社交媒体来了解新闻。确保你提及了学生的学年和专业。
> 鲜为人知的事实。你认为很多人可能不知道的关于校园的照片。包括对展示内容的描述。
> 校园精神！照片和引语来自校园里一位你不认识的能够揭示学校或公民精神的人。
> 发一个关于校园景点的推特视频，并解释你给人们展示的是什么。
> 回复至少两条来自同样参加寻宝猎人活动同学的推文。
> 最后，创建一个Storify，其中包含所有你自己的推文和几个你最喜欢的同学的推文。在Storify中，写一篇简短的文章反映你的经历和你所学到的东西。

☆ 提醒。持续进行你的移动和社交媒体策略分析，这是第二章备忘录的一部分。你是否一直在关注你的博客（第三章备忘录）？每周至少两次？别忘了把它们分享到你的社交网站。最后，为了保持不间断地进行社交媒体活动，每周目标如下：

> 15–20条推文和10条转发、回复和点赞的组合。
> 在你的专业Facebook页面发布3–5篇帖子。
> 在LinkedIn上发布几篇帖子。
> 在Instagram上发布几篇帖子。
> 两条你觉得有趣的关于课堂讨论或阅读的推文。告诉关注者你觉得有趣的原因，并附上你的班级主题标签。
> 在每个平台上关注少数博主。在Twitter上，设定一个目标，每周至少关注五个人，至少从你建立自己的专业品牌时开始。

第六章

源自现场：社交媒体参与受众分析

在这一章节，你将：

- 讨论在现场报道时分享的内容类型、分享频率以及在哪些平台上与观众互动。
- 了解社交媒体优化（Social Media Optimization，SMO），分析其在当今新闻编辑部中的作用。
- 探索如何运用社交媒体优化策略（SMO）的最佳实践方案发布有价值的内容，然后分析社交媒体活动的有效性。
- 了解记者的社交媒体活动如何成为新闻媒体网站及其整体品牌访问量的关键性驱动因素。

你要确保把精力放在发布社交媒体内容上，这样做并不是浪费你或受众的时间。毕竟，人们正在被社交媒体上的内容狂轰滥炸。对于记者来说，了解如何消除社交媒体的噪音，并提供有价值的内容让你的受众参与其中，这一点十分重要。

想一想，是什么让你停下来阅读社交媒体上的帖子？一篇帖子吸引你的原因是什么？你可以做很多事情来确保人们不只是简单的浏览你的社交媒体帖子。这一切都取决于你在报道时分享了什么以及你如何撰写文章。

❖ 我在报道时发布了什么？

新闻不再只是简单地为新闻机构网站发表一篇文章，或者为你们电视台下午5点的新闻节目制作一个视频包。你所报道的新闻都是通过社交媒体平台与受众进行的交流对话。新闻有自己的生命，而新闻消费者已经习惯了花费一整天的时间去寻觅一些信息碎片。

这就是为何在新闻报道过程中分享信息很重要。把你的社交媒体账户想象成一个信息水龙头。你每天都在提供点滴的信息。所有这些点滴能够帮助受众与你、与你的报道和你的新闻媒体互动。

提供有价值的、吸引人的和连续的内容将使你成为获取新闻的首选来源。

融　合

“混合不同风格的推文可以为报道提供更多的切入点，” Philly.com、《费城每日新闻》（*Philadelphia Daily News*）和《费城调查者》（*Philadelphia Inquirer*）的受众互动经理艾丽卡·帕兰（Erica Palan，@errrica）说。“仅仅在推特上发布一条标题是不够的。”[1]

在他们的文章中，帕兰鼓励记者引用采访的原话、有趣的事实或数据，以及引人注目的视觉效果。

社交媒体优化

并不是所有的社交媒体帖子都被平等看待。SMO的实践可以帮助帖子脱颖而出。SMO已经成为新闻编辑部的一个常用术语，它用于描述如何精心制作和发布帖子以最大限度地吸引读者。当你思考报道过程中要分享的内容时，请记住SMO的基本原则。

经过SMO的推文或Facebook帖子更有可能让受众转发、点赞和评论——

这就是参与度！此外，正如我们在本章后面会讨论的，这些帖子可以吸引人们对新闻媒体网站的关注。记者和新闻机构的社交媒体活动正成为媒体网站流量的关键性驱动因素。

随着人们在移动和社交媒体平台上花费的时间越来越多，他们与新闻的第一个接触点往往是社交媒体。人们直接访问网站的频率越来越低，正如我们在第一章中首次讨论的那样。[2]而与之相反的是，吸引眼球的社交媒体帖子正引导人们访问某个网站以获取更多信息。

说得通的，对吧？有多少次你在浏览社交媒体订阅账户时，因为看到一篇有趣的帖子而点进一个网站的链接以获取更多信息？这正成为人们访问网站的一种越来越普遍的方式，而非直接打开网页浏览器并输入网址。

前美联社商业记者、LinkedIn的内容编辑奇普·卡特（Chip Cutter, @ChipCutter）说，掌握SMO的关键是“经常分享内容，以至于你被认为是一个专家，确保每一篇帖子都有高质量的图像并附上标题展开对话”。[3]

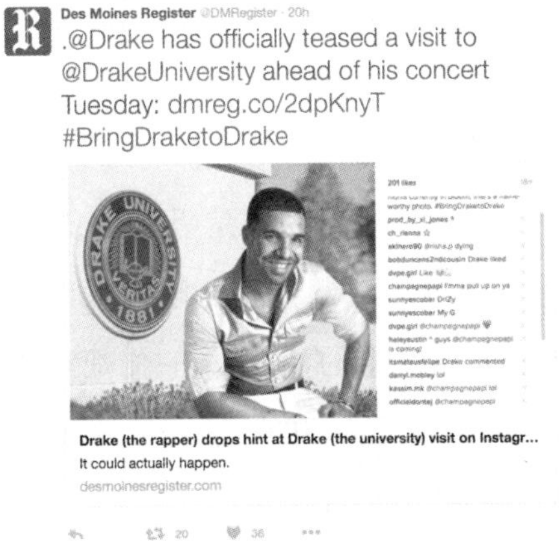

图6–1　@DMREGISTER.Twitter帖子（2016年10月3日）

图6–2　艾米莉·赫尔（Emily Hull）Facebook帖子（2015年2月8日）

这条推文和Facebook帖子是社交媒体内容优化的例子，以最大限度地吸引受众。这两篇文章都使用了引人注目的视觉效果、@提及的内容和推文话题。

以下SMO的技巧可以使你的帖子脱颖而出。

视觉呈现

包含照片或视频是吸引社交媒体用户注意力的一种简单方式。与只包含文本的帖子不同，这些与你的报道主题相关的视觉效果可以将报道带入生活，从而提高受众的参与度。它们把观众带到了新闻事件的现场。除了上传单张照片外， Facebook和Twitter还允许你创建图片库。如果你有一系列引人注目的图片，图片库会很有效。

社交媒体图形

创建吸引眼球的社交媒体帖子的一种方法是结合图形。越来越多的新闻媒体正在使用社交媒体图形，因为它们不仅在众多帖子中引人注目，还能让你在单条推文中包含更多的信息。

正如你在图片中所看到的，NPR在报道奥兰多夜总会致命枪击案时使用社交媒体图形创建了一个最新的信息列表。《纽约时报》经常制作包含一段强有力的故事引述的社交媒体图形。Adobe Spark Post和Canva是允许用户快速为社交媒体创建这些视觉效果的应用程序。

图6-3　@NPR的推文（2016年6月12日）

Twitter的数据科学家分析了来自美国认证用户的数百万条推文内容，以了解什么内容最能与对新闻和其他行业感兴趣的关注者产生共鸣。[4]包含照片的推文被转发的可能性高出35%，而那些包含视频的推文被转发的可能性高出近30%。

美国新闻研究所（American Press Institute）的研究还表明，在Facebook上发布带有照片的帖子得到点赞、评论、分享和链接点击最多。[5]

仅仅上传照片或视频是不够的。给你的受众提供视觉化的语境是很重要的。在你的帖子文本中，提供你要展示给他们的信息。

添加标签和提及用户

大多数社交媒体平台允许你标记位置、个人和品牌（如公司、政客和组织）。

当人们搜索与特定地点相关的信息时，标记新闻事件的位置可能很有价值。例如，因交通事故而堵车的司机可能会决定使用他们所在或附近的道路、出口或城镇的名称在社交媒体上搜索。如果你正在报道这件事，那么你的帖子因被标注了位置而更有可能出现在搜索结果中。

你也可以在你的帖子和照片中添加个人和品牌标签，前提是个人或品牌在这个平台上已有账户。用户会收到提醒知道自己被标记，这将增加他们与你的帖子互动的可能性。你自己可能也经历过家人和朋友在社交媒体上给你贴标签的情况。人们倾向于分享或评论贴有标签的帖子。你可以看到连锁反应。你的帖子有可能接触到更多的人，而不仅仅是你的粉丝。

在文章的文本部分使用@提及功能时也是如此。许多社交媒体平台允许添加标签和/或提及用户。要创建@提及用户，你需要在用户名前加上@符号。就像添加标签一样，在你的帖子中被@提及的个人或品牌会收到一个提示，从而更愿意参与到你的报道中来。

例如，《丹佛邮报》（*Denver Post*）会@提及与报道有关的餐厅页面。假如没有这个@提及的功能，读者可能看不到帖子，特别是如果他们没有关注报纸的社交媒体账户的话。根据Twitter的数据，新闻机构发布的网址数量减少了

20%，而@提及的数量增加了100%，这使得粉丝数量增长了近20%。[6]

关键：养成添加标签和@提及你报道的消息源和主题的习惯。记住，我们不仅仅是在谈论人。添加标签和@提及公司、学校或组织都是非常吸引人的。在报道过程中尽早找到他们在社交媒体平台上的用户名，然后在你的帖子中包含他们的社交媒体账户。

话　题

话题是#符号后的帖子主题或关键词。使用话题标签可以帮助你的社交媒体内容成为更广泛对话的一部分，并影响到更多的人而不仅仅是关注你的人。根据Twitter的说法，包含一个话题标签可以使记者个人的参与度提高一倍，并使新闻机构的参与度提高50%。避免含糊不清的话题标签。话题更应是针对某个报道的特定词。

确定你所报道的新闻是否已经有了一个常用的话题标签。如果有，就使用它。如果没有，可以使用关键词进行标签，例如个人、地点和事物的名称。人们经常搜索与新闻报道相关的标签，特别是在突发新闻的情况下。避免在一篇文章中使用太多的话题。它可能很难阅读，而且会惹恼读者。

使用话题标签可以有效地提高文章的可见性。如果你正在报道一个发展中的事件并持续不断地发布，使用话题标签可以吸引人们对你的报道的注意。这是一个让别人知道你在提供有价值的信息的机会。

链　接

社交媒体正日益成为用户了解新闻的第一渠道。他们将在此持续关注事态发展。尽管你在社交媒体上爆料的大量细节可以帮助受众看到一个展开的事件，但信息的链接可以为他们提供额外的视角。

想想你的新闻媒体网站上的内容，你可以将其链接到社交媒体的帖子。你可能正在报道一个你以前报道过的正在发生的问题。这是一个绝佳的机会，在收集最新进展的同时，可以分享你所在媒体之前关于这个话题的报道。

一旦你的文章发表在你所在媒体的网站上，一定要分享这些链接。当你分享你的新闻链接时，也要附上其中的照片来吸引注意力。分享你的新闻链接可以显著增加浏览人数。

优化这个!

使用本章概述的SMO技巧，为以下场景写三条推文，然后与同学讨论你的方法。

你所在城市闹市区的一栋公寓楼发生火灾，50人被迫离开家园。市消防部门派出25名消防员去灭火。在抵达现场后不久，你了解到租户至少在24小时内不能返回大楼。消防队长告诉你，目前大楼的受损程度尚不清楚。红十字会抵达现场，为流离失所的租户提供临时住房。

更多有关优化的信息。利哈伊大学（Lehigh University）新闻学教授杰里米·利陶（Jeremy Littau）在他的网站上描述了优化推文可以采取的七种不同形式：突发新闻、发展中的新闻、标准新闻、评论/分析、事实陈述、问题和标题党。要了解更多关于这类推文的信息，请访问bit.ly/OptimizingTweets，在那里你还可以找到由利陶教授创建的课程练习。

为社交媒体和移动设备写作

照片和视频、添加标签和提及用户、话题和链接的组合可以形成一个极具影响力的社交媒体帖子，为受众提供丰富的内容。但重要的是，高质量的写作不能迷失在其中。

写作是优秀新闻报道的基础。SMO技巧必须伴随着扎实的写作，即一种清晰、简洁、准确、平衡的写作风格。

还要记住人们是如何消费新闻的。美联社和美国新闻研究所进行的一项调查显示，78%的受访者表示他们在过去一周用智能手机获取新闻。[7]这个数字还在继续增长。他们不仅在浏览社交媒体时关注新闻，还会在移动设备上阅读文章。

这会影响记者如何撰写社交媒体帖子，以及如何撰写在移动设备上观看的文章。在移动屏幕上阅读文本比在大屏幕上阅读困难得多，而且文本所传达的信息也更难理解。屏幕的大小限制了可以显示的信息量。

此外，还有很多干扰。人们在移动设备上往往倾向于一心多用。他们可能没有时间，更不用说耐心地去阅读整篇文章了。

以特定的风格撰写社交媒体帖子和可能在移动设备上阅读的新闻，你可以让受众更容易地定位、理解和参与信息。让我们从社交媒体的帖子开始说起。

社交媒体帖子

- 关键信息。分享与报道相关的最重要的信息应该是首要任务。这种方法在报道突发新闻和发展中的事件时尤为重要。“谁”、“什么”、“在哪里”、“为什么”和“什么时候”往往是你的受众需要的首要信息。不管其他记者或媒体分享了什么信息，在得到确认之前，不要在社交媒体上分享细节。准确性和可证实性比速度更重要——这是第一要务。
- 多个帖子短连发。简洁是关键。社交媒体上的短消息比长帖子更容易被消化。在某些平台上，例如Twitter，由于字符限制，你无法选择。

  “对于作家来说，Twitter是一个强大的工具。它有140个字符的限制，就像一个电子编辑器，迫使我们找到一个焦点让每个字都有意义。它是冗长作家的朋友，也是最可怕的敌人—它不断提醒我们，通常写短比写长更难，”波因特研究所(Poynter Institute)网站的记者兼执行编辑马勒里·让·泰诺(Mallary Jean Tenore，@mallarytenore)写道。[8]

  而简洁的缺点是，很难传达所分享内容的完整语境。不要把没有答案的问题留给受众。你可以通过分享多个帖子来提供这种上下文，这些贴子可以为关注者提供他们需要的信息。
- 展开对话。社交媒体写作比传统的新闻写作更加非正式。我们正在和我们的关注者进行“对话”。问一个问题，包括简短引用你刚采访过的受访者的话，用生动和描述性的语言写作有助于促进互动。此外，让关注者了解你的报道过程的幕后是吸引他们的一种独特方式。告诉他们如何才能有一个好故事。

让受众觉得你是一个“真实”的人有助于你与他们之间建立一种关系，让他们更有可能参与到你的作品中去。在适当的时候展现你的个性。在社交媒体上创建自己独特的写作声音是与粉丝沟通的有效方式。美国新闻研究所针对新闻机构在Facebook上发布的帖子进行的研究分析发现，以非正式的语言发布的帖子平均获得更多的点赞。

- 不要过度炒作。《纽约时报》高级编辑迈克尔·罗斯顿（Michael Roston, @michaelroston）在为尼曼实验室（Nieman Lab）撰写的一篇文章中写道，清晰比在推文中显得故作聪明或晦涩更有效。[9]编造一个故事来掩盖事实，或者过分炒作一个故事，都是不合适的。
- 遵循美联社的风格。你的社交媒体帖子应该坚持正确的语法、拼写和标点符号。这传达了一定程度的专业性和可信度。在社交媒体帖子中缩写词很常见。一般的经验法则是遵循《美联社写作指南》（*Associated Press Stylebook*）。

为移动设备撰写的报道

- 简短且可分享的标题。“每一个字都很重要”这句口头禅一直为记者所熟知。在设计手机用户可以浏览的标题时，它具有了新的意义。简洁的标题至关重要。

  BBC新闻有一个最佳实践指南，帮助其记者秉持移动优先的理念来撰写和创建吸引眼球的内容。[10]BBC新闻建议标题不超过55个字符。超过55个字符的标题可能会在手机屏幕顶部显得过长。

  此外，考虑一下“可共享性”。在用户阅读完一篇文章后，他们可能想要在社交媒体上分享，或者通过电子邮件发给朋友。文章标题通常会成为社交媒体文章的文本，因此保持标题简洁就显得尤为重要。
- 重要信息前置。开门见山。把最重要的信息放在文章的开头。在标题下，包括一个引人注目的内容摘要，然后是最重要的信息。BBC新闻有一条规定，即读者应该能够在文章的前四段中掌握要点。在前几段中找不到关键信息的读者可能会感到沮丧并离开页面。

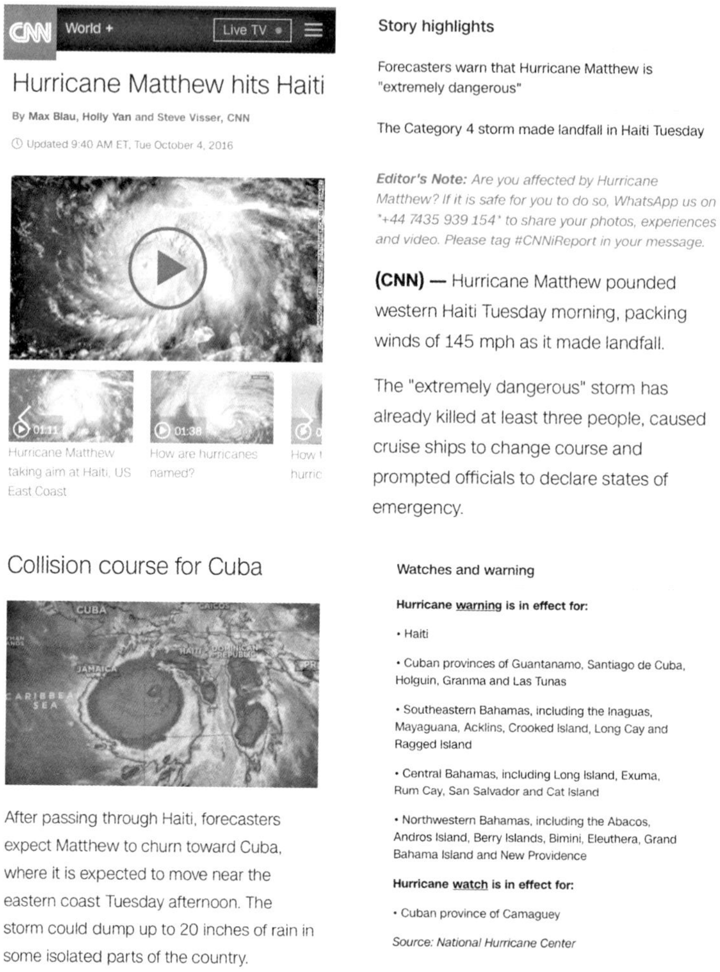

图6–4 资料来源：布劳（Blau）、马修（Matthew）、扬（Yan）、霍利（Holly）。“飓风马修袭击海地”（CNN.com，2016年10月4日）

此外，在标题和正文之间创建一个关键点部分对读者也很有用。用几个要点来总结该部分的报道主旨。以下是CNN在移动设备上的一系列截图。这篇报道包含了对移动设备友好的功能——在顶部使用“新闻要点”、列表、分解文本的视觉效果，以及使内容在小屏幕上更易于消化的标题。

- 一口大小的“零食”块。很多人在决定阅读之前会先浏览，尤其是手机用户。文章中的标题、要点和列表提供了视觉线索。将它们视为指南，让读者了解这篇报道是如何分割出来的。它们可以让读者立即看到某些信息的位置，并帮助他们决定阅读哪些部分。

  尼尔森诺曼集团(Nielsen Norman Group)的雅各布·尼尔森(Jakob Nielsen)所做的一项研究显示，人们阅读网页的方式是F形的。[11]从这项研究中了解到的很多东西都可以应用于移动浏览。第一段通常要完整阅读。读者可以浏览和略读。他们在页面上滚动寻找视觉线索。标题、要点和列表创建了“快餐式”内容，可以一口吞下的信息块比没有视觉提示的冗长文本更容易消化。

- 保持简短。保持文章和段落简短。文章不应超过500-600字。如果需要背景信息，可以考虑将这些细节放在列表中，而不是用多个段落。这有助于缩短文章的长度。

  不超过几句话的段落是典型的传统新闻写作。这种方法在移动设备上更为重要。冗长的段落就像速度陷阱，会拖慢读者的阅读速度。在台式电脑上观看的段落长度，是在移动设备上观看的两倍。

在“最终”的报道之外：继续对话

你一整天都在写一篇报道，在社交媒体上分享信息，然后在线发布多媒体素材。不要认为这是文章的终稿。

这可能只是一个开始。

社交媒体使记者能够对新闻报道和社交媒体帖子获得即时反馈。受众很活跃，以新的方式与你的报道互动。受众通常会求助于社交媒体平台来分享他们对新闻报道的想法。

这些对话可能是对你的文章的反应，也可能是对你的报道主题的一般性评论。记者需要监控这些对话。

反馈可以作为后续报道的来源。也许它会为你最初的报道提供一个不同的视角。事实上，一篇报道或问题在社交媒体上引起巨大反响，这可能是后续报道的唯一理由。

确保你不仅要阅读反馈，还要做出回应。

《芝加哥论坛报》的前社交媒体编辑斯科特·克莱因伯格（Scott Kleinberg，@scottkleinberg）表示，“不回应是数字版的无视，相当于有人站在你面前却不理你”。[12]他接着补充说，“你在现实生活中不会喜欢这样，在社交媒体上也不会”。

记者必须在日常工作中留出时间来维持这些对话。你的社交媒体粉丝会喜欢这种互动。这是一种双向对话，可以加强与读者和观众的联系。

霍普学院（Hope College）新闻学教授米·罗西·扬（Mi Rosie Jahng）和利哈伊大学新闻学教授杰里米·利陶（Jeremy Littau）进行的一项研究显示，与仅使用Twitter传播新闻信息的记者相比，与粉丝互动的记者被认为更可信，得到的评价也更积极。[13]

当然，并非所有的评论都是正面的。在你的报道生涯中，会遇到一剂良药——批评。有时是建设性的，有时则没有任何价值。

你如何以及是否回应社交媒体上的批评，很大程度上取决于评论的语言和语气。

史蒂夫·巴特里（Steve Buttry）曾是一名记者，在全国各地的新闻编辑部进行社交媒体培训。

巴特里在他的网站“巴特里日记”（The Buttry Diary）上写道：“有些人可能认为你没有在听他们说话，而你以尊重的态度回答他们的问题，从而改变了他们的看法。”[14]

然而，他说，如果一个尊重的回应鼓励了一个挑衅者，那就不要参与太久。

❖ 备忘录一

随时随地进行分享。这是本章两个备忘录中的第一个。它们分为两部分，因为你必须先完成这份备忘录中的任务才能有效地使用第二个备忘录，后者侧重于分析。

现在你已经准备好在现场报道时与你的受众共享信息。在出门之前，你应该为每篇报道制订一个社交媒体游戏计划。把数字优先的故事情节（第五章概述）和本章讲述的技巧相结合，将帮助你头脑风暴，在报道某个特定的故事时知道要分享什么。

创建自己的社交媒体备忘录将使你在报道时有条理地使用社交媒体。记住，帖子应该运用了社交媒体优化策略。例如，它们将包括@提及用户、话题和视觉效果——这些策略将提高用户的参与度。

重复和实验是关键。在反复测试不同的方法之后，在报道时分享信息将成为习惯。你还将了解什么有效，什么无效。

以下是为你的下一篇报道要完成的项目备忘录示例。

☆ 至少发布4条与你的报道相关的推文。为你的受众提供有意义的信息。我们已经讨论过的观点是：引用消息源的话，询问有关报道的问题，提供一个幕后视角。如果可能的话，包括@提及用户、添加标签和话题。使用Adobe Spark Post或Canva设计类应用程序，为其中一条推文生成社交媒体图形。

☆ 在你的专业Facebook页面上发布一篇文章。使用与Twitter相同的参与策略。然而，Facebook和Twitter要求你在发布时采用不同的方法。一般来说，Twitter的目标是快速、更频繁地发布信息。Facebook上的帖子则越少越有效。

☆ 视频摘要。制作一个30到45秒的视频，让受众预览你的故事，然后分享到你的专业社交媒体平台。试试Videolicious或iMovie应用程序。你可以直接从这些应用程序上传视频到YouTube或Vimeo，然后分享到你的社交媒体账户上。为了以后的报道，换一种方式。创建一个Snapchat故事或使用Twitter的视频功能。要查看在突发新闻报道中使用视频摘要的优秀案例，请看来自NBC新闻的雅各布·索博罗夫（Jacob Soboroff，@jacobsoboroff）的这条推文：bitly.com/VideoTease.

☆ 照片。分享两张照片到你的Twitter账户、专业的Facebook页面和Instagram。向粉丝提供展示的信息。如果可能的话，基于这个平台，考虑创建一个图片库，而不是单独的帖子。

☆ 移动故事。在你的班级网站或个人网站上发表一个500到600字的多媒体故事。这个故事应该是打算在移动设备上观看的。使用手机新闻的写作策略——短小且易分享的标题、前置的关键信息、小块的内容，以及保持简短。包括一个图片库，里面有你在移动设备上拍摄的照片。此外，嵌入一个由移动视频应用程序制作的一到一分半钟的视频。在社交媒体平台上分享这个故事。

来自新闻编辑部

布莱恩·福斯特（Brian Foster，@FosterDigital）
总平台执行编辑
KMBC-TV（ABC，赫斯特公司）
堪萨斯城，密苏里州

你的工作头衔包括“所有平台”。那你具体负责什么工作?

在美国中部广播公司电视频道（KMBC-TV，Midland Broadcasting Company Television），所有平台的执行编辑负责监督我们在KMBC-TV，KMBC.com、我们的应用程序和社交平台上推出的内容。这意味着我要确保每个流媒体上都有正确“类型”的内容。我们现在播出的节目是什么？我们在Facebook上推出什么样的视频内容？我们将幻灯片放在应用程序的哪个位置？我还要确保内容准确、文笔优美、编辑得当以及其他因素。此外，我要监督任务台——我们称之为KMBC-TV的内容中心——以及数字员工。

你所在电视台的记者希望活跃在哪些社交媒体平台上?你有什么建议可以让记者在社交媒体上发表的文章引起受众的共鸣?

我们有我和其他管理人员共同制定的社交媒体指南，帮助确保记者在社交媒体平台上的活跃度。我们的记者须负责全天更新他们的Facebook和Twitter账户。我们还建议他们在Instagram上保持活跃，不过目前还没有这个要求。

为了确保你的社交媒体帖子能引起受众的共鸣，它们必须引人注目、真实可信，并且要经常出现。简单讲个小故事：我们的一位主播下班回家后，在Facebook上录制了一段视频，讲述了那是一个多么艰难的夜晚。两名消防队员在一场火灾中丧生。这是真诚的，也是真实的。这段视频在网上疯传。详情请浏览bit.ly/KMBC-TV。

分析在你的日常工作中扮演什么角色?

监控分析对于理解什么是行之有效的至关重要。我们使用谷歌分析（Google Analytics）来跟踪我们的网站页面浏览量、会话和视频浏览量以及其他关键数据。我们还密切关注实时谷歌分析，它可以让我们监控网站或应用程序上发生的活动（例如，你可以看到现在有多少人在你的网站上，以及他们正在与哪些页面/内容进行交互）。

脸书精准行销数据分析（Facebook Insights）和推特分析（Twitter Analytics）是我们追踪这些平台用户黏性的主要来源。Sprinklr是我们在Facebook和Twitter账户上发布帖子的工具。

❖ 它有效吗？ 衡量移动和社交媒体活动的成功与否

你如何知道你的移动和社交媒体活动是否成功?受众是否对你的内容感兴趣?分析能够帮助记者回答这些问题。毕竟，如果你只是在和空气聊天，那么你所有的标签、@提及用户、推文和Facebook帖子又有什么意义呢?

长期以来，分析一直在新闻编辑部发挥着重要作用。新闻机构一直在监控与新闻产品互动的人数，以及他们如何与内容互动。

我们对受众了解得越多，越能为他们更好地服务。分析让记者了解：

- 受众关心的是什么。
- 我们是否接触到目标受众。
- 受众如何找到我们的内容。
- 受众在看到我们的内容后会做什么。

传统上，电视新闻编辑部使用尼尔森收视率来衡量新闻节目的成功与否。电视新闻编辑部不仅密切关注观看特定新闻广播的人数，还关注这些观众的人口构成以及与竞争对手的比较。

印刷媒体传统上会跟踪一些关键数据，比如发行量（向公众发行的数量）和读者人数（读者数量）。

> 《纽约时报》社交媒体团队成员迈克尔·罗斯顿（@michaelroston）表示："作为一名记者，对数据有更好的理解确实能帮助你成为一名更好的故事讲述者。"
>
> "过去记者一直专注于满足编辑的需要，但我认为当下很多记者应更多思考如何与受众联系，如果你能更好地了解什么对这些受众有用和什么没用，最终你会更好地为他们讲述故事。"[15]

图6-5　蒂娜·麦金泰尔-叶供图

《民主党人与纪事报》（纽约州罗切斯特市）新闻编辑部的前方是“任务控制台”（Mission Control）。监视器以数字指标，显示报道是如何与读者产生实时共鸣的。其新闻编辑兼副总裁凯伦·马格努森说，“这些指标是我们用来确定数字报道方向的工具之一，以及哪些内容可能会在我们的印刷版头版上发挥作用。”

今天，电视新闻收视率、报纸发行量和读者人数仍然是新闻编辑部的重要指标。但它们现在只是一个更大谜题的一部分。由于人们对新闻的消费方式不同，记者重新考虑衡量标准也就不足为奇了。

网站分析提供了更多的洞察力。新闻媒体跟踪网站的指标，如访问网站的人数、浏览的新闻类型以及在网站上停留的时间。

随着社交媒体的出现，测量变得越来越复杂。仅仅依靠旧的参数已经没有意义了。受众在新平台上非常活跃。这就要求记者们用不同的方式来找出他们花在分享信息和吸引社交媒体用户上的时间是否真正得到了回报。

我们将讨论在哪里可以找到分析以及如何理解这些数字。这比你想象的要容易!首先，让我们谈谈社交媒体和网络分析在新闻编辑部中的作用。

新闻编辑部如何使用社交媒体和网络分析

许多人获取新闻的途径与十年前甚至五年前大不相同。社交媒体正日益成为他们接触新闻的首选渠道。从那里开始，社交媒体帖子中的链接将许多新闻消费者引向新闻机构的网站。而且他们可能正在使用移动设备。

你可以看到社交媒体和网站分析是携手并进的。社交媒体活动和网站流量之间的这种关系在新闻编辑部受到密切关注。

事实上，Facebook至少有40%的流量来自新闻网站。[16]如果只看使用移动设备的人，这个比例甚至更高——50%甚至更多。皮尤研究中心的调查结果显示，在排名前50的新闻网站中，目前至少有39家网站的流量来自移动设备，超过了台式机。[17]

科里·海克（Cory Haik，@coryhaik）是《华盛顿邮报》新兴新闻产品的前执行董事，他亲眼目睹了这一趋势。打开网页浏览器并输入新闻网站的网址已成为过去式。"人们再也不会在WashingtonPost.com上打字了。"[18]《华盛顿邮报》意识到不能再指望人们直接访问网站，于是就加强了它的社交媒体策略来吸引受众。它开始十分积极地通过社交媒体网站发布内容。

这些努力得到了回报。2015年10月，《华盛顿邮报》网站的访问量首次超过了《纽约时报》。和其他媒体一样，《华盛顿邮报》也使用了SMO技巧来吸引受众，最终推动了网站的访问量。

记住这个方法：通过吸引眼球的社交媒体帖子来吸引受众的注意力，他们会更倾向于在网站上找到更多信息。一旦他们访问你的网站，内容需要在移动设备上轻松浏览。

通过追踪用户推荐，或用户如何访问网站，新闻机构能够确定有多少流量归因于记者的社交媒体活动和媒体的社交媒体账户。

除了网站分析外，还有一些社交媒体分析可以帮助记者了解用户如何参与特定的社交媒体帖子。本章的分析备忘录概述了如何查看网站和社交媒体分析。

从分析中获得的见解可以用于许多方面，包括：

- 用户体验。网站分析能使新闻编辑部确定用户在访问网站时使用的设备类型。我们知道现在越来越多的人使用移动设备浏览网站。这些信息很重要，因为它表明新闻编辑部需要测试其内容在多个平台的呈现，比如台式计算机和移动设备。BBC新闻建议，要经常预览新闻在移动设备上的效果。一旦新闻发布，就要确保新闻在每个平台上都能吸引眼球、干净整洁、可读性强。

- 编辑决策。分析还有助于指导编辑决策。根据密苏里新闻学院对新闻编辑进行的一项研究，大多数网络新闻编辑部根据分析结果来决定报道哪些新闻、新闻在网站上的位置以及新闻的呈现方式。[19]
- 根据内容的表现来选择报道题材并不罕见。如果一个故事或话题引起了人们的兴趣或轰动——流量和参与度激增，那么记者更有可能被指派去报道这个话题。

同样的方法也适用于电视新闻编辑部。一项针对当地电视台新闻编辑部的调查发现，社交媒体上的热门话题会影响新闻节目的报道。[20]然而，新闻是给人们提供他们需要知道的，而并非他们想要知道的。因此，过于依赖社交媒体的热门内容，可能意味着其他更重要的新闻会在这一过程中消失。

社交媒体分析还揭示了在社交媒体订阅中，粉丝们最关注的是什么。与之互动最多的帖子可以帮助记者了解在社交媒体平台上哪些有用，哪些没用。如果一篇文章没有获得太多的互动，你可能会问自己，这篇文章为什么会让读者不感兴趣。

- 员工评估。最后一点让许多记者望而却步。想象一下，你的报道技能评估是基于你的报道获得了多少浏览量或者你在社交媒体上有多少粉丝。越来越多的新闻编辑部正在使用分析数据来评估他们的新闻工作人员。

密苏里新闻学院进行的一项调查显示，近四分之一的网络新闻编辑表示，他们将网络指标作为员工绩效评估的一部分。在一些新闻机构，记者的报酬与他们撰写的报道数量和/或他们报道的点击率挂钩。这反映了在他们的新闻工作中使用分析数据的影响越来越大。

分析陷阱

毫无疑问，对网络和社交媒体分析的使用在新闻界引起了争论。仅仅依靠分析来制定新闻编辑部的决策有其缺陷。

以新闻编辑部为例，他们根据网络指标对记者进行评估。为了获得最多的点击量，记者们可能会感到压力，写出更多娱乐性驱动的或琐碎的报道，而非有价值的新闻。

记者应该质疑这些报道是否真的值得追踪。你追踪这个报道仅仅是因为它会增加网站的访问量?这个报道又是否会为你的社区提供有意义的相关信息?

强调点击量和页面浏览量也会导致标题党（Clickbait）。标题党指耸人听闻或具有误导性的新闻标题或社交媒体帖子，用来吸引人们点击某个链接。标题党的帖子可能带有欺骗性，包括使用悬疑的语言和遗漏关键信息。

标题党会破坏记者和新闻业的可信度。它使受众在点击了一个没有达到宣传效果的新闻报道后感到沮丧。

《亚利桑那每日星报》（*Arizona Daily Star*）的艾琳·麦克基森（Irene McKisson，@irenemckisson）说："我试着非常小心，不要发布那些我不能发布的内容。否则你很快就会失去信任。"[21]

根据记者撰写的报道数量或这些报道的点击量来评估记者，在其他方面也可能存在问题。一篇接一篇的大量报道可能不会给企业和调查性报道留出时间——这类报道可能需要数月甚至更长时间来研究和撰写。

已故记者戴维·卡尔（David Carr）在他的《纽约时报》专栏文章中探讨了这个话题。"当记者在流量中嬉戏时，风险无处不在。"[22]不仅仅是娱乐新闻网站，像高客传媒（Gawker）和BuzzFeed这样的数字初创企业也开始用分析来衡量记者的表现。卡尔讨论了传统媒体是如何玩分析游戏的。经营着十几家当地新闻网站和报纸的纽豪斯出版公司（Newhouse Advance Publications），开始要求《俄勒冈人报》（*Oregonian*）的记者每天至少发表3篇新文章。卡尔指出，这是数字优先计划的一部分，目的是在一年内将页面浏览量增长近28%。

使用分析的另一个陷阱是过于依赖定量数据来判断记者工作的成功与否。不是每件事都可以计算。叙事性描述与简短的推文、@提及用户一样有价值。

例如，监控评论以及对报道和社交媒体帖子的评论语气，是了解哪些报道能引起公众共鸣的重要途径。

衡量新闻业成功与否的重要方法之一就是看它是否对社会产生了积极影响。你所在新闻编辑部的报道有没有让一个腐败官员被解雇?导致新的立法?把骗子关进监狱了吗?

这些问题不能简单地通过观察数据来回答。

分析工具

既然你已经了解了新闻编辑部是如何运用分析工具的，那么是时候应该熟悉一下这个行业的工具了。有很多分析平台可以评估网站和社交媒体上的受众行为。

许多分析仪表盘都是免费的，并且共享如下所述的常见功能。一些新闻编辑部，比如NPR，已经建立了自己的分析仪表盘，专门为员工设计，旨在让员工更多地了解人们是如何在网上与自己的工作产生关联的。

在哪里可以找到有用的数据呢?

脸书精准行销数据分析

Facebook为记者和新闻机构的专业页面提供详细的分析。请记住，脸书精准行销数据分析（Facebook Insights）并不适用于个人账户，因此创建一个专业的Facebook页面来分享内容就显得尤为重要（有关设置专业页面的信息，请参阅第三章）。

概览（Overview）标签为你提供有关网页的最重要的数据，包括你所选择时间段内的新页面点赞、发帖浏览量和参与度。在概览页面中，你可以深入挖掘数据。例如，选择一个日期范围，查看这一周的用户参与度是否比另一周高，或者查看哪些帖子的参与度最高。

分析教程

有关本章中描述的各个分析平台的视频教程，请访问本书配套网站：MobileandSocialMediaJournalism.com.

以下是关于脸书精准行销数据分析的关键数据分类。

- 点赞（Likes）。“点赞”的部分很简单。它显示了该页面的粉丝增长，或喜欢它的人数。使用日期选择器查看上周、上个月或其他时间段获得的点赞数。当你将鼠标悬停在图表上时，你可以查看你在某个特定日期内得获得点赞的数量。
- 点击量（Reach）。总点击量（Total Reach）表示查看过与页面相关的任何内容的总人数。发帖点击量（Post Reach）指的是看过某个特定帖子的人数。

  但是，你如何知道他们是否真的在与你的内容进行互动，而不仅仅是浏览和滚动屏幕?仪表盘的“参与（Engagement）”板块可以帮助你确定点赞、分享或评论你帖子的人数。
- 页面浏览（Page Views）。这部分给出了在你所选择的时间段内，你的Facebook页面被浏览的总次数。在这里你还可以看到你的Facebook页面上人们访问最多的区域，包括你的时间轴、信息和照片标签。

  你还可以查看关于外部引用者的数据，即从Facebook以外的网站访问你页面的访问者数量。例如，有人可能会点击你在其他地方发布的Facebook页面链接，比如一条推文。你可以看到外部访问者的数量以及他们来自哪些站点。
- 帖子（Posts）。什么时候应该在Facebook上发帖？“帖子”板块提供了关于那些喜欢你页面的人何时出现在Facebook上这一有价值的信息。在这个仪表盘的顶部，你可以把鼠标停在一周中的每一天，查看他们在Facebook上最活跃的时间。

  哪些帖子表现最好?切换到“帖子”类型，找出获得最多关注的类型，例如那些包含照片或视频的帖子，而不是只包含文本的帖子。在此部分下面，你可以查看各个帖子如何呈现。这部分内容可以帮助你确定最吸引页面追随者的内容类型。

- 人(People)。最后，你将发现点赞你页面的受众的人口统计数据。你也可以深入挖掘，以确定是否触及目标受众。切换到已接触到的人(People Reached)和参与互动的人(People Engaged)，以获得关于正在查看和参与互动的受众的详细数据。

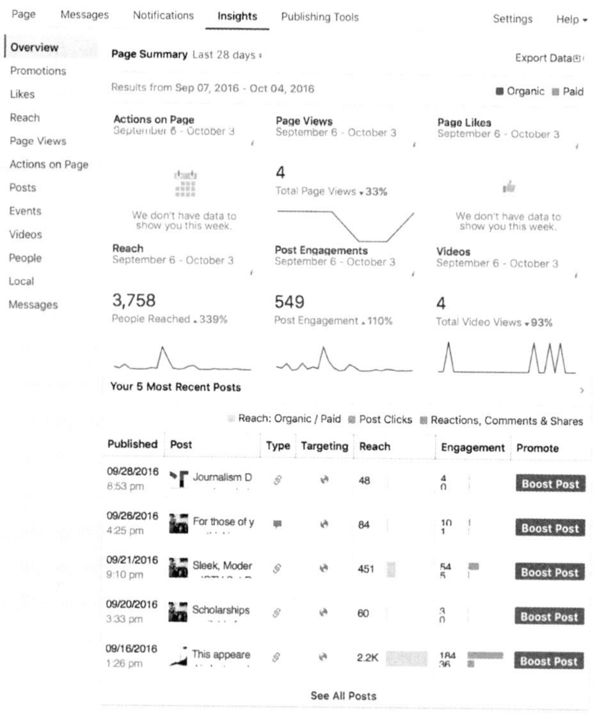

图6-6　脸书精准行销数据分析摘要页面
安东尼·阿多尔纳托Facebook页面

推特分析(Twitter Analytics)

所有推特用户都可以直接从他们的个人资料页面或通过访问analytics.twitter.com来访问分析仪表盘。推特分析仪表盘的“主页”提供了一个摘要视图。你可以快速查看每个月的亮点。月度总结报告包括热门推文的分类、你发了多少篇推文、新关注者的数量(以及取消关注你的人数!)、浏览你推文的人数以及查看你个人资料的人数。

切换至推文和受众选项卡，深入研究数据。你可以选择任何日期范围。以下是你应该熟悉的推特关键指标：

- 热门推文。热门推文是那些展示数最多的推文。推特分析的“主页”部分列出了每月的热门推文。在“推文”部分中，你可以查看所选时间段的热门推文列表。
- 展现数。展现数是用户看到推文的次数。在“推文”部分的顶部，有一个图表给出了每天的展现数。你将在图表中看到显示展现数最多天数的峰值。在那些增加了展示次数的日子里，你发布了什么？它会不会与你发布消息的时间有关？

  在图表下方，你可以查看特定推文的展现数。问问你自己，这些推文是如何增加浏览量的？
- 互动。互动数据表明Twitter用户是否与你的推特进行了互动。对于每条推文，你都可以看到互动的总数。只要点击你感兴趣的推文，它就会展开显示更多的细节。你会看到更深入的用户参与数据，包括转发、收藏、照片或视频点击、回复、点击链接、关注，等等。

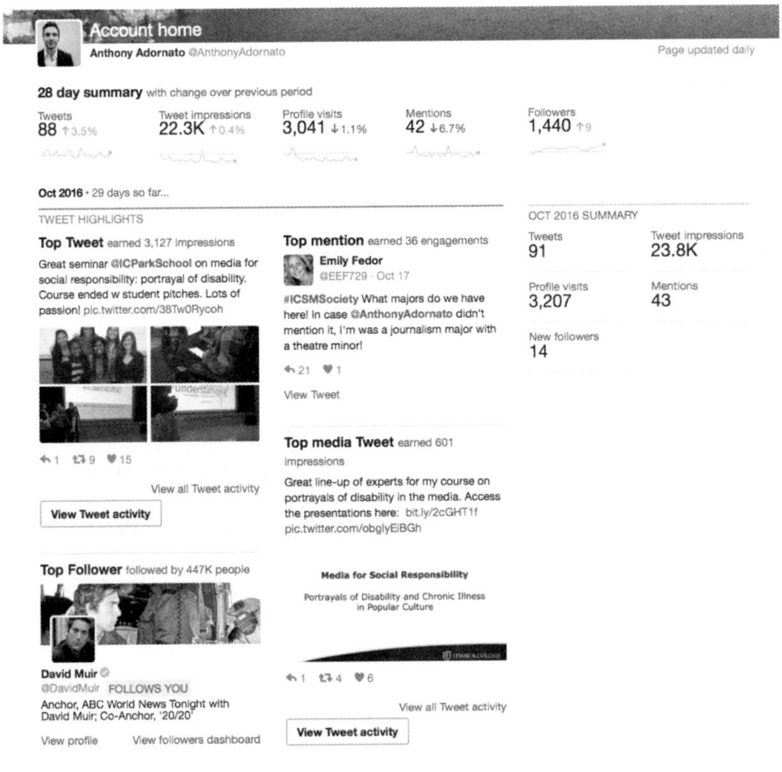

图6–7　推特分析（Twitter Analytics）摘要页面
安东尼·阿多尔纳托Twitter页面

- 参与度。这是你需要密切关注的一部分。参与度指的是通过推文实施某种行为的人数占所有看到推文的人数的百分比。你的内容引起了他们的注意，促使他们不只是滚动浏览。

  你知道你做的事情是正确的，因为你的推文比其他推文有更高的参与度。你可以通过点击Google分析中的“推文”选项找到推文的参与度。在此页面上，你还会在所选时间段内看到所有推文的参与类型（喜欢、转发、回复等）的细分。
- 受众。最后，就像脸书精准行销数据分析一样，推特分析提供了受众快照。这一部分帮助你更好地了解谁在关注你。根据他们的位置和性别，以及其他人口统计数据，你可以判断你是否在分享与你的粉丝相关的信息。

网站分析

谷歌分析是一个比较流行的追踪网站活动的工具。WordPress博客系统分析软件也有一个基于该平台的网站分析仪表盘。可以想象，还有很多其他的分析工具。

撇开平台不谈，以下是新闻编辑部最常监控的网站分析工具的共同特点。大多数分析工具都允许你按照特定的时间段（如一天或一周）深入分析以下指标。

首先，给学生记者的提示。我建议你使用WordPress建立你自己的专业网站（如第三章所述）。该网站可以作为你在大学期间新闻创作的核心场所。你可以从那里把内容分享到社交媒体。这种方法可以让你在WordPress上练习查看和分析自己的网站。以下大部分指标都可以通过WordPress的分析仪表盘获得。

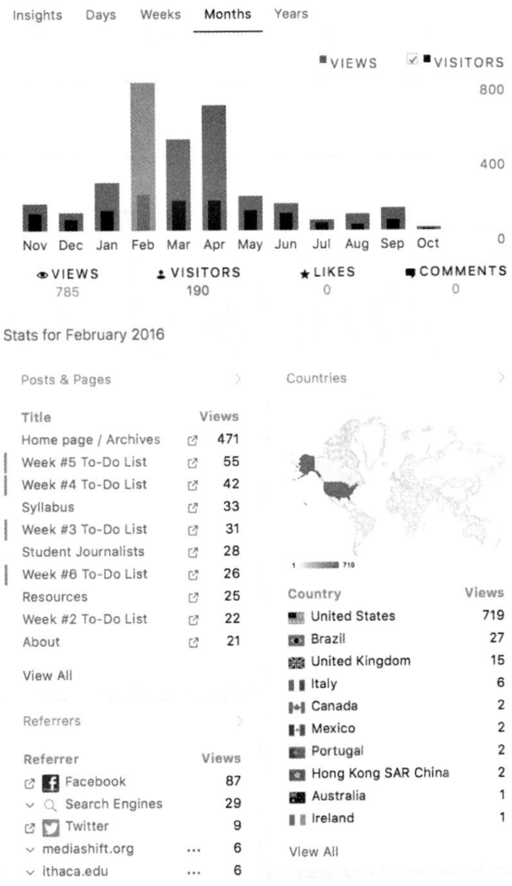

图6–8　基于WordPress的分析仪表盘
安东尼·阿多尔纳托WordPress页面

- 独立访问者。独立访问者是指在你检查的时间段内访问网站页面的访问者数量。这还不包括使用同一设备多次访问的用户。如果一个页面被50个不同的访问者浏览了100次，那么这50个人就代表了独立访问者的数量。但是，如果同一个人通过两种不同的设备访问网站，比如笔记本电脑和移动设备，这将被视为两次独立的访问。
- 页面浏览量。页面浏览量是页面被访问的次数。这包括同一个人的多次访问。它是最常用的指标之一，因为它显示了新闻网站上哪些报道或页面的浏览量最多，哪些页面的浏览量最少。有时这些信息被列在热门帖子或热门页面中。

- 会话持续时间。会话持续时间（有时称为“网站停留时间”）是访问者在网站上花费的平均时间。分析工具还可以计算特定页面的会话持续时间。大多数新闻网站访问者在关闭网页前会停留一到两分钟。会话持续时间较短的页面应该反思，因为这可能意味着内容、文章布局或网站设计未与受众产生共鸣。即使对标题稍作改动，或在文章开头放置更引人入胜的视觉效果，也会产生不同的效果。

  与会话持续时间相关的是跳出率，这是另一个需要注意的重要数据。跳出率是指访问者在访问一个页面后离开网站的百分比。一般来说，跳出率越低越好。然而，高跳出率并不一定意味着访问者对他们看到的内容不满意。访问者可能在仅浏览了一个页面后就离开了网站，因为他们找到了想要的信息。

- 来源。访问者如何最终访问到你的网站？源数据（有时称为引荐或引用）提供了此信息。直接流量是指通过输入你网站的网址到达的访问者。但是，正如我们所讨论的，越来越多的社交媒体是流量的关键性驱动因素。这就是这个指标真正变得方便的地方。

  大多数网站分析工具都会监控哪些社交媒体平台在特定时间段内为你的网站带来流量。它们会显示有多少访问者在社交媒体平台上点击了一个链接，并最终访问了你的站点——例如，你的Facebook帖子或Twitter中的一个链接。社交媒体以外的网站，通常也会被列出。

  “来源”信息是一个很有价值的工具，可以用来确定你在社交媒体上的活动和访问你网站的人数之间是否存在关联（请使用本章末尾的分析备忘录自己测试一下）。

  来源部分还显示了使用关键词进行在线搜索后访问你网站的人数。关键词是访问者在搜索引擎中输入的词，这些词会引导他们访问你的网站。这通常意味着你的网站在他们输入的关键词的搜索结果中排名靠前。

- 技术。许多网站分析工具提供了使用台式机、手机和平板电脑浏览网站人数的数据。一些平台甚至给出了访问者使用设备的品牌分类，比如苹果或安卓（Android）手机。在查看站点时，监控用户使用的设备类型非常重要。这些数据有助于新闻编辑部为网站访问者提供更为积极正面的体验。新闻编辑部可以测试他们的网站在每种设备上的功能，并捕捉可能导致访问者关闭网站的潜在浏览问题。

报道、分享、试验、衡量、调整

你已经分析了数字。现在该做些什么？故事还没完呢。

制作引人注目的新闻并在各种平台上与受众互动的过程是一个永无止境的循环。对于某一天的任何一篇报道，其周期可能是这样的：报道一个故事，一直分享信息，尝试使用新方法在社交媒体上分享内容，衡量它是否有效，然后做出相应的调整。

社交媒体的规则手册还没有定案，所以测试新的发帖方法对想要成功的记者来说至关重要。"'要么做大，要么回家'的心态比'如果我把事情搞砸了怎么办'要好得多，"《维吉尼亚向导报》（*Virginian-Pilot*）的艾丽卡·史密斯（Erica Smith，@ericasmith）说。[23]

在这些数据的武装下，新闻媒体和记者可以在他们认为那些数据不够理想的领域调整他们的技巧方法。

在一天的不同时间通过社交媒体发布内容，测试不同类型的视觉效果和写作风格，这些都是新闻编辑部试图确定哪些内容最能吸引受众的常见方法。

一些新闻编辑部还会进行A/B测试。A/B测试是将同一故事分享在两篇不同的社交媒体帖子上来测量效果。换句话说，将第一个帖子（A）的数据与第二个帖子（B）的数据进行比较，看看哪个呈现效果更好。

《奥马哈世界先驱报》（*Omaha World Herald*）的在线互动编辑莱娅·门多萨（Leia Mendoza）表示："我们需要弄清楚一天中的时间，以及人们在一天、一周、一季中的想法，还有我们将为他们提供什么类型的内容，这需要做很多工作。"[24]

新闻机构的目标还将决定哪些数据是最重要的，以及它们如何调整策略。分析数据是帮助实现目标的一种方法。例如，《纽约时报》的目标是吸引忠实用户访问其网站，这与BuzzFeed的目标大不相同。BuzzFeed曾公开表示，他们在意的是尽可能多地去分享。[25]

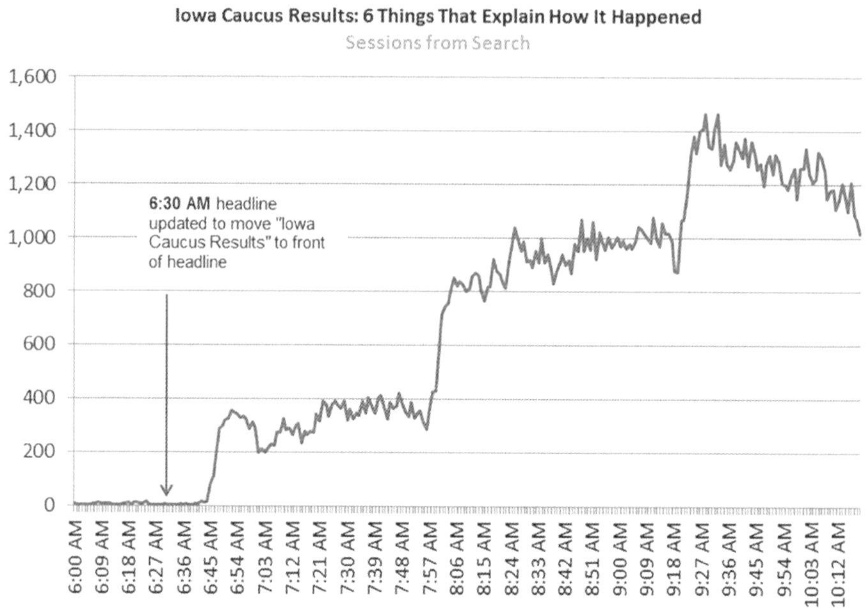

图6–9　丹·弗罗利希（Dan Frohlich）。美国国家公共广播电台（NPR）新闻（2016年2月4日）

通过监测分析，NPR衡量了2016年2月关于爱荷华州党团会议的报道标题变化的有效性。最初的标题是“事情是如何发生的：爱荷华州党团会议结果的6个解释”。然后，NPR把“爱荷华州党团会议结果”放在了标题开头。标题调整的目的是为了匹配人们在搜索引擎中输入的内容（也称为搜索引擎优化，或SEO）。重新编辑后，这篇报道的浏览量暴涨。这是NPR当天浏览量第二高的新闻。

❖ 备忘录二

理解数据。这些术语和所有的数据乍一看似乎难以应对。你怎么理解这一切?下面的备忘录将帮助你集中分析这些最重要的指标。这比你想象的要容易。你只需要知道去哪里找，要看哪些数据，以及要问哪些关键的问题。至少你应该每周进行检查分析。每天检查数据是理想的，但对大多数记者来说并不现实。大多数新闻编辑部都有一个数字团队，每天监控分析数据。

最好是在一个学期的课程中使用这份备忘录，在这个学期中，你要在你的专业网站上发布内容，同时也要活跃在社交媒体上。我建议你先完成本章前面备忘录中的项目。然后，下面的分析备忘录将允许你从之前的备忘录中评估你所发布帖子的有效性。

每周写日记，至少写六周，并回答下面的问题。在这一阶段结束时，写一份备忘录，总结你从追踪分析中学到了什么。学生们通常会注意到，当他们的社交媒体活动是连续的，并使用SMO时，他们网站上发布故事的流量最多——而且流量通常来自社交媒体，而不是直接访问网站。如新媒体正在学习的，社交媒体活动是网站和整个品牌的关键驱动力。

☆ 脸书精准行销数据分析

> 哪些帖子获得了最高的参与度（点赞、分享、点击和评论）？
> 这些帖子与其他帖子相比有什么独特之处？ 例如它们是否包括了图片和@提及，从而增加了参与度？
> 有多少人“点赞”了你的网页？

☆ 推特分析

> 哪些推文的参与度最高（转推、喜欢、回复和点击）？
> 这些推文与其他推文相比有什么独特之处？ 例如它们是否包含可能导致参与度增加的图像和@提及用户？
> 总共有多少粉丝？

☆ 网站分析

> 注意到流量激增的日子了吗？是什么导致了浏览量的增加？当天你的社交媒体活动与流量高峰之间是否有任何联系？
> 你最常访问的帖子是什么？那些帖子有什么独特之处使它们的访问量最大？
> 你的网站流量来自哪里？每个引荐来源有多少访客？密切关注社交媒体的访客数量。
> 你网站的访客总数是多少？

第七章

社交媒体伦理与政策

在这一章节，你将：

- 思考记者们共同面临的与社交媒体相关的道德困境。
- 发现正在出现的问题，包括在记者的专业领域与私人的社交媒体生活之间的模糊界线、用户生成内容的核实与"加好友"资源的适当性。
- 探索社交媒体编辑政策如何解决这些问题。
- 运用传统的新闻伦理来指导你的社交媒体活动。

重要的是要记得iPhone只是一个工具。它帮助我们更快捷地收集和传递信息，但完全不能代替传统新闻、伦理和背景。没有一个应用程序可以做到这一点。这是你在学校里必须学习的东西。现在，这些设备传递信息的速度越来越快，撤销不良信息比以往任何时候都要更加困难。所以，使用这些工具的记者在按下发送键前应该三思而后行。[1]

——尼尔·奥根斯坦（华盛顿WTOP-FM记者）

❖ 新的伦理困境

社交媒体的挑战和失误成为新闻编辑部、媒体以及社交媒体平台本身越来越多的讨论的焦点。在社交媒体上，谣言、造假的图片、来源不可靠的帖子等虚假信息像野火一样蔓延。记者和新闻机构纷纷上钩，报道了从社交媒体上收集的不准确信息。

不幸的是，我们在一个又一个案例中看到了这一点。

一名年轻男子被错误地认定为波士顿马拉松爆炸案的嫌疑人。据推测，这张照片是在巴黎夜总会发生致命袭击前几分钟拍摄的。飓风桑迪期间，一张巨浪冲击自由女神像的照片。所有这些都在社交媒体上像病毒一样传播开来。没有一个是准确的。然而，许多记者报道时却假装他们就是这样。

记者面临的一个重大挑战是在坚持传统新闻价值观的同时，平衡、快速地发布新闻的压力，尤其是突发新闻。速度与准确性相比拼。通常，这往往是两种相互竞争的价值观。审查信息和来源需要时间。在“噪音”的海洋中，核实和准确性等传统新闻伦理和价值观比以往任何时候都更重要。

还有一些新闻编辑部的工作人员因回应受众投诉的方式而遭到严厉批评。2012年，路易斯安那州什里夫波特KTBS-TV的气象学家朗达·李（Rhonda Lee）因回应观众在该电视台Facebook页面上的评论而被解雇，其中一条评论称她是“一位需要戴假发或留更多头发的黑人女士”。[2]

在一份声明中，该电视台的新闻总监表示，朗达·李多次违反了在社交媒体上回应评论的程序。这是首批引发广泛争论的案例之一。它不仅涉及如何最好地回应轻蔑言论，还涉及新闻编辑部的社交媒体政策如何应对新出现的问题。

记者使用社交媒体引发了本章讨论的一系列道德和职业困境：

- 专业社交媒体和私人社交媒体生活之间的界线模糊
- 通过社交媒体联系消息源
- 与受众互动交流
- 核实用户生成的内容

- 用户生成内容的版权和恰当归属
- 纠正指南：控制社交媒体上报道的不准确或虚假信息
- 新闻媒体对其记者社交媒体账户的所有权

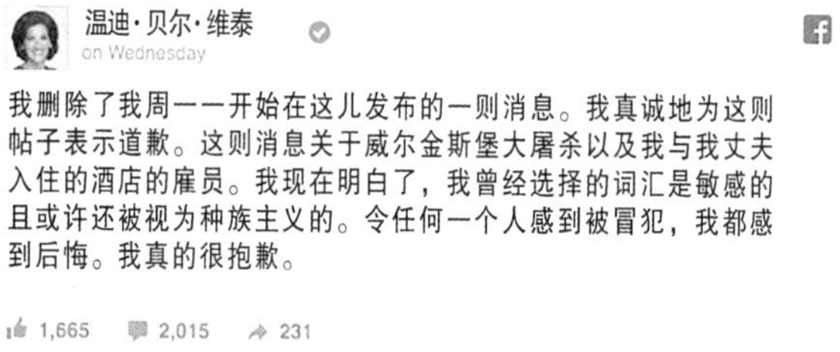

温迪·贝尔，脸书，莫罗纳，2016 [3]

图7-1　温迪·贝尔Facebook帖子

当记者变成新闻：温迪·贝尔（Wendy Bell）在Facebook上发布了充满争议的言论后，她被宾夕法尼亚州匹兹堡的一家电视台解雇。贝尔之后道歉，并起诉了这家电视台。社交媒体上的评论也让两名克利夫兰的记者付出了失去工作的代价。她们在Twitter上发表了动态，表示在排队等待购买希拉里·克林顿（Hillary Clinton）举办的Jay Z的活动门票，之后她们被开除了。

❖ 设置伦理课程：将新闻伦理应用于社交媒体

当记者和新闻编辑部的管理者面对这些新的伦理困境时，什么是可接受的社交媒体行为，有时答案似乎模棱两可。这就是新闻伦理在指导决策方面发挥关键作用的地方。

新闻业的基础在于一些关键的道德准则，包括真实、准确、合理、平衡的报道，以及避免利益冲突。将这些准则应用于社交媒体，可以让记者了解什么是适当的行为，什么是不适当的行为。伦理决策应该发生在新闻生产过程的每一步——新闻采集、新闻分发以及受众参与。遵循这些准则，记者们能最好地服务受众和维护这一过程的完整性。偏离这条路线便会侵蚀公众的信任，破坏行业信誉。

专业新闻机构制定了道德准则，长期以来一直作为新闻编辑部政策的基础。《职业记者协会（SPJ）道德准则》被广泛应用于新闻编辑部和新闻课堂教学。2014年，SPJ通过了修订后的道德准则，以解决当下的问题。在此之前，该准则上一次修订是在1996年，它已经过时了。该准则中，例如"最小化伤害""独立行动"，是生产好的新闻所遵循的核心原则。但是，对这些原则的解释建立在一个还没有社交媒体的时代。[5]

> "无论你的平板电脑是用石头还是玻璃做成的，重要的是（它所显示的）这些字。它们是对的吗？它们是公开的吗？它们是诚实可信的吗？它们是真的吗？"[4]
>
> ——斯科特·佩利（Scott Pelley），CBS新闻

以下是修订过的对一直以来被当作核心的四个关键原则的解释。请注意如何将这些原则应用到移动和社交媒体新闻（要阅读完整的《职业记者协会（SPJ）道德准则》，请登录www.spj.org/ethicscode.asp）。

- 寻求真相并报道它
  - 记者应该对自己工作的准确性负责。在发布信息之前要核实信息。无论何

  时，要尽可能使用原始资源。
  > 记住，速度或格式都不能成为不准确的借口。
  > 提供上下文。要特别注意，在宣传、预览或做总结时，不要歪曲或过度简化。
  > 在整个报道过程中采集、更新和更正信息。
- 伤害最小化原则
  > 避免迎合耸人听闻的好奇心，即使别人这样做。
  > 考虑出版物的覆盖面和持久性的长期影响。酌情提供更新的和更完整的信息。
- 独立行动
  > 区分新闻和广告，避免混淆两者之间的界限。
  > 显著标注品牌赞助内容。
- 负责任和透明
  > 向受众解释符合道德的选择及其过程。鼓励与公众就新闻实践、报道和新闻内容进行民间对话。
  > 承认错误并及时、明确地改正，仔细、清楚地解释更正和澄清。

这里没有提到“社交媒体”，因为SPJ的指导方针试图解决新闻业的当前趋势和主题，而并没有专门针对某些科技形式的媒体。

另一方面，网络新闻协会（Online News Association，ONA）发起了一项倡议，旨在解决社交媒体独有的问题，以及记者们如今面临的微妙处境。ONA的“建立你自己的道德准则”（ethics.journalist.org）让记者和新闻机构能够灵活地创建符合他们需要的道德准则。在线系统允许他们访问特定的模块，让他们自定义代码。

使用这样的自助工具，记者可以从菜单中查看和选择涉及40多个伦理问题的声明，包括用户生成内容、核实、数据新闻、社交网络、隐私、性别与种族以及仇恨言论问题。然后，他们可以定制一个代码并将其导出，以便在其网站上发布以及在新闻编辑部内部使用。

来自新闻编辑部

凯伦·马格努森（@kmagnuson）
《民主党人与纪事报》编辑与副总裁，纽约州，罗切斯特

告诉我们关于《民主党人与纪事报》的社交媒体政策。

该政策由我们的所有者甘尼特制定，并被用于甘尼特的所有新闻编辑部，包括《今日美国》。我们新闻编辑部的记者每年都会阅读并签署这项政策。这一页一页的关于网络行为的建议和警告，对于记者来说一定不会感到惊讶。自从我1999年进入甘尼特以来，他们就有严格的伦理政策。我供职于一个为《今日美国》网站而设立的委员会，该委员会正在重新审视这些伦理政策，以确保在技术变化的情况下，其尽可能地与时俱进（《今日美国》包括甘尼特的全国和地方新闻机构）。

你所见过的记者使用社交媒体的最大问题是什么？

对某一问题有强烈感受的记者，比如针对总统候选人。有些人很难克制不去分享自己的想法。我们一直提醒记者们，他们是《民主党人与纪事报》的代表，不可以公开地分享自己的个人观点。当面对一些会刺激情绪的事情时，记者们应该在内心意识到他们不能表达自己的感受。很明显，这是一件坏事。但有时即使是最资深的记者也会卷入他们深切关注的事情中。

从另一方面看，记者们现在面临的最大挑战是很容易被接触到。我每天大概会收到500封邮件。人们通过Twitter、LinkedIn、Instagram、Facebook也能联系到我。所以，一直都有很多人带着故事、观点和想法、新闻消息以及抱怨朝我而来。即使我不停地工作，我也无法回应所有的信息。我们所有记者和其他工作人员的愿望之一是受众的参与。所以，时间管理、能够充分地区分轻重缓急以及尝试尽可能多地回复大家，这些变得很关键。

您是否建议将个人账户和专业账户分开使用？

我们视个人情况而定。一些人强烈地感觉自己需要一个专业账户，从而把专业交流从个人网页里剥离出来。并且，很多时候有这种需求的都是有孩子的人。他们不愿意公众接触到关于他们孩子的信息。对我而言，我在任何社交媒体上都没有两个独立的账户。我是谁，那就是谁。我没有发现我发送出去的信息会引起任何问题。让公众看到我是怎样的一个人，这样可以让他们知道我是一个真正关心这个社区，并且拥有工作以外的生活的人。

你如何核实用户生成的内容？

我们不会发布任何未经我们核实的信息。我们在视觉效果上经常被电视打败，就是因为我们拒绝未经允许就简单粗暴地从Facebook或其他平台上抓取信息。我们在这方面非常保守。我们在竞争环境中这样做会带来很大压力。但是，我们核实所有信息。在提交上传一些图片时，我们的编辑们也是这样做的。我们要确保图片是真实的并且获得使用许可。

❖ 新闻编辑部的社交媒体政策

新闻机构实施了社交媒体政策，明确规定和管理记者们使用社交媒体的行为，指明了在这些平台上哪些是可以做的，哪些是不可以做的。这些政策大多鼓励记者们出于新闻目的去使用社交媒体，并为如何采取适当行动提供了一些建议。新闻编辑部的社交媒体政策通常遵循专业新闻组织（如SPJ和ONA）的道德准则中概述的内容。在很多新闻编辑部，记者在受雇时被要求审查并签署这项政策。

新闻编辑部的政策向其员工和公众传递了这样的信息：对于新闻组织而言，标准和责任很重要。它们提供了最佳的实践指南，以供出现问题时参考，从而在新闻媒体内部达成一致的标准。

不成文的规定算政策吗？

根据一项对地方电视新闻编辑部政策的研究，几乎所有（95%）的媒体管理者都声称他们的新闻编辑部有社交媒体政策。然而，有17%的新闻编辑部表示他们有一项不成文的规定，这是有问题的。毫无疑问，一项政策要想有效，就必须与员工沟通并按照规则遵守。而要达到这种效果，这项政策不被编纂成文是不可能实现的。在电视台的气象学家因违反回应评论的规定而被解雇的事件中，电视台的规定是不成文的。这引起了很多质疑——不成文的规定是否该被视为“政策”。

随着新的平台和实践的出现，新的道德议题也出现了。所以，社交媒体政策也必须与时俱进。它们需要定期审查和修改，以应对出现的新挑战。不是每一种情况都能很好地符合社交媒体政策，无论该政策考虑得多么周全。就像任何与社交媒体相关的道德议题一样，通常都没有明确的答案。这就是为什么新闻编辑部的工作人员必须定期讨论政策和新出现的道德议题。

“当你面对一个道德议题时，你应该在决策制定过程中使用多种工具。道德准则是关键，但是你通过自己的经验获得的智慧、他人提供的见解以及解决道德议题的清晰框架也很关键。这个框架应该是灵活的，”ONA建议记者们“建立你自己的道德准则”。[7]

ONA建立了一套框架体系，帮助记者完成这样一个建立自己的道德准则的过程。理想情况下，这个过程实际上是在新闻编辑部以与他人对话的形式进行的。[8]这些问题将与新闻编辑部的政策结合在一起应用。

- 问题是什么？是什么引起了道德担忧？
- 我们需要考虑哪些利益相关者？换言之，谁可能会受到我们所做决定的影响？
- 我们的道德准则或者其他指导文件中的哪些条款可以为审核该议题提供信息？
- 据我们所能预料的，对于利益相关者和其他人而言，我们可能做出的不同决定会引起什么后果？
- 我们过去是否遇到过类似的情况？我们从中学到了什么呢？
- 如果有的话，我们还需要考虑什么？
- 一旦我们做出决定，我们将如何证明它的合理性，尤其是在有人反对我们的情况下？

本章其余部分将讨论记者面临新的道德挑战的7个关键领域的最佳实践和标准。

你不能发布那个！专业的和个人的行为

随着记者出于职业和个人目的活跃在社交媒体空间，记者的新闻道德和价值观正在受到考验。对于记者而言，在社交媒体上平衡个人生活和职业生活可能是最棘手的问题。记者也是人。他们有感情和想法。但是，在社交媒体这样的公共平台上分享这些想法，可能会让人质疑记者在报道中是否能够做到公正和平衡。这样也会损害新闻媒体作为公正新闻来源的声誉。

要确信，你所发布的一切，即使是在“私人”账户上也都是公开的。记者应该在社交媒体上避免出现以下行为：

- 分享个人意见
- 分享政治派别
- 分享宗教信仰
- 作为一个特殊问题或议程的代表进行倡议
- 加入与特殊问题或议程相关的社交网络组织
- 分享私人生活最敏感的细节
- 分享仅供员工使用的内部新闻编辑部通信

即使作为一名学生，你也必须对你所分享的内容保持谨慎。因为正如我们在第三章讨论过的那样，这些内容会给你的求职过程带来困扰。现在就开始遵循这些指导准则吧。

当你考虑在社交媒体上分享个人想法时，你应该遵循与新闻伦理核心准则一致的标准。在任何环境下都像个记者一样管理你的在线行为。例如，可靠的记者会避免在汽车保险杠上贴政治标语或者在自家前院放置政治标识。记者们应该在新媒体平台上也采取同样的做法。

要认识到，即使你出于好意，你的行为也可能被误解。记者们经常“点赞”或者“关注”政党或活动家团体的页面，以此来获取追踪这些消息源的新闻灵感。如果你成为某一个政治候选人或者政党的粉丝，你也应该为另一个做同样的事。你会成为很多团体的“粉丝”，而不仅仅是那些与你的观点一致的团体。

添加上下文到你的转发

当转发一篇文章时，添加一条评论，以确保你的转发不会被解读为对某人的观点或立场的支持。美联社在其社交媒体指南中使用了这些例子来强调应该避免的转发类型：

- 转发@jonescampaign：史密斯的政策会催毁我们的学校。
- 转发@dailyeuropean：终于有了一个行之有效的欧元计划。
- 如果你想转发这些帖子，需要一些介绍性的文字来帮助你澄清你只是在报道某人的观点，就像你会引用一个来源一样。美联社建议这样做：
- 琼斯正在竞选中谴责史密斯的教育问题。转发@jonescampaign：史密斯的政策会催毁我们的学校。
- 欧洲大型报纸赞扬欧元计划。转发@dailyeuropean：终于有了一个行之有效的欧元计划。

联系社交媒体上的消息源

当你在社交媒体上联系消息源时，就像你面对面采访一样，要坦率、诚实。通过专业账户联系消息源时，你的个人资料要表明你是一名记者。你也应该第一时间告诉消息源你是一名记者，并解释你为什么要联系他，让对方明确你的意图。你在做什么新闻？你收集的信息将如何被使用？除非你得到了未成年人的父母或监护人的许可，否则要避免在社交媒体上与未成年人交流。

当新闻突发时，来自社交媒体上消息源的信息可以增强报道效果。然而，处理这些情况下的信息时应该带着尊重，因为他们可能正在经历那些突发事件。根据“目击者媒体中心”（Eyewitness Media Hub，一个帮助新闻编辑部应对社交媒体消息源带来的挑战的非营利组织)的说法，第一条规则是：记者在新闻事件中与目击者交流时，应始终考虑他们的身体和情感安全。

消息源可能正处于危险或遭受个人损失的创伤性情况。在社交媒体上联系受害者或他们的家人，就好比传统学院派新闻中敲门采访某人的做法。但是面对面交流的体验，与在Twitter上表达同情和用相同的口吻请求其接受采访的体验是截然不同的。

无论何种类型的报道，在线采访都不能替代与消息源的面对面或电话交谈。直接与消息源交谈不仅可以建立融洽的关系，也是核实其身份和观点的最佳方式。在社交媒体上与消息源取得联系后，要在线下进行会话。例如，如果你在Twitter上联系了消息源，他们也想谈论他们正在经历的事情，请他们直接给你电话号码或电子邮件地址。你也可以把你的联系方式给他们。

美联社建议在邮件开头写上“如果这样做是安全的……”或者“如果你在一个安全的地方……”而不是问“你有照片可以用吗？”或者“我能和你谈谈吗？”一个问题就足够了。

在社交媒体上与消息源联系还会引发一个问题，即在Facebook上与他们成为“朋友”是否合适。这一问题经常会由政府官员提出，例如警察局发言人、市长办公厅主任等。

麦克拉奇（McClatchy）报业集团的记者斯图亚特·莱文沃思（Stuart Leavenworth，@sleavenworth）回忆起自己面临的社交媒体困境：加“好友”还是不加“好友”。当时莱文沃斯是《萨克拉门托蜜蜂报》（*The Sacramento Bee*）的一名记者，加州州务卿在Facebook上向他发送了加“好友”请求。[11]莱文沃斯怀疑公众会把这种关系理解为一种利益冲突，因此他忽略了这一请求。

“作为这个城市的一名记者，我真的想与政府官员和其他我经常接触的消息源保持一点距离，”莱文沃思说。“但我也觉得奇怪，因为我喜欢玩Facebook，他们有如此多的权限访问我的个人信息。”[12]

图7–2　@NadineatABC推特帖子（2014年12月12日）

2012年康涅狄格州纽敦桑迪胡克小学（Sandy Hook Elementary）枪击案发生后，一名制片人找到了一个潜在的消息源。当与在创伤中的人接触时，记者必须保持谨慎和同情心。

这是一个道德的灰色地带，许多社交媒体政策在面对这个问题时提供的正确处理方法都是模棱两可的。例如，新闻机构遍布全国的甘尼特公司建议其数百名新闻员工“在结交或点赞其他个人或群体时，要谨慎行事，以避免任何实际的或感知到的冲突。”[13]美联社的政策指出，“如果出于报道目的的需要，可以扩展和接受来自消息源、政治家和新闻人物的Facebook加好友请求，并在Twitter上关注他们。”[14]

然而，政府官员和他们工作的地方通常都有公共Facebook页面，允许记者跟踪有新闻价值的活动。相比在私人账户上交友，这是更好的方法。

还要考虑到，与Twitter等平台相比，Facebook可以被视为一个更私人的平台。即使新闻编辑部的政策允许你与某个消息源成为“朋友”，你也可能不愿意与那些你想与之保持严格“职业”关系的人分享你生活中更私人的一面，这会让你觉得不舒服。

如果你拒绝了消息源的加好友请求，请跟他解释你的理由。无论你选择做什么，都要与你的交友行为保持一致。《洛诺克时报》（*Roanoke Times*）建议要么不接受任何消息源或你报道的对象成为朋友，要么就接受所有人。[15]

与受众互动

社交媒体的互动性促进了记者与公众之间的非正式接触。社交媒体就是这样——社交。正如我们在本书开始部分所讨论的那样，这种双向交流可以增强记者与他们所服务的人之间的联系和信任。

这也为批评打开了大门。不回应会被视为忽视评论者。另一方面，与那些不守规矩的人接触很容易扩大——而且所有人都能在网上看到。

选择你的战斗。坚持你的工作，但当你遭遇到对于某个故事或者你的报道的合理批评时，不要做防御姿态。这种形式的对话是健康的并能够建立尊重。毕竟，记者最终是要对公众负责。避免与某些人陷入拉锯战。

你的回答常常由受众的评论形式和口吻决定。当评论违规或者你不知道如何回复时，最好咨询一位媒体管理者，毕竟每个新闻编辑部的政策都不同。一些媒体有这样的一项政策，要由如数字媒体经理等其他人而非被攻击的记者来回应贬低的评论。

新闻编辑部政策缺乏核实准则

一项针对全国电视新闻编导的调查显示，一些新闻编辑部的政策并没有跟上实践的步伐。尽管他们依赖来自社交媒体用户的信息，但研究显示，近40%的新闻编导表示，他们的政策不包括在新闻播报之前核实社交媒体内容的程序。缺乏对用户生成内容的指导是有问题的，特别是考虑到三分之一的受访者表示，他们电视台报道的社交媒体信息后来被发现是虚假或不准确的。[16]

例如，美联社建议记者把涉及辱骂、偏执、淫秽和种族主义的评论，发给负责协调美联社全球报道的美联社控制中心（Nerve Center）。

记住，任何对受众的回应，即使是通过电子邮件或者直接发信息，也应该被视为公开的。

核实用户生成的内容

在飓风期间，一张鲨鱼游在街道上的照片被广泛传播。保罗·麦卡特尼（Paul McCartney）的模糊图像——是的，著名的披头士乐队的保罗爵士——正在参观纽约市中心郊区的一家货运公司。事实真相是什么?图像太真实以至于令人难以置信?这些照片在社交媒体上被一遍又一遍地分享。

作为一名记者，如果你遇到这种类型的内容，你会怎么做?你如何核实这些信息?

对于所有用户生成的内容——无论视频、照片还是书面声明，你都应该持怀疑态度。记者的工作是报道真相。除非你采取适当的行动核实了内容和消息源，否则你的报道就没有完成。

这就是传统报道技巧（结合了线下和线上的调查和事实核查）至关重要的地方。以下步骤可以帮助你确定内容和消息源的可信度：

- 如果它看起来/听起来好得令人难以置信了，那么假设它是真的。但要保持怀疑态度。
- 最好通过电话或当面提问的形式联系发帖人，以澄清其身份和主张。如果信息是通过其他人转发或转载的，那就追踪原始信源，即最初发布信息的人。
- 回顾原始信源的社交媒体/在线历史，可以发现此人是否经常发布被审查的帖子、之前发布帖子的语气/类型、账户创建的时间、发布推文的位置，以及其他方面。
- 交叉核实信息。在网上搜索相关的事件和人物，以证实或找出漏洞。以麦卡特尼为例，如果他在拜访这家货运公司的五个小时前从伦敦发了推文，那么这个事情可能就不成立了。如果你查看他的官方网站，发现前一天晚上他在欧洲有一场活动，那也要引起注意。

图7-3 Mulcahy，2012[17]

照片真实得令人难以置信？你会采取哪些步骤来核实这张发布在社交媒体上的模糊照片？据推测，这张照片展示的是保罗·麦卡特尼访问纽约州锡拉丘兹地区的一家货运公司。

- 如果消息源在你找到相关问题帖子的社交媒体网站上启用了地理定位功能，那么你可以查看帖子的位置，看看它是否与消息源正在谈论的位置或据称分享照片的定位相匹配。
- 通过询问所在地区的社交媒体用户是否可以核实信息来寻求社会佐证。他们看到的或经历的是同样的事情吗?你可以通过使用高级搜索方法和列表特性(见第四章)来寻求帮助。
- 联系传统消息源，如警察局或公司，寻求官方对社交媒体信息的证实。例如，打电话给麦卡特尼可能拜访的卡车运输公司似乎明显是很必要的（是的，与麦卡特尼合影的照片是真实的。他妻子的家人拥有这家卡车运输公司）。
- 使用Google照片或快速识图网站（TinEye.com）来帮助核实图像。将照片上传到其中一个网站后，它将搜索类似的图像来帮助你确定照片是否被修改过。以鲨鱼游在洪水泛滥的街道上为例，这些网站可以帮助你发现这条鲨鱼实际上来自《国家地理》（*National Geographic*）的照片。它被编辑成了一张假照片。通过这些网站，你还可以发现该照片以前是否在网上出现过。它可能是“真实”的图像，但却与之前的新闻有关。

- 检查图像的元数据，其中包含照片拍摄的时间、地点、设备类型以及其他详细信息。要查找以标准格式存储的数据，请调用Exif（用于可交换图像的文件格式），右键单击照片并选择“属性”或“查找信息”（取决于你所使用的操作系统类型）。这项操作应该在图片软件中完成，比如苹果的Mac照片应用程序。检查元数据可以帮助你确定照片是否在消息源声明以外的时间或地点拍摄。不幸的是，大多数社交媒体网站都会从照片中删除元数据，因此这只适用于原始照片。
- 使用谷歌地图（Google Earth）来揭穿谣言和虚假图片。谷歌地图包含建筑物、公交车站等地标，可以帮助你确认照片或视频拍摄的位置。你可以拉近缩小到街道级别后，进入一个特定的位置。在其网站上，“初稿新闻”展示了它是如何使用谷歌地图验证照片的。2016年1月，在土耳其伊斯坦布尔苏丹艾哈迈德（Sultanahmet）广场发生爆炸后不久，目击者的照片出现在社交媒体上。其中一张照片显示的是苏丹艾哈迈德广场上的一栋建筑物起火。记者在谷歌地图上搜索这一区域时产生了怀疑。谷歌地图上的景观与这张照片中的景观不一致，并且这张照片中没有任何一个特征能够在该地区的谷歌地图搜索中得到匹配。在Twitter上以“火”和“伊斯坦布尔”为关键词进行搜索，发现了距离广场约10英里的另一处爆炸的类似照片。这座建筑的照片是真实的，但与苏丹艾哈迈德广场爆炸无关。

寻求许可、版权和合理使用

只有在核实过用户生成的内容后，你才能考虑在社交媒体上分享、广播或发布这些材料。如果你想在社交媒体上发布内容，最好的方法就是分享用户的原始帖子。通过转发，直接“链接”到消息源，你提供了信源可信性。关于信息是如何获取的，你是透明的。为了阐明你所分享新闻的价值，必要的时候提供背景。

在广播、在线发布或印刷之前，请先获得许可。从道德或法律上讲，窃取用户生成的内容并随意使用是不合适的。正如美联社员工的社交媒体指南所述，“要在我们的新闻报道中包含来自社交网络的照片、视频或其他多媒体内容，我们必须确定谁控制着这些材料的版权，并获得该个人或组织的使用许可。”[19]

我可以在未经允许的情况下嵌入社交媒体帖子吗？

如今在网络新闻报道中嵌入社交媒体帖子是常见的做法。通常嵌入的信息包含有新闻价值的照片或视频。媒体律师兼新闻学教授乔纳森·彼得斯（Jonathan Peters，@jonathanwpeters）解释说："这通常不会侵犯任何版权，因为嵌入的内容没有被复制——内嵌链接仅是一段代码，代表了内容在原始网站上的存在。"[20]而且，大多数像Twitter这样的第三方平台，在其服务条款中都有一项规定，即用户允许其他人嵌入他或她的内容。然而，彼得斯说，除非你得到许可，否则应该避免发布内容的截图。"把它放在版权法的准绳上来看，那基本上等同于制作了一份电子版的拷贝。"

不论是否以可见的方式出现，所有的照片和视频都受版权保护。版权属于内容的创作者，在大多数情况下，任何人想要广播或发布内容都必须获得版权所有者的许可。仅仅因为有人分享了一张图片，并不意味着分享者就是版权持有人。在寻求许可的过程中，重要的是确定某人确实拍摄了照片或视频。直接问："照片是你拍的吗?"并且，要清楚你打算用这些内容做什么。

图7-4　Zeke _ o的Twitter帖子（2016年6月21日）

新闻工作者也有责任对消息源给予适当的信任。一旦获得许可，询问他们希望如何署名。在某些敏感的情况下，当某人的安全受到威胁时，这个人可能不希望透露他或她的全名。

署名可以帮助人们确定消息源的可信度，并最终决定你的报道的可信度。在你的报道中明确说明这些信息来自某社交网站。

一旦记者确定了他或她想要发布的内容，就需要获得许可，并确定谁应该被记录，这一点很重要，就像记者与Twitter用户之间的交流一样。

媒体法通常是新闻伦理讨论的一部

分。然而，法律和道德之间有一个很重要的区别。仅仅因为记者在某种特定情况下的行为可能是合法的，并不一定意味着它在道德上也是可以接受的。例如，即使记者拥有发布某些信息的合法权利，如果内容未经核实，那么这样做也是不道德的。“这是合法的”并不是一个充分的道德理由。

虽然媒体法在法律界限方面提供了指导，但它可能模棱两可。记者通常依赖于合理使用原则所能给予他们的保护。“合理使用”是美国版权法的一部分，允许在未经许可的情况下，出于评论和评判的目的而摘录内容。有多少可以使用还有待解释。事实上，有新闻价值的东西并不意味着它是可以合理使用的，所以获得许可就显得尤为重要。律师兼新闻学教授达克斯顿·斯图尔特（Daxton Stewart，@MediaLawProf）表示：“的确，新闻报道是受合理使用原则保护的类别之一，但由于新闻是一种商业用途，而且照片和视频通常被全部使用，因此，出于新闻目的重新发布它们很有可能不符合合理使用的条件。”[21]

违反法律会让新闻编辑部陷入法律困境，而且代价高昂。国际新闻机构法新社(Agence France-Presse)的一名编辑在Twitter上寻找海地地震的照片。[22]编辑请求上传者允许使用这些照片。然而还是出现了一个大问题。一位专业摄影师拍摄了这些照片，但他不是Twitter用户。这位摄影师提起诉讼，要求赔偿120万美元，并最终胜诉。其他媒体，包括《华盛顿邮报》、哥伦比亚广播公司、NBC和CNN，也都与这位摄影师达成了和解。

一些小媒体也因未经许可使用照片和视频而受到批评。[23]例如，《波特兰先驱报》（*Portland Press Herald*）曾不得不支付给一位女性400美元。因为，它发布了这位女性在照片管理和共享网站Flickr上分享的一张照片，但她之前并没有给这家媒体授予许可。

当你需要一个新闻报道的视觉素材时，另一个选择是去搜索知识共享（Creative Commons，CC）内容。只要你能正确地注明来源，就可以使用“知识共享”授权许可的材料。“知识共享”许可为内容创建者提供了一种维护版权的方式，同时允许他们的作品在特定条件下被免费使用。[24]包括YouTube在内的许多社交媒体网站允许用户选择是否希望给他们的作品内容贴上“知识共享”许可的标签。“知识共享”许可有六种不同的类型。例如，“创作共用许可协议”

（CC BY-ND）允许，只要作品署名并不做修改，任何人都可以使用该作品。“知识共享”的每一部分内容都有关于如何使用的说明，如何署名，以及哪些条款适用于它。你可以搜索网址search.creativecommons.org或使用Google的高级搜索选项搜索“知识共享”内容。

道德考量：直播和图像视频

通过Facebook Live、Periscope或类似工具的流媒体视频可以吸引观众。粉丝们可以在新闻现场获得第一手资料。问题在于，记者不知道接下来会发生什么，尤其是在危机情况下。直播是未经过滤的，可能会导致播出敏感镜头。伦理道德判断至关重要。直播期间会发生悲剧吗?你准备好播报可能出现的最坏结果了吗?直播会让目击者或执法部门受到伤害吗?你将如何证明你的决定是正确的?

图7-5　@NBC的Twitter帖子（2016年7月7日）

在悲剧发生时，目击者也会习惯性地抓起他们的移动设备，记录并分享未经编辑的含有图像内容的原始镜头。在2016年奥兰多一家夜总会发生的致命枪击案中，一些内部人员发布了令人毛骨悚然的视频。2016年，菲兰多·卡斯蒂尔（Philando Castile）被明尼阿波利斯的一名警察开枪射杀，他的女友在车的前排座位上用脸书直播发布了这一视频。该视频显示卡斯蒂尔在她身边奄奄一息。数百万人观看了这段存档视频。即使这些视频被认为具有新闻价值，记者也必须确定是否以及如何分享此类内容。在卡斯蒂尔的案例中，许多在社交媒体上分享视频片段的媒体在视频开头部分都添加了警告页面。其他媒体选择只使用部分视频（去掉大部分图像元素）或模糊掉一些图像元素，如他的血腥T恤。

修正原则

承认错误并迅速改正是新闻职业道德的原则之一。大部分新闻媒体都有纠正错误的政策。然而，这些指导原则正在经受社交媒体上信息传播速度的考验。一旦带有错误信息的社交媒体帖子被发布，数十甚至数百位用户就会分享它。随着社交媒体呈现出新的、陌生的挑战，修正原则也在不断改进。

以下是纠正社交媒体帖子错误的一种负责任的方法：

- 承认错误并在这个信息最初被分享的位置推出一个更正声明。这种方法将在可能看到原始帖子的受众面前纠正错误。
- 不要仅仅删除包含错误信息的帖子，而是就把它放在那儿。正如ONA道德准则所指出的，“这种方法不承认错误，可能导致错误信息未经纠正就被传播。”[25]包括NPR等在内的一些媒体建议其员工绝对不要删除原始的帖子，除非它存在法律或者安全问题。删除一则推文会使公众误解媒体缺乏透明度。
- 创建一个新的帖子，指出你犯了一个错误，并准确解释正在纠正的内容。美联社引用了这样一个来自Twitter的例子：

更正：美国驻尼日利亚大使馆称本周阿布贾（Abuja）的豪华酒店可能会发生爆炸［之前我们错误地说“拉各斯”（Lagos）］。

- 除了新帖子之外，在原帖子上添加一条包含正确信息的评论。例如，在Twitter上，在回复你的原始推文时加上更正。这个回应将会一直与原始推文粘在一起，包括之前Twitter上对它的转发。
- 不同于Twitter，Facebook允许你编辑发帖信息。如果是为了一个错误而这样做，要清楚地表明你是在更新带有更正的帖子。在文章的顶部写上“更正”，并添加更正后的信息。一定要指出文章的原始版本有哪些不准确之处。
- 如果有粉丝提醒你了一个错误，那么要感谢他，并将他或她引导到更正后的帖子那里。

图7-6　《华盛顿邮报》的Twitter帖子（2016年2月4日）

一些媒体还附上了带有错误推文的帖子截图和/或链接。这为关注者提供了背景和参考框架，他们可以看到信息是如何被更正的。

在这条推文中，《华盛顿邮报》明确表示，该信息是更正信息，其中包括前一条错误推文的图片。

社交媒体账户的所有权

越来越多的新闻媒体采取了保留记者专业社交媒体账户所有权的政策。一项对地方电视台社交媒体指导方针的研究揭示了这一新兴政策。[26]研究显示，三分之二的电视台拥有其记者的专业社交媒体账户。

在某些情况下，这意味着记者必须向新闻编辑部的管理层提交自己的密码，而这样的政策会产生一个问题：当员工离开新闻编辑部时，是否允许他保留该账户及其粉丝。[27]在这种政策下，通常当新闻机构的雇佣关系结束时，记者将不再有访问该账户的权限——这个过程类似于处理一个公司的电子邮件地址。

斯克里普斯公司（The E.W. Scripps Company）在美国20多个市场拥有新闻机构，该公司在其社交媒体政策中明确表明了这一点：[28]"你的专业账户是公司的财产，并且如果你离开斯克里普斯，账户的名称和内容依旧是公司的财产。斯克里普斯保留编辑、监控、推广或取消专业账户的权利。"[29]

在这种政策下，"专业"的定义是什么？你在任何账户以你的媒体身份，或者作为媒体的工作人员来分享信息，那么这个账户就是"专业的"。这意味着即使你在供职于该媒体之前创建了一个账户，如果你出于职业目的使用了它，那么这个媒体也可以保留该账户的所有权。事实上，这可能是出于个人和职业目的而创建单独的社交媒体账户的一个原因。

瑞秋·巴恩哈特（Rachel Barnhart）在纽约罗切斯特的WHAM-TV担任记者时亲身体会到了这一点。巴恩哈特花了数年时间在社交媒体上建立了强大的粉丝群。她在Facebook和Twitter上总共拥有数万名粉丝[30]。巴恩哈特的"粉丝"与她在社交媒体上建立的品牌密切相关。

当辛克莱广播公司（Sinclair Broadcasting）收购WHAM-TV时，巴恩哈特面临着一个选择：创建新的账户，或者继续使用她已经创建的账户并冒着如果她离开这家电视台就将失去它的风险。辛克莱公司的政策是拥有其直播人物的社交媒体账户。巴恩哈特决定使用新的仅仅用于工作目的的社交媒体账户。她在一封写给粉丝的信中解释了自己的这个决定。

> 此时此刻，我保留了我现有的Facebook和Twitter页面的所有权。因此，公司以我的名义开设了新的社交媒体账户，供我在工作时间报道新闻时使用。公司对这些账户有管理控制权。[31]

她补充说，她的电视台仍然支持她的社交媒体活动，因为“我们都在努力探索社交媒体和新闻业的新领域”。[32]

❖ 备忘录

☆ 保持信息灵通。下面这些网站是很有用的资源，可以帮助你了解新闻伦理和社交媒体政策的最新行业讨论。它们提供道德挑战、培训和操作指南的案例研究。考虑将它们的Twitter账户添加到本书前面要求你创建的移动和社交媒体新闻Twitter列表中（第四章备忘录）。

> 初稿新闻：@firstdraftnews和firstdraftnews.com（查看可下载的单页指南，以核实用户生成的内容）
> 目击者媒体中心：@emhub和eyewitnessmediahub.com
> 验证手册：verificationhandbook.com

☆ 分享你的知识。我们可以互相学习。记住，把对话扩展到书本和课堂之外。如果你遇到了一个行业道德困境的例子，请分享到本书的Facebook页面（fb.com/MobileandSocialMediaJournalism）或Twitter账户@MobileJourn。我一定会和粉丝重新分享。

☆ 移动和社交媒体战略分析。在我们这本书接近尾声的时候，你应该总结在第二章备忘录中首次提到的移动和社交媒体策略分析。利用本章学到的知识，分析你所在媒体的社交媒体政策。该政策如何处理上述七类问题？如果该政策在不适用于在线网络，那么就去采访一下新闻编辑部社交媒体团队的成员，讨论该指导原则。在你的课堂报告中要包括你对该政策的了解。

☆ 事实究竟是什么样子的？在这种情况下，你将如何核实信息？

你看到了关于共和党副总统候选人的飞机在科罗拉多州紧急降落的转发推文。其中许多转发内容都包含一张消防员进入一架小型飞机的照片，这架飞机看似停在机场的停机坪上。与同学们讨论在分享该信息之前你将采取哪些步骤。

☆ 你会怎么做?《纽海文独立报》（*New Haven Independent*）当时正在报道耶鲁大学研究生安妮·勒（Annie Le）的谋杀案。这个案件引起了全国媒体的轰动。该报从警方通报和其他渠道得知了谋杀嫌疑人雷蒙德·克拉克（Raymond Clark）的名字。警方的通报将《纽海文独立报》的记者引向了克拉克的前女友杰西卡·德尔·罗科（Jessica Del Rocco）。这名记者在Facebook上向她发送了加好友请求。她接受了这个请求。通过访问这名女子的Facebook主页，记者看到了她对这场谋杀案的反应。这名记者随后给她发了一条信息，表明自己是记者，并要求采访。她拒绝接受采访，但还是把这位记者保留在朋友列表里了。课堂讨论以下内容：

在这个案例中出现了哪些伦理问题?

> 记者给德尔·罗科发送加好友请求合适吗?
> 在报道中发布德尔·罗科的帖子合乎道德吗?
> 该媒体决定在不征得德尔·罗科同意的情况下就使用她在Facebook上的评论。它没有在报道中公布德尔·罗科的名字。在那一刻，她和那名记者“解除了朋友关系”。你同意《纽海文独立报》的决定吗?为什么同意?为什么不同意?

这一案例改编自哥伦比亚大学案例联盟发表的研究《Facebook谜题：〈纽海文独立报〉和安妮·勒谋杀案》。要阅读完整的案例研究并探索它引起的其他伦理问题，请访问casestudies.ccnmtl.columbia.edu.

☆ 提醒。是时候检查一下社交媒体了。到现在为止，你应该每天腾出时间来管理你的社交媒体账户。我希望这能成为你的习惯。为了保持持续的社交媒体活动，每周目标如下:

> 15-20条推文和10条转发、回复和点赞的组合
> 在你的专业Facebook页面上发布3-5篇帖子
> 在LinkedIn上发布几篇帖子
> 在Instagram上发布一些帖子
> 两条关于课堂讨论和/或你觉得有趣的读物的推文。告诉粉丝你分享它的原因，并附上你的班级标签。
> 在每个平台上关注一些人。在Twitter上，把每周至少关注五个人作为一个目标。
> 并且，不要忘记：
> 为你所报道的每个故事制定一个移动和社交媒体计划。使用最后一章的备忘录（随时随地分享）作为指南。在每个报道细节中诠释你的计划。
> 继续写博客（在第三章的备忘录中首次提到），并在社交媒体上分享。设定一个目标，在你没有为你的网站写故事的那几周内写两篇博客。
> 使用上一章的分析备忘录（理解数据），每周分析你的网站和社交媒体活动的有效性。

第八章

职业生涯中的移动和社交媒体

在这一章节，你将：

- 了解为什么精通移动和社交媒体对当前和未来记者职业生涯的成功至关重要。
- 整理出新闻编辑部招聘管理者优先考虑的技能因素。
- 探索日益增多的专门为移动和社交媒体而设置的新闻编辑部职位。
- 讨论社交媒体在求职过程中的应用，以及现在这个话题如何成为面试程序中的关键部分。

2016年，艾迪·杜德（Eddie Dowd，@DowdKNOP）从新闻学院毕业后，很快就获得了内布拉斯加州KNOP电视台的视频记者职位的面试机会。电视台的新闻部主任助理给了他一个突发新闻场景，让他为电视、网站写新闻报道，并且在Facebook和Twitter上发帖。

杜德说："他们想要看我是否了解每个平台为人们提供新闻的路径不同，面对着不同的受众。"

幸运的是，杜德学过如何制作新闻并在移动和社交媒体平台上传播。他也因此得到了这份工作。

“新闻部主任对这一点印象深刻，我不仅了解这个不断变化的领域，还将其付诸实践。”

❖ 当今进入新闻编辑部需要具备的资质

像杜德这样刚刚进入媒体界的记者，以及那些经验更丰富的记者，必须能够承担起一系列的工作职责，才能在今天的新闻编辑部中生存发展。这本书非常清楚地说明了这一点，你所要做的就是查看新闻编辑部的职位空缺。

移动和社交媒体技能是众多的新闻工作岗位要求中必须具备的技能。新闻学教授黛博拉·温格（Debora Wenger, @dhwenger）和林恩·欧文斯（Lynn Owens, @lynncowens）分析了美国1100多个新闻职位空缺。[1]这些职位发布于2015年。结果显示，新闻职位的要求与前几年相比发生了决定性的变化。你猜对了，提到“移动”和“社交”的帖子数量急剧增加。

超能力：新闻编辑部现在需要的技能

根据托奈特创业新闻中心（Tow-Knight Center for Enterpriseutical journalism）的一份报告，数字技能、传统的报道能力、创业者的思维模式，具备上述三种素质的记者是新闻业雇主的理想选择。[2]

调查中，新闻编辑部的总监们表示，以下是招聘时最优先考虑的技能：

· 社交媒体分发
· 视觉叙事，尤其是针对社交媒体的
· 社交/参与性事件的报道
· 用户体验
· 受众开发/用户数据和指标
· 计算机编程与开发

研究发现，无论是哪种类型的新闻编辑部，它们现在比以往任何时候都需要记者在多个平台上制作内容，并了解如何监控和提高受众对其工作的参与度。

对于多个平台的工作，60%的职位涉及在新闻制作过程中使用移动设备和/或通过移动渠道传递内容。70%的人提到了社交网络技能。社交媒体和优秀的写作能力同样被频繁地提及（在71%的职位描述中提到了这一点）。随着用户的移动化和社交化，职位描述中提到这些内容的数量只会越来越多。

温格和欧文斯指出，对新闻专业的学生来说，尝试移动媒体内容，探索视频定位（垂直还是水平）、社交平面设计和报道格式等问题非常重要。例如，摄影和摄像技巧并不是新事物。但是，针对越来越多在移动和社交媒体上消费新闻的受众，采用图片和视频技术对吸引他们的注意力至关重要。

在另一项研究中，新闻专业人士和教育工作者被问及："如果你让一名新闻专业毕业生去完成他或她的第一个专业报道任务，仅使用一种报道工具，你会建议选择哪种工具？"[3]

"智能手机"是最受欢迎的选择。

作为一名成熟的记者，不仅要会技术、写作、事实核查和批判性思维——这些基础的新闻技能仍然至关重要。在大大小小新闻编辑部招聘公告的各种职位描述中，你可以看到，普遍要求记者具备数字处理的技能和核心的新闻专业技术。两者的结合将带给你在行业中获得雇佣和成功的最佳机会。

当考克斯传媒集团（Cox Media Group）在俄亥俄州代顿市（Dayton）的数字优先新闻编辑部（digital first newsroom）招聘一名初级记者时，其职位描述中提到，需要"一名全媒体记者，其企业和监督报道将通过有线和移动数字网站、应用程序、报纸、电视台和广播电台传播给客户"。

"优秀的报道与写作技能"和"出色的社交媒体表现"被列为优先考虑因素。对商业经济学的理解（参见第二章内容）也在职位列表中被提到。希望他可以通过使用社交媒体来培养媒体的受众，并最终"增加我们的数字收入"。

同样，田纳西州的《杰克逊太阳报》（*Jackson Sun*）对一名政府监察记者的工作描述强调了通过多个平台为受众提供"一流的监督新闻"的重要性。以下是招聘广告中的一些工作职责：

- 研究、撰写和报道引人注目的新闻，通过给读者提供信息和参与感来不断扩大粉丝群。
- 尤其要通过使用社交媒体来推广个人品牌、同事品牌和机构品牌。
- 通过报道和外联（社交媒体、现场直播、论坛、社区领导等）与社区建立联系。应该对社交媒体粉丝的构建和互动有很强的理解。

- 与内容团队合作，为他们提供包括照片、视频和图形等在内的所有适当的元素。
- 与内容策划者和受众分析师合作，评估哪些有效、哪些无效，并制订持续计划以更好地满足受众需求。

❖ 移动和社交媒体工作与实习

虽然移动和社交媒体技术现在已经被嵌入记者和其他新闻编辑部工作人员的招聘职位描述中，但有一个全新的新闻职位正在呈爆炸式增长：那些专注于移动和社交媒体的职位。

如美国全国广播公司财经频道（CNBC）的社交媒体制作人、雪城传媒集团（Syracuse Media Group）的社区参与专家、《华盛顿邮报》的脸书直播制作人。

新的角色，新的机会

谁在屏幕后面塑造着新闻编辑部的移动和社交媒体策略？

新闻编辑部为了引导数字优先而创立了以下这些新的角色：
· 社交媒体制作人
· 社交媒体图片编辑
· 社交资源开发者
· 脸书直播制作人
· Snapchat制作人
· 受众互动编辑
· 移动编辑

这些职位反映了新闻编辑部如何适应移动受众。有了合适的技能和尝试的意愿，在不久的将来，你可能会发现自己正身处于这些职位上。对于那些勇于创新、不怕尝试新的新闻方式的记者来说，他们的时机已经成熟。

这些职位上的人要做什么呢？尽管新闻编辑部中几乎每个人都被期望为新媒体平台做出贡献，但领导新闻编辑部战略是这些职位上的工作人员的责任。

并且，那也是令人激动之处。在这些职位上，你可以引领新闻业的未来。

这比仅仅发推文和图片意义更深远。其职责如下：

- 制定战略并运用分析来监测其有效性
- 为员工们提供最新的趋势建议，并培训他们如何使用移动和社交媒体来采集、分发新闻以及吸引受众
- 策划和执行众包项目
- 管理用户生成的内容并识别误导性信息
- 管理媒体的社交媒体账户，包括发布内容、回复评论、吸引和扩大受众
- 确保用户在媒体发布内容的所有平台上都有积极的体验

25TH JUL 2016 | 3 NOTES

JOB POSTING: FACEBOOK LIVE PRODUCERS

The Washington Post is seeking digital-savvy social video news producers for Facebook Live programming. The ideal candidates for these contract positions have demonstrated experience with developing and executing on social video programming for a national audience. Washington Post video producers are a critical part of the department's workflow, handling live video programming, pitching and creating video stories and breaking news production. Live video producers must be able to build relationships across the newsroom.

Washington Post video producers have at least one-year experience in a high-pressure newsroom environment, strong news judgment, familiarity with search and SEO best practices, strong writing skills, a record of excellence in new media, social media and emerging platforms and the ability to use Adobe Premiere, Photoshop and social video tools.

Washington Post video producers are proficient in managing social media efforts and online community development, especially Facebook and Twitter, participate in daily news and enterprise meetings, monitor analytics and perform other duties as assigned. Must be available to work all shifts.

If interested, please send cover letter, resume and links to recent work to T.J. Ortenzi (**tj.ortenzi@washpost.com**), Phoebe Connelly (**phoebe.connelly@washpost.com**), or Tracy Grant (**tracy.grant@washpost.com**) with the subject line: "Live Video Producer" by August 5.

JOB DESCRIPTION

THV11, the TEGNA-owned CBS property in Little Rock, Arkansas is seeking a highly motivated, dynamic Social Media Coordinator to join our team and help develop social strategy and create content for the No. 1 website in the market thv11.com and its social and mobile counterparts.

The ideal candidate will have a knack for understanding and talking about digital analytics and possess excellent, fast writing skills. They should be a self-motivator and be confident working solo and as a team member.

THV11's Social Media Coordinator should have a love for communication, a passion for news, and a sense of urgency.

Job responsibilities:

- Report news as it happens on digital and social media platforms
- Monitor, track, and analyze digital and social data and compile reports based on findings
- Monitor traditional and emerging technologies to receive, filter, and share content
- Scour the Internet for local and national viral/shareable stories
- Work closely with THV11 reporters and anchors to inspire and encourage the use of evolving/emerging social and digital media tools
- Contribute story ideas to the THV11 news department
- Research story tips and work as part of THV11's "Digital Desk"

图8-1　招聘启事：Facebook Live制作人，Tumblr Post（THV 11.2016年7月25日）

从主流新闻媒体到小型新闻编辑部，专注于社交媒体的职位越来越多。

2014年，迪伦·莱昂斯（Dylan Lyons，@dylanlyons91）从新闻学院毕业后不到一年，就开始与斯科特·佩利一起管理《CBS晚间新闻》的社交媒体平台。

是的，他甚至教过最有经验的记者（如斯科特·佩利等），如何使用直播平台的Periscope等。

莱昂斯说："我工作的很大一部分内容是努力扩大《CBS晚间新闻》的品牌，让尽可能多的人了解它。""要成功做到这一点，唯一的方法就是在社交媒体平台上持续而准确地发布消息。CBS新闻以公正准确的报道著称，我很小心地在我们的社交媒体平台上反映了这些价值观。"

莱昂斯全天都在《CBS晚间新闻》的社交媒体账户上分享故事、视频、照片和突发新闻。他还监控社交媒体分析，以确定《CBS晚间新闻》在社交方面的曝光率和参与度增长了多少。在编辑会议上，莱昂斯向制片人介绍了最新的分析和趋势。

他的工作职责真是五花八门。有时，他制作社交媒体视频和信息图表。他还负责从社交媒体上收集素材，并获得使用这些内容的许可。在晚间新闻播出期间，他在控制室里对正在播出的内容进行Twitter在线直播。

莱昂斯说："如果新闻专业的学生想被录用，他们就必须从大学开始，以新闻的方式跟上社会潮流。"

这种学习可以在实习期间进行。在实习期间，请密切关注记者和其他工作人员如何将移动和社交媒体融入他们的工作中，以及了解数字媒体团队成员的职责。

一些机构正在寻找只专注于移动和社交平台的实习生。新闻专业的阿什莉·林恩·妮可（Ashley Lynne Nicole）在宾夕法尼亚州阿尔图纳的WTAJ-TV实习。她被要求为该电视台的《在路上》（*On the Road*）栏目管理社交媒体，该栏目以社区的独特部分为特色。

"在我们的特别节目《在路上》中，我负责管理我们的社交媒体页面。我主持了脸书直播活动，创建了照片集，更新了我们的收视情况，"妮可说。"我在那段时间里获得了最宝贵的经验。"

作为实习生，熟练地使用社交媒体是吸引新闻编辑部人员注意力的一种方式。《奥兰多前哨报》（*Orlando Sentinel*）应用程序开发人员安德鲁·吉布森（Andrew Gibson，@AndrewGibson27）建议，与新闻编辑部的员工沟通不仅要通过人际交流还要通过社交媒体。

吉布森说："仅仅关注他们是不够的。证明你理解为什么它被称为社交媒体，这一点至关重要。与记者谈论他们的报道，分享他们的相关链接，甚至可能要讲一些粗俗的记者笑话。"

你在实习期间的这种互动和联系是非常重要的。这也是为什么实习经历能为新闻专业的毕业生带来更好的就业机会的原因之一。

事实上，在被《奥兰多前哨报》雇佣之前，吉布森是该报的一名互动/在线实习生。莱昂斯也有类似的经历。他因曾在CBS新闻的伦敦分社和纽约的调查报道部门实习，已经有了一席之地。

❖ 找工作和实习

现在开始规划你的职业道路。在大学时，要摸索新闻领域的工作类目及其描述，决定你毕业后的职业目标是什么，并把工作描述当作你需要去获得的技能和品质的引导。

这个职业规划里至少要有一次新闻编辑部的实习经历。你越早进入新闻编辑部越好。实习可以让你对编辑室文化、不同的新闻职位以及与业界专家的联系有所了解。实习经历能帮助你决定你理想的工作类型，以及你所处的位置。

以下是一些寻找工作和实习机会的关键地点：

- 新闻媒体网站。搜索新闻媒体网站的工作招聘版块。
- 媒体公司网站。列出拥有新闻机构的媒体公司名单，然后检索其网站的工作/招聘版块。每家媒体公司的网站通常都有公司在不同市场新闻业务的空缺职位列表。
- 一般的互联网搜索。使用搜索引擎是一个很好的起点。例如Indeed.com等求职网站，它会汇总全网的搜索结果。高级搜索功能将有助于你确定你要查找的内容。

- 专业组织机构。专业新闻机构的网站上也有招聘板块。这些组织包括职业记者协会(the Society of Professional Journalists)、ONA、美国国家黑人记者协会(National Association of Black Journalists)、美国国家拉美裔记者协会(National Association of Hispanic Journalists)和美国国家同性恋记者协会(the National Lesbian and Gay Journalists Association)。只有会员才能进入这些招聘网站。
- 社交网站。关注媒体公司的Twitter账户。许多公司都有独立的Twitter账户，专门为其新闻媒体发布招聘信息。例如，E.W.斯克里普斯公司使用@EWSCripppsJobs在Twitter上发布全国各地新闻编辑部的工作和实习机会。此外，还有一些Twitter账户，如@MEOjobs，分享整个媒体行业的空缺职位。可以考虑为工作和实习创建一个Twitter列表。

新闻奖学金

大多数主要新闻媒体都设有奖学金项目来招募和培训最优秀的记者。该奖学金对应届毕业生开放，具有很强的竞争力，并且在项目结束后获得奖学金的学生可以被媒体机构永久聘用。例如，赫斯特新闻奖学金（Hearst Fellows，@HearstFellows）包含了两次为期12个月的在赫斯特顶级都市报纸和网站的循环实习机会。该奖学金专注于数字创新、多平台叙事以及吸引受众参与报道的创作经历。

图8-2 斯克里普斯（E.W. Scripps）公司是经常在全国各地的新闻编辑部发布招聘信息的众多媒体公司之一。
@EWScrippsco. 推特帖子（2016年2月19日）

此外，在LinkedIn页面上搜索你想要工作的新闻机构和拥有这些新闻机构的公司。这些公司网页上会有工作和实习空缺职位的部分。点击“关注公司”，可以在你的LinkedIn动态资讯中获得定期更新，包括职位公告。在一家公司的LinkedIn页面上，你可以看到你是否与该公司的现任或前任员工有联系。LinkedIn的另一个很棒的功能是“寻找校友”，它允许你搜索你所在学校的校友，并根据地点、行业类型和他们工作的公司缩小搜索范围。例如，你可以利用这个功能查找你想要工作的新闻机构的校友并与其建立联系。最后，不要忘记LinkedIn上有一个强大的求职板块，你可以在那里搜索就业机会。

- 师资。你的新闻学导师是你求职和实习的重要资源，但有时会被你忽视。许多教师一直从事记者工作，并且仍然与业界保持着密切的联系。在你制订职业规划时，与你的导师和其他教授保持联系。作为导师，他们可以为你提供一切指导，从审核你的简历到为你提供你想实习或工作的新闻编辑部的联系人。
- 就业指导中心。要熟悉学校就业指导中心的员工和服务。就业指导中心的辅导员会在你寻找实习和工作的过程中提供指导，并促进你与校友和潜在雇主之间建立起联系。校园就业指导中心维护着一个实习和工作机会的数据库，通常由有兴趣从母校招聘员工的校友提供信息。一旦你毕业并在职业生涯中取得进步，不要忘记学校的就业指导中心。这些办事处也为校友提供职业发展和就业机会。
- 网络。随着人脉的增长，这些人应该成为你职业发展的重要组成部分。与你在实习期间或通过其他社交机会结识的人保持联系。当你寻找职业机会时，要与他们接触。但是，当你需要一份工作时，不要简单地依赖他们。定期与他们联系，建立和维护好彼此之间的关系。例如，每年请他们看一下你的作品集。大多数记者都非常愿意伸出援手。他们曾经就在你的位置上，并且很乐意提供指导。请记住，尽管所有的技术都触手可及，但没有什么可以取代一对一的对话。定期安排一次电话聊天或见面。

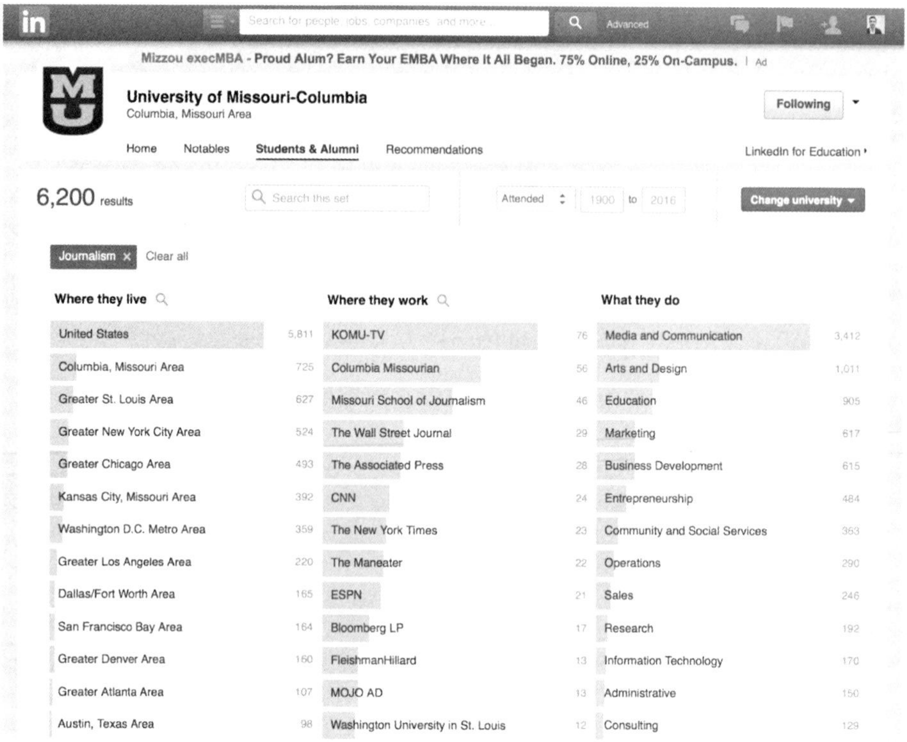

图8-3　密苏里大学哥伦比亚分校的LinkdIn页面

LinkdIn的“寻找校友”板块允许你搜索在新闻机构工作的校友，以及你正在找工作或实习城市的校友。

❖ 进入这个行业：利用你的数字技术

社交媒体改变了雇主招聘和面试求职者的方式。仅仅有一份可靠的简历已经不够好了。正如在本书第三章详细讨论过的那样，你如何在网上呈现自己，即你的品牌塑造，也是综合考察的一部分。

来自新闻编辑部

安贝・史密斯（Amber Smith，@AmberSmith1011）
新闻助理总监，内布拉斯加州格林电视台（Gray Television）

安贝尔・史密斯负责为内布拉斯加州格林电视台的四家新闻机构（包括KNOP-TV）招聘新闻编辑部工作人员。她还负责对员工进行新技术培训，监督网站和社交媒体内容。

在招聘新员工的时候你关注什么?

我的理想人选已经建立了一个专业的形象——会出于专业目的而非个人目的使用Facebook、Twitter和Instagram。在他们来到我这里之前，即使是在大学的媒体平台上，他们也应该已经有了自己的专业水准。如果你没有以专业的方式使用社交媒体，那将是一种不同的心态。此外，我正在寻找一位关心如何在新闻业中使用新工具的人。我希望看到他们是新平台和社交媒体功能的早期应用者，而不是等着我说“好吧，你必须开始这样做”的人。我还想看到，他们明白如何在不同平台间将内容差异化。不要把同样的内容放到所有平台上。每个人都需要有一个目标。

你发现求职者缺乏什么技能?

我发现，虽然许多千禧一代不断地使用社交媒体，但他们仍然需要努力工作，付出艰苦的努力，才能知道如何使用这些工具来吸引受众。大多数求职者都在为如何参与社交媒体而纠结。我看到他们中的很多人只是简单地推送内容，并认为他们的工作已经完成了。你必须确保给他们加上标签、@提及他们，并提出问题，以最大限度地扩大你的影响力。

在社交媒体上，发布职业帖子和个人帖子的最佳组合是什么?你会看重应聘者“个性化的一面”吗?

当我审视求职者在网上的表现时，我喜欢他们在社交媒体上有一些个人内容。如果我看到一篇聪明的文章，只要它是在适当的范围内，就会让我对你产生好的印象。我想看看这个人是否能与我们的员工和睦相处。你应该可以成为一名“个性化专业人士”，因为作为一名记者，你来这里不只是为了重复新闻。你的工作就是以一种有趣且丰富多样的方式传达信息，而这其中的一部分就是让你与人们之间产生共鸣。

应届毕业生为了找到工作，如何在社交媒体上展现出最好的一面？

不要静默。假设你已经完成了大学学业，不再为班级或学生活动做报道，那么就做你自己的老板。你要坚信你自己就是一家媒体公司。你在为自己工作。你在推销自己和你的品牌。无论是本地新闻还是全国新闻，你都要去分享内容。当事件发生时，要在Twitter上直播新闻事件。我想知道你是否在关注新闻并积极参与。

你在社交媒体上的活动可以为你创造或者毁掉你获得面试的机会。如果让负责审核实习生或求职者的人发现你发布了不专业的帖子，你可能不会在招聘进程中走得太远。你的数字足迹必须是干净的，没有可疑的活动。此外，你需要证明你理解如何以新闻的方式使用移动和社交媒体。

拥有专业的在线表现也会让你更容易被那些在网上招聘的雇主发现，就像艾迪·多德一样。他在网上寻找工作的过程中，收到了一封电视台新闻总监发来的电子邮件，这位新闻总监在网上搜索求职者的时候偶然间看到了多德的在线作品集。她在YouTube上找到了多德的简历，并在他的个人网站上找到了他的联系方式。这让他获得了一次面试机会，尽管他实际上从未申请过这份工作。

即使我没有在社交媒体上关注你，也要假设我关注了。你可能还没在我的组织工作过，所以你还不受我们的社交媒体准则的约束。但我会根据你的反馈来评估你是否能适应我们的社交媒体准则。所以，尽量不要太出界。此外，如果你在申请工作的前几天注册了一个Twitter账户，因为我们的职位描述要求社交媒体技能，那么我也能够看得出来。新手Twitter订阅几乎是不会错的。[5]

——《大西洋月刊》（TheAtlantic.com）副总编马特·汤普森（Matt Thompson，@mthomps）

线上作品集和品牌

现在是时候来回顾一下建立你的个人品牌的关键步骤（见第三章）：

- 进行社交媒体审核，确保你有一个积极的搜索结果。

- 创建一个网站，这个网站要作为你的新闻工作的作品集合，包含你的日志、简历和联系方式。选择一个与你的名字尽可能接近的网络名称。
- 熟练地、持续地使用社交媒体，显示出你有数字技术和做新闻的能力。不要只宣传你的工作。分享你关注的内容，并和这些平台上的人互动。
- 确保你的个人资料照片和个人简历是最新的。包括描述你专业的关键词，例如那些与你感兴趣的工作领域和技能有关的词。

简　历

将简历保持在一页以内。不要过分吹嘘，抓住重点，并且确保布局设计让人容易看下去。你的简历应该准确地反映到目前为止你职业生涯的各个阶段的教育、经历和技能。校对。如果你的简历出现拼写和语法错误，那你将不太可能被认真对待。记住，这毕竟是新闻。从你的良师益友那里获取反馈，并且让你们学校的就业服务部门审核你的简历。

你会想在面试时带上简历的纸质副本。但是，现在电子版更重要。让你的简历可在线访问。最好的方式是把你的简历嵌入你的网站里，而不是把PDF或Word文件挂在网页上。在网页里把它装饰一下会在视觉上更吸引人。在大部分网站嵌入文件时，你首先必须把你的简历上传到允许你托管文档的网站，例如“Slideshare.net”或者“Scribd.com”。然后，把嵌入编码拷贝到你的网站。其他的操作就是从Word文件里直接复制和粘贴文本到你的网站页面。记住，有时候这看起来并不是最吸引人的。

你的简历里应该包括什么?

- 标题要有名字、地址、电话号码、邮箱地址、网站链接和Twitter账户名。为了避免杂乱，不建议你把所有的社交媒体作品集都放在里面。对于公开发布的简历，请删除你的家庭住址。
- 相关经历包括带薪职位、实习和学生媒体角色。不要忘记涵盖每一段经历的日期和你负责岗位的要点。如果你参与了一个新闻项目，例如一个多媒体平台网站，作为课程的一部分，那么就把它也列进去。在它的要点介绍里解释一下它是哪个课程里的一部分。

- 教育部分，包括学校名称、主修和辅修学位头衔、每年的出勤率以及获得的任何荣誉。
- 技能部分应包括你所掌握的多媒体硬件（摄影、录音、视频装备）和软件（像Adobe Premiere这样的编辑程序）。这也是你想要突出你对移动和社交媒体理解的地方。没必要把每一种社交网络平台都罗列上去。相反，列出一些招聘者需要的更广泛的技能，例如社交媒体优化和社交媒体分析。外语知识也应该在这一部分里呈现出来。
- 如果适用，其他部分要包括获得的荣誉奖项、社团服务、专业组织的成员资格，例如你们学校的专业记者协会分会。
- 职位描述中的关键词也要被包含在简历里，因为有时媒体人力资源部门的工作人员会首先审核你的简历。他们在筛选简历到下一轮时会浏览搜索关键词。
- 不要包含“可根据要求提供证明人”。当然，你需要附上推荐人的姓名和联系方式。你可以在第二页列出三位推荐人，并且第二页也要有你简历的标题。首先，询问那些人是否可以把他们列在简历上。出于礼貌，当你真正获得面试机会时，要让他们了解新进展。这样他们就知道会接到来自新闻编辑部的电话或邮件。

求职信

你的求职信是一个机会，来描述你对这个职位的兴趣、你的背景以及这些信息如何与你申请的职位相匹配。求职信的目的不是要重复你简历中的内容，而是在它的基础上进行扩展。求职信保持在一页以内。求职信还会让你的招聘经理们了解你的写作能力与风格。

- 求职信不要以“致相关人士”开头。找出招聘经理的名字，并且把这封信寄给他/她。
- 在开头的一段中，要解释你现在在哪里以及你为什么要申请这个职位。
- 如果你与这个媒体有关联，例如，如果你在那里实习过或者在那里工作的校友告诉过你这个职位，那就早点把这些信息写出来。
- 润色求职信。招聘经理们要感受到你对这个行业的热情，以及这个媒体和职位让你感到兴奋的地方。
- 突出你的数字技能。说说你在报道过程中是如何使用移动和社交媒体的。
- 就像你在写作一篇新闻稿一样去编辑和校对它。

申请以及面试

请密切关注招聘启事中指示求职者应该怎样申请职位的信息。在大多数情况下，你需要通过一个在线系统上传你的求职信、简历和作品集的链接进行申请。一些媒体机构可能更偏好于让你用邮箱发送电子邮件给特定的人，这通常是一些小型媒体机构的实习风格。

在申请之前，事先通知你在新闻编辑部的联系人。他们可能会分享更多关于这个职位的信息，或者愿意跟招聘经理简单介绍一下你。

几周过去后，你还没有从你申请的媒体得到任何回音。那么你应该联系招聘经理吗？如果职位描述上写着“不要来电或发电子邮件”，那么答案就是：不要联系。否则，如果你在几周后还没有收到任何反馈，那么通过电子邮件跟进是合适的。

做足你的功课。熟悉媒体的新闻生产和受众。关注媒体的社交媒体平台和几名记者，这样你就能知道他们如何使用数字技术进行报道。

在面试中，你可能想表达你对这个新闻媒体的熟悉程度。最好的面试感觉就像谈话。以下是你在面试中可以预期的一些情况：

- 写作测试，以确定你的新闻判断、写作技能、为不同平台调整写作风格的能力。

- 关于本国和世界上最新发生的时事或者常识测验。一些媒体还会问一些他们所在区域的这类问题。
- 审核你的社交媒体账户（无论他们是否告诉你，希望你已经在你参加职位面试前这样做了）。
- 证明你熟悉该媒体的报道和受众。
- 对这个行业的热情以及学习的意愿。

最后，准备好你自己的问题和谈话要点。你应该对新闻编辑部的文化、对申请职位的期望以及帮助你成长为记者的导师的类型等感到好奇。参与讨论这家媒体的移动和社交媒体战略，以及你应聘的这个角色如何融入该战略计划。关于行业趋势的谈话表明你对新闻业及其发展所需的日常技能都有广泛的了解。毕竟，你们是这个行业未来的领导者。

进入这个行业：寻觅新闻工作

艾米丽·马斯特斯（Emily Masters，@emilysmasters），2016年毕业于新闻学院，赫斯特新闻奖学金获得者。在获得奖学金的第一年，她在纽约州首府地区的《时报联盟》（Times Union）担任多媒体突发新闻记者。在接受赫斯特奖学金之前，马斯特斯面试过很多职位。以下是她对求职过程的一些看法。

> 在面试社交媒体制作人这一职位时，我被要求对新闻编辑部目前的社交媒体输出情况进行详细的评论，然后列出具体的改进计划，同时附上我自己的理由。在每次新闻工作的面试中，我都被问及如何处理社交媒体上的某些道德状况，以及如何使用社交媒体寻找素材和报道创意。
>
> 在漫长的面试（包括考试）过程中，我接受了多达四页、长达一小时的“数字制作人技能”考试。为了这次考试，我不得不用搜索引擎优化（SEO）和SMO策略为网络改写文本标题；用在线的、额外的多媒体内容补充印刷/广播报道；使用交互式多媒体组件将传统报道转换为要讲述的故事；并发了一条推文、一个Facebook帖子和一篇125字的博客文章来宣传一则网络新闻。
>
> 在作为一名移动多媒体记者报道突发新闻的面试中，我被要求详细描述我从到达现场到一天结束的报道过程。还有人问我如何使用最新的移动硬件和软件。我可以在哪些移动设备上拍摄和编辑？我可以从哪些移动设备归档素材？我可以在现场使用哪些社交媒体平台，以及如何使用它们？我在工作中使用哪些应用程序？为什么？

我的品牌和经历给很多招聘经理留下了深刻的印象，但我的大部分机会都源于多年来与行业领袖之间建立和保持的联系。他们是我在学院或会议上结识的，我曾亲自接触过他们，或者是间接认识的。我与他们之间是通过友谊和共同的兴趣自然建立的关系。我总是确保我能为与我交往的人提供一些东西。我必须以专业的态度处理这段关系。如果我想保持这种关系，我必须让这种关系对他们来说具有职业价值。或许，我可以提供一个千禧一代对这个行业的看法；或许，我们对政府报道有共同的兴趣；或许，我们都参与了支持女性从事新闻业的运动。然后，当我到他们的城市时，我会和他们保持联系，给他们买咖啡，或者发一篇关于我们过去讨论的文章。找到共同点促进了我的人际交往，而这些人际关系在大四时转化成了真正的就业前景。

❖ 备忘录

☆ 润色、呈现你的作品集。审核你的在线品牌，包括你的网站、社交媒体平台。让你的两个同学也这样做，并且提供反馈。现在是时候更新你的简历上的技能了，包括与移动和社交媒体有关的技能。在课堂上的简短演示中，回顾你在报道中使用移动和社交媒体的经历，并打造你的在线品牌。什么有效？什么没有？在你的讨论中，要包括你从监控你的网站和社交媒体分析中所学到的东西。最后讨论你未来计划如何使用移动和社交媒体。

☆ 信息图表简历。创建一份信息图表简历，以高度可视化的方式讲述你的故事。这不仅是突出你的简历的独特方式，还能显示出你懂数据可视化以及懂如何创建图表。信息图表简历里的内容要经过精挑细选。它要凸显你简历里的重点，不要把所有东西都呈现出来造成过载。考虑附上一张照片、一个描述你是谁的标题以及一条展现你的实践经历、接受教育和掌握技能的时间线。Infogr.am和piktochart是基于网站的可视化工具平台，你可以在其中构建信息图形，在你的网站上发布信息图表简历。

☆ 查看工作描述。在你最终想工作的媒体机构中找到三份新闻职位的工作描述。分析自身的资质，密切关注数字技能方面的要求。

☆ 书本以外。这可能是本书的结尾，但让我们继续探讨下去。你可以通过本书的Facebook页面（fb.com/MobileandSocialMediaJournalism）和Twitter账户（@MobileJourn）与我保持联系。别忘了查看配套网站（MobileandSocialMediaJournalism.com），我在那里提供额外的资源，包括视频教程和行业相关新闻。

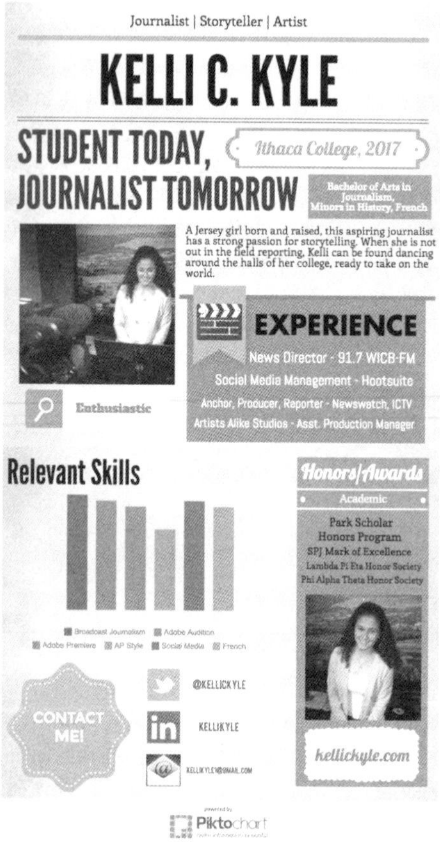

图8–4 凯莉·凯尔的简历

新闻专业学生凯莉·凯尔制作了这份信息图表简历，以一种高度吸引人的方式突出了她的背景和技能。

附录1

注 释

第一章

1. Jay Rosen, “The People Formerly Known as the Audience,” The Huffington Post, May 25, 2011.
http://www.huffingtonpost.com/jay-rosen/the-people-formerly-known_1_b_24113.html.

2. David Sarno, “Citizen Photo of Hudson River Plane Crash Shows Web’s Reporting Power,” Los Angeles Times, January 15, 2009. http://latimesblogs.latimes.com/technology/2009/01/citizen-photo-o.html.

3. Carl Quintanilla, “#TwitterRevolution” [documentary], CNBC Originals, air date August 17, 2013.

4. Pamela J. Shoemaker & Tim P. Vos, Gatekeeping Theory, Routledge, 2009.

5. Anthony C. Adornato, “Forces at the Gate: Social Media’s Influence on Editorial and Production Decisions in Local Television Newsrooms,” Electronic News 10, no. 2 (June 2016): 87-104, doi:0.1177/1931243116647768.

6. Anthony C. Adornato, “A Digital Juggling Act: New Media’s Impact on the Responsibilities of Local Television Reporters.” Electronic News 8, no. 1 (March 2014): 3-29. doi:10.1177/1931243114523963.

7. “U.S. Smartphone Use in 2015,” Pew Research Center, April 1, 2015. http://www.

pewinternet.org/2015/04/01/us-smartphone-use-in-2015/.

8. Mina Nacheva, "Putting the U in User-Generated Content," International Journalism Festival, May 3, 2014. http://magazine.journalismfestival.com/putting-the-u-in-user-generated-content/.

9. Hillary Brenhouse, "Man Live-Tweets U.S. Raid on Osama bin Laden Without Knowing It," Time, May 2, 2011. http://newsfeed.time.com/2011/05/02/man-live-tweets-u-s-raid-on-osama-bin-laden-without-knowing-it/.

10. Adornato, "Forces at the Gate."

11. Mina Nacheva, "Putting the U in User-Generated Content."

12. "Digital News Report 2015," Reuters Institute for the Study of Journalism, n.d. Accessed February 3, 2017, at
http://www.digitalnewsreport.org/survey/2015/executive-summary-and-key-findings-2015/.

13. "Mobile-First News: How People Use Smartphones to Access Information," Knight Foundation, May 11, 2016. http://www.knightfoundation.org/publications/mobile-first-news-how-people-use-smartphones-acces.

14. "How Social Media is Reshaping News," Pew Research Center, September 24, 2014.
http://www.pewresearch.org/fact-tank/2014/09/24/how-social-media-is-reshaping-news/.

15. "How Is Mobile Consumption Changing Journalism?" The Wall Street Journal, November 5, 2013. http://on.wsj.com/1upNwBl.

16. Mathew Ingram, "Facebook Has Taken Over From Google as a Traffic Source for News," Fortune, August 18, 2015. http://fortune.com/2015/08/18/facebook-google/.

17. "Digital News Report 2015."

18. "The 2016 Presidential Campaign - -A News Event That's Hard to Miss," Pew Research Center, February 4, 2016. http://www.journalism.org/2016/02/04/the-2016-presidential-campaign-a-news-event-thats-hard-to-miss/.

19. Amy Mitchell and Jesse Holcomb, "State of the News Media 2016," Pew Research Center, June 15, 2016.
http://www.journalism.org/2016/06/15/state-of-the-news-media-2016.

20. "Rolling Out the Mobile-Friendly Update," Google Webmaster Central Blog, April 21, 2015. https://webmasters.googleblog.com/2015/04/rolling-out-mobile-friendly-update.html.

21. Adornato, "A Digital Juggling Act."
22. Quintanilla, "#TwitterRevolution."
23. Adornato, "A Digital Juggling Act."
24. Natalie Jomini Stroud, "Interaction on Twitter Enhances Journalists' Credibility," American Press Institute,December 4, 2015. https://www.americanpressinstitute.org/publications/research-review/twitter-credibility/.

第二章

1. Robin Wauters, "You Need to See This Video（1981 TV Report on Birth of Internet News)," Tech Crunch, January 29, 2009. http://techcrunch.com/2009/01/29/you-need-to-see-this-video.
2. Michael Barthel, "Newspapers: Fact Sheet," Pew Research Center, April 29, 2015. http://www.journalism.org/2015/04/29/newspapers-fact-sheet.
3. Peter Drucker, Managing in a Time of Great Change（New York: Truman Talley Books/Plum, 1995).
4. George Sylvie, Jan LeBlanc Wicks, C. Ann Hollifield, Stephen Lacy, and Ardyth Broadrick Sohn, Media Management: A Casebook Approach（New York: Taylor & Francis, 2009).
5. Jim Bach, "Pew: Digital Ventures Bring Jobs and Money to Journalism," American Journalism Review, March 26, 2014. http://ajr.org/2014/03/26/pew-digital-ventures-bring-jobs-money-journalism.
6. Monica Anderson and Andrea Caumont, "How Social Media Is Reshaping News," Pew Research Center, September 24, 2014. http://www.pewresearch.org/fact-tank/2014/09/24/how-social-media-is-reshaping-news.
7. Jessica Weiss, "How NPR Has Gone 'Mobile First,'" International Journalists Network, September 23, 2013.

http://ijnet.org/en/blog/how-npr-has-gone-mobile-first.

8. Benjamin Mullin, "Dean Baquet: NYT Will Retire 'System of Pitching Stories for the Print Page 1,'" Poynter, February 19, 2015. http://www.poynter.org/2015/dean-baquet-nyt-will-retire-system-of-pitching-stories-for-theprint-page-1/321637.
9. Joshua Benton, "The Leaked New York Times Innovation Report Is One of the Key Documents of This Media Age," Nieman Lab, May 15, 2015. http://www.niemanlab.

org/2014/05/the-leaked-new-york-times-innovationreport-is-one-of-the-key-documents-of-this-media-age.

10. Lou Carlozo, "The Digital Push Is Smoother in Syracuse," NetNewsCheck, February 21, 2013.http://www.netnewscheck.com/article/24535/advance-digital-push-is-smoother-in-syracuse.
11. Michael Depp, "For CNN, Platform Publishing Now in DNA," NetNewsCheck, April 26, 2016.http://www.netnewscheck.com/article/50018/for-cnn-platform-publishing-now-in-dna?dg.
12. Mike Shields, "CNN to Pump $20 Million Into Digital Expansion," Wall Street Journal, March 16, 2016.http://www.wsj.com/articles/cnn-to-pump-20-million-into-digital-expansion-1458122401.
13. Tamar Charney, "8 NPR One Things I Wish I Had Known or Done When I Was at a Station," National Public Radio, April 20, 2016. http://digitalservices.npr.org/post/8-npr-one-things-i-wish-i-had-known-or-donewhen-i-was-station.
14. Shan Wang, "NPR One Is Getting Serious About the Promise of New Digital Audiences for Local Journalism," Nieman Lab, May 16, 2016. http://www.niemanlab.org/2016/05/npr-one-is-getting-serious-aboutthe-promise-of-new-digital-audiences-for-local-journalism.
15. Alex T. Williams, "Paying for Digital News: The Rapid Adoption and Current Landscape of Digital Subscriptions at US Newspapers," American Press Institute, February 29, 2016.https://www.americanpressinstitute.org/publications/reports/digital-subscriptions/single-page.
16. Amy Mitchell, "State of the News Media 2015," Pew Research Center, April 29, 2015. http://www.journalism.org/2015/04/29/state-of-the-news-media-2015.
17. Amy Mitchell and Jesse Holcomb, "State of the News Media 2016," Pew Research Center, June 15, 2016.

http://www.journalism.org/2016/06/1/state-of-news-media-2016.

18. "In Changing News Landscape, Even Television Is Vulnerable," Pew Research Center, September 27, 2012.http://www.people-press.org/2012/09/27/in-changing-news-landscape-even-television-is-vulnerable.
19. Anthony C. Adornato, "Forces at the Gate: Social Media's Influence on Editorial and

Production Decisions in Local Television Newsrooms," Electronic News 10, no. 2 (June 2016): 87-104. doi:10.1177/1931243116647768.

20. Bob Papper, "RTDNA Research: The Business of TV News," Radio Television Digital News Association, May 16, 2016. http://rtdna.org/article/rtdna_research_the_business_of_tv_news#sthash.LOFZ5Rfl.dpuf.

21. Samir Husni, Debora Halpern Wenger, and Hank Price, Managing Today's News Media: Audience First (Thousand Oaks, CA: Sage, 2016).

22. Nancy Vogt, "Audio Fact Sheet," Pew Research Center, April 29, 2015.http://www.journalism.org/2015/04/29/audio-fact-sheet.

23. Bob Papper, "RTDNA Research: Newsrooms Grow Mobile and Social," Radio Television Digital News Association, April 18, 2016.http://rtdna.org/article/rtdna_research_newsrooms_grow_mobile_and_social#sthash.aTRlOp6p.dpuf.

24. Michael Barthel, "5 Key Takeaways From State of the News Media 2015," Pew Research Center, April 29, 2015. http://www.pewresearch.org/fact-tank/2015/04/29/5-key-takeaways-from-state-of-the-news-media-2015.

25. Mark Jurkowitz, "The Growth in Digital Reporting," Pew Research Center, March 26, 2014.http://www.journalism.org/2014/03/26/the-growth-in-digital-reporting.

26. Deron Lee, "Will Readers Pay for Local News? A Digital Startup in Tulsa Bets That They Will," Columbia Journalism Review, April 26, 2016.http://www.cjr.org/united_states_project/the_frontier_for_profit_digital_startup_oklahoma.php.

27. Carolyn Maynard-Parisi and Mary Mann, "The Value of Local News: Why the Village Green Now Has a Limited Paywall," The Village Green, May 15, 2016. http://villagegreennj.com/salon/value-local-news-villagegreen-now-limited-paywall-2.

28. "A New Understanding: What Makes People Trust and Rely on News," American Press Institute, April 17, 2016. https://www.americanpressinstitute.org/publications/reports/survey-research/trust-news.

29. Shan Wang, "Out of Many, NPR One: The App That Wants to be the 'Netflix of Listening' Gets More Local," Nieman Lab, January 11, 2016. http://www.niemanlab.org/2016/01/out-of-many-npr-one-the-app-thatwants-to-be-the-netflix-of-listening-gets-more-local.

30. "A New Understanding."

31. “Subscriber Benefits,” Chicago Tribune. http://membership.chicagotribune.com.

32. Adornato, “Forces at the Gate.”

33. Josh Stearns, “How Journalists Build and Break Trust With Their Audience Online,” First Draft News, May 27, 2016. https://firstdraftnews.com/how-journalists-build-and-break-trust-online.

34. Emily Bell, “The End of the News as We Know It: How Facebook Swallowed Journalism,” Tow Center for Digital Journalism, March 7, 2016. https://medium.com/@TowCenter/the-end-of-the-news-as-we-know-it-howfacebook-swallowed-journalism-60344fa50962#.9qp019ovg.

35. “Demographic Profile of Social Networking Site Users,” Pew Research Center, May 25, 2016.http://www.journalism.org/2016/05/26/news-use-across-social-media-platforms-2016/pj_2016-05-26_social-

36. Joy Mayer, “Earning Trust on Social: Engage Authentically,” Reynolds Journalism Institute, April 21, 2016. https://www.rjionline.org/stories/earning-trust-on-social-engage-authentically.

37. Michael Barthel, Elisa Shearer, Jeffrey Gottfried, and Amy Mitchell, “News Habits on Facebook and Twitter,” Pew Research Center, July 14, 2015. http://www.journalism.org/2015/07/14/news-habits-on-facebook-andtwitter.

38. “When and Where Do We Access the News?” Reuters Institute for the Study of Journalism, 2015.

第三章

1. Mark Glaser, Personal Branding Becomes a Necessity in Digital Age, MediaShift, July 16, 2009. http://mediashift.org/2009/07/personal-branding-becomes-a-necessity-in-digital-age197.

2. Social Recruiting Survey, Jobvite, 2014. https://www.jobvite.com/wpcontent/uploads/2014/10/Jobvite_SocialRecruiting_Survey2014.pdf.

3. Robinson, as quoted in Glaser, 2009.

4. Anthony C. Adornato and Suzanne Lysak, “A Survey of Social Media Policies in U.S. Television Newsrooms” paper presented at the annual conference of the Association for Education in Journalism and Mass Communication, San Francisco, CA, August 2015).

5. Ibrahim Ahmed, "Why Your Profile Picture Is So Important," The National, February 26, 2015.http://www.thenational.ae/business/the-life/why-your-profile-picture-is-so-important.

6. Sree Sreenivasan, "Why Profile Photos Matter—Is Yours Appropriate?" DNAinfo, April 12, 2010.https://www.dnainfo.com/new-york/20100412/morningside-heights/why-profile-photos-matter-mdash-is-yoursappropriate.

7. Mallary Jean Tenore, "10 Ways Young Journalists Can Make Themselves More Marketable," Poynter, January 7, 2013. http://www.poynter.org/2013/10-ways-journalists-can-make-themselves-more-marketable/198780.

8. "Social Media Guidelines for Student Journalists," Walter Cronkite School of Journalism and Mass Communication, accessed January 22, 2017. https://cronkite.asu.edu/degree-programs/admissions/studentresources/social-media-guidelines.

9. Benjamin Mullin, "New York Times Editor: After Orlando Shooting, Don't Editorialize on Social Media," Poynter, June 13, 2016. http://www.poynter.org/2016/new-york-times-editor-after-orlando-shooting-donteditorialize-on-social-media/416566.

10. Adornato and Lysak, 2015.

11. Scott Kleinberg, "The Rule of Thirds Will Change How You Share on Social Media," Chicago Tribune, August 6, 2014. http://www.chicagotribune.com/lifestyles/ct-social-media-rule-of-thirds-20140806-column.html.

12. Sue Burzynski Bullard, "Best Practices for Social Media and Journalism," American Copy Editors Society, July 8, 2014. http://www.copydesk.org/blog/2014/07/08/best-practices-for-social-media-and-journalism.

13. James Breiner, "How Journalist Built His Brand From College Dorm Room," News Entrepreneurs, January 27, 2013. http://newsentrepreneurs.blogspot.com/2013/01/how-journalist-built-his-brand-from.html.

第四章

1. Rachel Barron and Alexa Lardieri, "Newspapers Hunt for New Readers on Instagram," American Journalism Review, April 7, 2015. http://ajr.org/2015/04/07/newspapers-hunt-for-new-readers-on-instagram.

2. Michael Roston, "If a Tweet Worked Once, Send It Again—and Other Lessons From

the New York Times' Social Media Desk," Nieman Lab, January 6, 2014. http://www.niemanlab.org/2014/01/if–a–tweet–worked–oncesend–it–again–and–other–lessons–from–the–new–york–times–social–media–desk.

3. Henk van Ess, "How to Use Private Twitter Lists to Deepen Coverage of Companies," MediaShift, January 2015. http://mediashift.org/2015/06/how–to–use–private–twitter–lists–to–deepen–coverage–of–companies.
4. van Ess, "How to Use Private Twitter Lists," 2015.
5. NPR Ethics Handbook, n.d. Accessed February 4, 2017, at http://ethics.npr.org/tag/social–media.
6. Meena Thiruvengadam, "Instagram for Newsrooms: A Community Tool, a Reporting Tool, a Source of Web Content," Poynter, May 27, 2103. http://www.poynter.org/2013/instagram–for–newsrooms–a–community–tool–areporting– tool–a–source–of–web–content/214435.
7. Thiruvengadam, "Instagram for Newsrooms," 2103.
8. Daniel Victor, "The One Word Journalists Should Add to Twitter Searches That You Probably Haven't Considered," April 27, 2015. https://medium.com/@bydanielvictor/the–one–word–reporters–should–add–totwitter–searches–that–you–probably–haven–t–considered fadab1bc34e8#.3p8egd8jq.
9. Victor, "The One Word Journalists Should Add," 2015.
10. Blair Hickman, "How We Used Facebook to Power Our Investigation Into Patient Harm," ProPublica, December 19, 2012. https://www.propublica.org/article/how–we–used–facebook–to–power–our–investigation–intopatient–harm.
11. Joseph Lichterman, "What Are the Best Practices for Crowdsourcing the Reporting Process?" Nieman Lab,November 20, 2015. http://www.niemanlab.org/2015/11/what–are–the–best–practices–for–crowdsourcing–thereporting–process.
12. Serri Graslie, "6 Ways to Use Social Callouts," NPR Social Media Desk, April 29, 2015. http://socialmediadesk.tumblr.com/post/117706055331/6–ways–to–use–social–callouts.
13. "Guide to Crowdsourcing," Tow Center for Digital Journalism, November 20, 2015. http://towcenter.org/research/guide–to–crowdsourcing.
14. Hickman, "How We Used Facebook," 2012.
15. Reuben Stern, "Infographics," American Society of News Editors Youth Journalism Initiative, n.d. Accessed February 5, 2017, at http://schooljournalism.org/wpcontent/

uploads/adobe_captivate_uploads/Infographics_ASNE–rev/multiscreen.html

第五章

1. Paul Greeley, "WFAA Reporter Works Alone With His iPhone," TVNewsCheck, January 29, 2016. http://www.tvnewscheck.com/marketshare/2016/01/29/wfaa–reporter–works–alone–using–his–iphone.
2. Neal Augenstein, "How to Edit a Reporter Wrap With Ferrite App," #iphonereporting, December 3, 2015. https://iphonereporting.com/2015/12/03/how–to–edit–a–reporter–wrap–with–ferrite–app.
3. Jessica Weiss, "7 Tips for Budding Mobile Journalists," MediaShift, December 7, 2014. http://mediashift.org/2014/12/7–tips–for–budding–mobile–journalists.
4. Caroline Scott, "Ditching the DSLR: Why a BBC Journalist Filmed Only on a Mobile Phone for a Month," journalism.co.uk, August 1, 2016. https://www.journalism.co.uk/news/ditching–the–dslr–how–a–bbc–journalistswopped–his–professional–camera–for–a–mobile–phone–for–a–month/s2/a660935.
5. Catalina Albeanu, "Why the Washington Post Is Integrating Vertical Video Into Its Strategy," journalism.co.uk,July 7, 2016. https://www.journalism.co.uk/news/washington–post–vertical–video/s2/a653586.
6. Lino Lotveit, "How to Mojo: Using Mobile Phones for Reporting," Global Investigative Journalism Conference, October 15, 2015. http://gijc2015.org/2015/10/15/how–to–mojo–using–mobile–phones–for–reporting.
7. Robert Channick, "Chicago Sun–Times Lays Off Its Photo Staff," Chicago Tribune, May 30, 2013.http://articles.chicagotribune.com/2013–05–30/business/chi–chicago–sun–times–photo–20130530_1_chicago–suntimes–photo–staff–video.
8. Emil Pakarklis, "9 iPhone Camera Features Every Photographer Should Use," iPhone Photography School, July 20, 2016. http://iphonephotographyschool.com/iphone–camera.

第六章

1. Katie Yaeger, "Finding a Voice on Social Media: Insights for Local Newsrooms," American Press Institute, December 16, 2016. http://www.americanpressinstitute.org/publications/reports/strategy–studies/social–mediavoice.

2. Amy Mitchell, “State of the News Media 2015,” Pew Research Center, April 29, 2015. http://www.journalism.org/2015/04/29/state-of-the-news-media-2015/.

3. Liliana Honorato, “Practitioners Panel Discusses the Increasing Impact of Social Media on Journalism on the Second Day of ISOJ,” The Knight Center for Journalism, April 21, 2012. https://knightcenter.utexas.edu/blog/00-9831-practitioners-panel-discusses-increasing-impact-social-mediajournalism-second-day-isoj.

4. Simon Rogers, “What Fuels a Tweet's Engagement,” Twitter, March 10, 2014.https://blog.twitter.com/2014/what-fuels-a-tweets-engagement.

5. Yaeger, “Finding a Voice on Social Media.”

6. Rogers, “What Fuels a Tweet's Engagement.”

7. “The Personal News Cycle: How Americans Choose to Get Their News,” American Press Institute, March 17, 2014, https://www.americanpressinstitute.org/publications/reports/survey-research/personal-news-cycle/.

8. Mallory Jean Tenore, “What Twitter Teaches Us About Writing Short & Well,” Poynter, August 30, 2012.http://www.poynter.org/2012/what-twitter-teaches-us-about-writing-short-well/186371/.

9. Michael Roston, “If a Tweet Worked Once, Send It Again—and Other Lessons From the New York Times' Social Media Desk,” Nieman Lab, January 6, 2014. http://www.niemanlab.org/2014/01/if-a-tweet-worked-oncesend-it-again-and-other-lessons-from-the-new-york-times-social-media-desk/.

10. “Writing for Mobile: Bite-Size Basics,” BBC Academy, n.d. Accessed January 27, 2017, athttp://www.bbc.co.uk/academy/journalism/article/art20141202144618106.

11. Jakob Nielsen, “Website Reading: It（Sometimes）Does Happen,” Nielsen Norman Group, June 24, 2013.https://www.nngroup.com/articles/website-reading/.

12. Sue Burzynski Bullard, “Best Practices for Social Media and Journalism,” American Copy Editors Association, July 8, 2014. http://www.copydesk.org/blog/2014/07/08/best-practices-for-social-media-and-journalism/.

13. Natalie Jomini Stroud, “Interaction on Twitter Enhances Journalists' Credibility,” American Press Institute, December 4, 2015. https://www.americanpressinstitute.org/publications/research-review/twitter-credibility/.

14. Steve Buttry, “10 Ways Twitter Is Valuable to Journalists,” The Buttry Diary, August

27, 2012.https://stevebuttry.wordpress.com/2012/08/27/10-ways-twitter-is-valuable-to-journalists/.

15. Rachel Bartlett, "How Newsrooms Can Use Social Analytics to Guide Editorial Strategy," Journalism.co.uk, June 19, 2013. https://www.journalism.co.uk/news/how-newsrooms-can-use-social-analytics-to-guide-editorialstrategy/s2/a553295.

16. JP Mangalindan, "Why Facebook Now Sends More Traffic to News Websites than Google," Mashable, August 19, 2015. http://mashable.com/2015/08/19/facebook-traffic-news-sites-google/#WzLzoRe2GOqr.

17. Amy Mitchell, "State of the News Media 2015," Pew Research Center, April 29, 2015. http://www.journalism.org/2015/04/29/state-of-the-news-media-2015/.

18. Ravi Somaiya, "How Facebook Is Changing the Way Its Users Consume Journalism," New York Times, October 26, 2014. http://www.nytimes.com/2014/10/27/business/media/how-facebook-is-changing-the-way-itsusers-consume-journalism.html?_r=0.

19. Michael Jenner, "Newsrooms Using Web Metrics to Evaluate Staff, Guide Editorial Decisions," Reynolds Journalism Institute, November 14, 2013. https://www.rjionline.org/stories/newsrooms-using-web-metrics-toevaluate-staff-guide-editorial-decisions.

20. Anthony C. Adornato, "Forces at the Gate: Social Media's Influence on Editorial and Production Decisions in Television Newsrooms," Electronic News 10, no. 2 (June 2016): 87-104. doi:0.1177/1931243116647768.

21. Yaeger, "Finding a Voice on Social Media.

22. David Carr, "Risks Abound as Reporters Play in Traffic," New York Times, March 23, 2014.http://www.nytimes.com/2014/03/24/business/media/risks-abound-as-reporters-play-in-traffic.html.

23. Katie Yaeger, "Implementing a Voice," American Press Institute, December 16, 2015.https://www.americanpressinstitute.org/publications/reports/strategy-studies/implementing-a-voice/.

24. Ibid.

25. Rachel Wise and Reuben Stern, "Q&A with Parse.ly CEO Sachin Kamdar: Choosing the Right Metrics," Reynolds Journalism Institute, December 16, 2015. https://www.rjionline.org/stories/futures-lab-interviewparsely-ceo-sachin-kamdar-choosing-the-right-metrics.

第七章

1. Samantha Goldberg, "The Age of iPhone Reporting: Q & A with Neal Augenstein," American Journalism Review, December 23, 2013. http://ajr.org/2013/12/23/age-iphone-reporting.

2. Julie Moos, "TV Station Says It Fired Meteorologist for Replying to Viewer on Facebook," Poynter, December 12, 2012. http://www.poynter.org/2012/tv-station-says-it-fired-meteorologist-for-replying-to-viewer-onfacebook/197877.

3. Joey Morona, "'Good Morning Cleveland' anchors Jackie Fernandez, Somara Theodore let go after social media posts," Cleveland.com, October 31, 2016. http://www.cleveland.com/entertainment/index.ssf/2016/10/good_morning_cleveland_anchors.html

4. "Journalism Personal Statement by Scott Pelley," United Worldwide Web, May 27, 2013. https://www.youtube.com/watch?v=guIvUPjeNzI.

5. Steve Buttry, "Journalists Code of Ethics: Time for an Update," The Buttry Diary, November 7, 2010.https://stevebuttry.wordpress.com/2010/11/07/journalists-code-of-ethics-time-for-an-update.

6. Anthony C. Adornato and Suzanne Lysak, "A Survey of Social Media Policies in US Television Newsrooms" paper presented at the annual convention of the Association for Education in Journalism and Mass Communication, San Francisco, CA, August 2015).

7. "Building and Using Your Customized Ethics Code," Online News Association Build Your Own Ethics Code, n.d. Accessed January 27, 2017, at http://ethics.journalists.org/instructions.

8. Ibid.

9. "Eyewitness Media Hub Launch Guiding Principles for Journalists," Eyewitness Media Hub, September 9,2015. https://medium.com/@emhub/eyewitness-media-hub-launch-guiding-principles-for-journalists- 54aafc786eeb#.icml5c8qt.

10. "Social Newsgathering in Sensitive Circumstances," Associated Press, n.d. Accessed January 30, 2017, at https://web.archive.org/web/20150913235517/http://www.ap.org/Images/Social-Newsgathering_tcm28-12860.pdf.

11. Steven Mendoza, "To Friend or Not to Friend?" American Journalism Review, October/November 2008,http://ajrarchive.org/Article.asp?id=4628.

12. Ibid.

13. Jim Romenesko, "Gannett Releases Its Social Media Policy," jimromenesko.com, September 10, 2013.http://jimromenesko.com/2013/09/10/read-gannetts-social-media-policy-memo.

14. "Social Media Guidelines for AP Employees," Associated Press, May 2013. http://www.ap.org/Images/Social-Media-Guidelines_tcm28-9832.pdf.

15. "10 Best Practices for Social Media: Helpful Guidelines for News Organizations," American Society of News Editors, May 2011. http://asne.org/Files/pdf/10_Best_Practices_for_Social_Media.pdf.

16. Anthony C. Adornato, "Forces at the Gate: Social Media's Influencc on Editorial and Production Decisions in Local Television Newsrooms," Electronic News 10, no. 2 (June 2016): 87-104. doi:0.1177/1931243116647768.

17. Matt Mulcahy, "Maybe I'm Amazed Paul McCartney lunched with East Syracuse workers: Matt's Memo," CNYCentral.com, September 5, 2012. http://cnycentral.com/news/matts-memo/maybe-im-amazed-paul-mccartney-lunched-with-east-syracuse-workers-matts-memo

18. Jenni Sargent, "How to Verify Images Like a Pro With Google Earth," First Draft News, January 19, 2016.https://firstdraftnews.com/resource/how-to-verify-images-like-a-pro-with-google-earth.

19. "Social Media Guidelines for AP Employees," Associated Press, May 2013. http://www.ap.org/Images/Social- Media-Guidelines_tcm28-9832.pdf.

20. Jonathan Peters, "Can I Use That? A Legal Primer for Journalists," Columbia Journalism Review, October 1,2015. http://www.cjr.org/united_states_project/journalist_legal_questions.php.

21. Daxton Stewart, ed., Social Media and the Law: A Guidebook for Communication Students and Professionals (New York: Routledge, 2013), 208.

22. Alastair Reid, "5 Points to Remember About Copyright and Breaking News," First Draft News, April 21, 2016. https://firstdraftnews.com/5-points-to-remember-about-copyright-and-breaking-news.

23. Steve Myers, "Portland Press Herald to Pay Woman for Using Photograph Without Permission," Poynter, August 14, 2012. http://www.poynter.org/2012/portland-press-herald-to-pay-woman-for-using-photographflickr/184871.

24. David Trilling, "Copyright-Free Images: Tips on How to Find Free Photos and Graphics," Harvard University Shorenstein Center, August 15, 2016. http://journalistsresource.org/tip-sheets/find-copyright-freeimages-photos.

25. "Corrections," Online News Association Build Your Own Ethics Code, n.d. Accessed January 27, 2017, at http://ethics.journalists.org/topics/corrections.

26. Adornato and Lysak, "A Survey of Social Media Policies."

27. Jasmine McNealy, "Who Owns Your Friends?: Phonedog v. Kravitz and Business Claims of Trade Secret in Social Media Information," Rutgers University Computer & Technology Law Journal 39 (2013), 30-55.

28. Jim Romenesko, "E.W. Scripps Co. Issues Social Media Policy," Poynter, June 30, 2011. http://www.poynter.org/2011/e-w-scripps-announces-social-media-policy-to-staff/137564.

29. Ibid.

30. Diane Marszalek, "Who Owns, Controls Social Media Activity?" TVNewsCheck, January 29, 2013.http://www.tvnewscheck.com/article/65102/who-owns-controls-social-media-activity.

31. Rachel Barnhart, "An Important Note to My Twitter and Facebook Friends," Barnhart's Google Plus page, January 15, 2013. https://plus.google.com/u/0/+RachelBarnhart/posts/GnJodo5zBig.

32. Ibid.

第八章

1. Debora Wenger and Lynn Owens, "Help Wanted: Expanding Social Media, Mobile and Analytics Skills in Journalism Education" (paper presented at annual conference of the Association for Education in Journalism and Mass Communication, Minneapolis, Minnesota, August 5, 2016).

2. Mark Stencel and Kim Perry, "Superpowers: The Digital Skills Media Leaders Say Newsrooms Need Going Forward," Tow-Knight Center for Entrepreneurial Journalism, April 2016. http://towknight.org/research/superpowers.

3. Bernard McCoy, "2014 Journalism Graduate Skills for the Professional Workplace: Expectations From Journalism Professionals and Educators Journal of Media Education,"

April 2015. http://en.calameo.com/read/000091789c8c66aef92f0.

4. Andrew Gibson, "How to Stand Out on Social Media During Your Internship," Online News Association, August 8, 2013. http://journalists.org/2013/08/08/how-to-stand-out-on-social-media-during-your-internship.

5. Matt Thompson, "10 Ways to Make Your Journalism Job Application Better Than Everyone Else's," Poynter, September 27, 2012. http://www.poynter.org/2012/10-ways-to-make-your-journalism-job-application-betterthan- everyone-elses/189491.

附录2

索　引

译后记

本书是一部聚焦移动与社交媒体新闻实践的指导书。这本书的内容由作者安东尼·阿多尔纳托多年的执教经验不断锤炼而成，文字流畅，逻辑清楚，案例生动有趣，具有可读性与可操作性。

阿多尔纳托任职于位于美国纽约州的伊萨卡学院。他不仅对虚假新闻、受众参与、广播电视新闻等有深入的研究，自学生时代起他就参与媒体实践，积累了丰富的新闻业经验。在教学中，他鼓励并帮助学生参与NBC News、PBS NewsHour、NPR等媒体与节目的重大事件的新闻报道。正是阿多尔纳托的学界与业界双重身份，让他的实践指导可以紧随不断变化的新闻业，并与之同行。

本书的整体结构如下：第一章直入正题，强调当下受众在信息传播与新闻生产中的积极角色，并对移动与社交媒体时代新闻生产的特征进行了逐一讨论。第二章以多家媒体的具体实践为案例，分析新闻编辑部面临技术挑战进行的一系列策略调整。第三章从新闻消费的角度出发，为记者的品牌化和影响力提升提供了可操作的具体方法。第四章与第五章尝试为新闻从业者提供技术支持，对常用的社交媒体软件和平台进行了使用指导。第六章讨论记者如何运用社交媒体与受众进行深度互动。第七章是作者对社交媒体伦理和道德困境的反思，并提出了相应的解决办法。第八章是对新闻传播专业学生的鼓励和指引，探讨他们如何利用新兴媒体技术快速进入新闻业。

尽管本书多以欧美国家的社交媒体为案例，但因国内外移动与社交媒体具有诸多共同属性，这些“发现”与“经验”便可被国内外读者参考，择其优势而进行本土化实践。本书既是有志成为专业记者的新闻专业学生的必读书目，也可成为有意对数字时代新闻业进行研究的学者的重要参考文献。作者更重要的贡献在于，他对新闻生产过程极具洞察力的探讨和细致入微的指导，将为读者勾画出一幅生机勃勃的新闻业图景。这在全球新闻业面临信任危机与虚假新闻挑战的当下，无疑给新闻专业的学生与热爱新闻业的人们带来了极大的信心。

作为一部实践指导手册，本书中具有大量的媒体、专业组织与移动社交软件等名称。为保持翻译的准确性、行文的一致性，以及便于读者理解，文中对知名度较高、应用广泛的名称采用了原文，对各类平台的功能与项目等采用了中文翻译。例如，Facebook平台的功能“脸书直播”（Facebook Live）。

本书的翻译在2020年即已完成，然而在新冠疫情（COVID-19）爆发与国际环境的复杂形势下，经历了重重困难如今才得以面世。在本书的翻译与出版过程中，诸位同仁和学生给予了我莫大的帮助，特此逐一表示感谢：

感谢中国传媒大学出版社总编辑赵均、编辑黄松毅与欧丽娜对本书出版付出的不懈努力，正是由于他们的积极推动，本书才得以顺利出版。

感谢吴心悦、白顺阶、于千惠、陈梓鑫。她们都曾是新闻专业的硕士研究生，在资料收集、资源核验、文字校对过程中给予了我许多帮助。希望这些曾经的新闻学子们，可以在未来多变的媒体环境中继续敏锐地捕捉到新闻生产的时代特征和核心要素，为我国新闻业的未来发展作出自己的贡献。

由于本人的专业语言与实践经验的局限，在翻译中不免有所疏漏，欢迎各位同仁共同探讨并予以指正。同时，希望本书的翻译可以回应和消解新闻学子们面对复杂多变的移动与社交媒体环境而产生的焦虑，并能从本书的实践指导中获得成为新闻业实践者的勇气。

图书在版编目(CIP)数据

移动和社交媒体新闻：实践手册 /（美）安东尼·阿多尔纳托(Anthony Adornato)著；赵如涵译. -- 北京：中国传媒大学出版社，2022.8

(中国传媒大学青年学者译丛·媒介与传播系列/段鹏主编)

ISBN 978-7-5657-3154-9

Ⅰ. ①移… Ⅱ. ①安… ②赵… Ⅲ. ①互联网络—传播媒介—新闻学—研究 Ⅳ. ①G206.2

中国版本图书馆 CIP 数据核字(2022)第 026484 号

ISBN:9781506357140

北京市版权局著作权合同登记号 图字:01-2022-2322

移动和社交媒体新闻：实践手册

YIDONG HE SHEJIAO MEITI XINWEN:SHIJIAN SHOUCE

主　　编	段　鹏
著　　者	[美]安东尼·阿多尔纳托(Anthony Adornato)
译　　者	赵如涵
责任编辑	欧丽娜
责任印制	阳金洲
封面设计	运平设计

出版发行	中国传媒大学出版社		
社　　址	北京市朝阳区定福庄东街 1 号	邮　　编	100024
电　　话	86-10-65450528　65450532	传　　真	65779405
网　　址	http://cucp.cuc.edu.cn		
经　　销	全国新华书店		

印　　刷	艺堂印刷（天津）有限公司
开　　本	787mm×1092mm　1/16
印　　张	17.75
字　　数	378 千字
版　　次	2022 年 8 月第 1 版
印　　次	2022 年 8 月第 1 次印刷

书　　号	ISBN 978-7-5657-3154-9/G·3154	定　　价	89.80 元

本社法律顾问:北京嘉润律师事务所　郭建平